江西省高水平大学
"江右人文与中国哲学"一流学科群建设经费资助

思想史视野下先秦儒家历史观研究

王丁 著

中国社会科学出版社

图书在版编目(CIP)数据

思想史视野下先秦儒家历史观研究／王丁著．—北京：中国社会科学出版社，2021.8
ISBN 978-7-5203-8987-7

Ⅰ.①思⋯ Ⅱ.①王⋯ Ⅲ.①儒家—历史观—思想史—研究—中国—先秦时代 Ⅳ.①B222.05②K092

中国版本图书馆 CIP 数据核字（2021）第 169908 号

出 版 人	赵剑英
责任编辑	郭　鹏
责任校对	刘　俊
责任印制	李寡寡

出　　版	中国社会科学出版社
社　　址	北京鼓楼西大街甲 158 号
邮　　编	100720
网　　址	http://www.csspw.cn
发 行 部	010-84083685
门 市 部	010-84029450
经　　销	新华书店及其他书店
印　　刷	北京明恒达印务有限公司
装　　订	廊坊市广阳区广增装订厂
版　　次	2021 年 8 月第 1 版
印　　次	2021 年 8 月第 1 次印刷
开　　本	710×1000　1/16
印　　张	16.25
字　　数	240 千字
定　　价	89.00 元

凡购买中国社会科学出版社图书，如有质量问题请与本社营销中心联系调换
电话：010-84083683
版权所有　侵权必究

序 一

王丁博士的著作《思想史视野下先秦儒家历史观研究》即将出版，邀我为之做序。这部书稿是以他的博士论文为基础逐渐修改增补而成的。作为他的导师，我很乐意为其做序，并向学界介绍和推荐。

王丁从硕士阶段就开始跟随我攻读先秦史方向的研究生，因为学习成绩优异，他又被保送继续跟随我攻读博士研究生，于2016年获得南开大学历史学博士学位。在读博期间，他还入选南开大学—日本爱知大学双博士学位项目，并赴日本留学一年，修习了人类学、社会学、政治学等课程，并在工作后撰写了另一部博士学位论文，于今年获得日本爱知大学中国研究的博士学位。这样他就拥有了双博士学位，很是难得。

就我对王丁的了解，他是一个理论思辨能力较强的年轻学者，适合做思想史研究。在硕士阶段，他就以《春秋战国之际鬼神观念的转型——以孔、墨为中心的考察》为题撰写了硕士论文，以孔子和墨子的鬼神观念为基础，探讨春秋战国之际鬼神观念的变化。读博后，他又提出以先秦儒家的历史观作为博士论文的选题。针对这个选题，一开始我是有些犹豫的，因为历史观是一个看起来似乎有些陈旧的题目，前辈学者，特别是老一辈学者，多多少少都会涉及到，对于儒家特别是孔、孟、荀等人的历史观也有不少学者专文阐释，关于他们的历史观是历史进化观还是历史倒退论，是唯物的还是唯心的，学术界亦有不少争论。然而通过梳理学术史却发现，这么重要的问题，学术界却只有单篇论文予以阐述，至今尚未有一部系统论述整个先秦儒家历史观的专著。因此，经过我们商讨，最终确定这个选题，力图全面完整地论述先秦儒家

思想史视野下先秦儒家历史观研究

历史观发展演变的历程，揭示历史观在儒家思想体系中的地位与功能。王丁经过努力，撰写成了题为《先秦儒家历史观研究》的博士学位论文，得到外审专家的认可和答辩委员的好评，顺利通过了答辩。毕业工作后，王丁根据答辩委员们提出的意见和建议，又对论文加以修订，并增加了两篇附录，使论文更加完善，最终形成了现在这部书稿的规模。

《思想史视野下先秦儒家历史观研究》一书，除绪论、结语和附录外，主要包括五章，第一章探讨儒家产生之前商周时期历史意识的萌发、自觉与发展的历程，分析其中所蕴含的儒家历史观赖以生成的思想资源，强调儒家的历史观是商周历史观念自然发展的结果。第二章主要研究春秋时期儒家历史观的形成与初步建构，考察孔子历史观的社会背景、基本内涵与理论特质，并着重分析其历史观与天命观、人性论以及政治思想等方面的关联。第三章主要借助郭店简、上博简等新时期发现的出土文献，复原战国前期孔孟之间儒家历史观念的发展轨迹。第四章着重阐论孟子的历史观念，特别是他所建构的道统与历史的谱系，探究其历史观念的独特体系和理论意义。第五章则论述荀子在天人之分观念影响下历史观念的发展，总结其历史观的核心内容与思想价值。

正如修改后的书名所显示的，这部书稿最重要的特点就是从思想史的视角分析和研究儒家的历史观。以往历史观的研究主要是史学理论与史学史学界的学者在做，他们主要是从史学史的角度，关注历史观与古代史学的关系，这样的研究自然有其重要价值，但在王丁看来，包括儒家在内的先秦诸子，主要是思想家，而非史学家，其历史观关注的重点也主要不是史学，而是政治与社会，具有鲜明的政治思想属性，因此在思想史的视野下研究先秦儒家历史观，更能深刻认知和理解历史观的基本内涵、理论特质和历史作用。

基于思想史的视角，王丁对先秦儒家历史观的分析，也不同于以往的研究，他没有将重点放在儒家历史观是进化还是倒退、唯心还是唯物这样的定性研究上，也没有探讨历史观对于史学的影响，而是将历史观视为儒家思想体系中的一环，探讨他们对历史秩序的建构与解释，研究他们关于人与历史关系的论述，分析历史观在他们思想体系中的地位与作用。他发现儒家的许多思想，诸如天命、圣人、道德、政治以至修身、学习等，都与历史观紧密相关，因此他提出历史观是儒家思想体系的理论基石之一的观点，从而将历史观放到一个更重要的地位。

除了转换研究的视角，在先秦儒家历史观的具体论述上，这部书稿也有一些新的进展。前人研究先秦儒家历史观主要集中于孔子、孟子、荀子三位思想家，对于孔孟之间历史观念的发展状况则罕有论述，王丁在书中借助郭店简、上博简等出土文献的材料，分析了孔孟之间儒家的历史观，补足了先秦儒家历史观演变发展的链条。

在一些具体问题上，王丁也提出了一些不同于以往的认识。比如关于孟子"尽信《书》则不如无《书》"一句的解读，前人多认为是孟子怀疑精神的体现，但王丁通过将此句话放置于文本的语境之中，指出孟子之所以不"尽信《书》"，是因为《书》中记载了与孟子仁义之道相违背的事实，他对武王伐纣的有关史实的解读与诠释，基本是为了维护武王的圣人形象，论证仁者无敌、圣王可以统一天下的观点，因此在王丁看来，这句话并非孟子怀疑精神的体现，它反映了孟子对待古史的基本态度是求善而非求真。

总之，王丁的《思想史视野下先秦儒家历史观研究》一书，在充分借鉴和分析前人研究成果的基础上，综合运用传世文献与出土资料，全方位、多角度地论述了先秦儒家历史观生成、演变与发展的历程，并始终在理论结构之中探讨儒家历史观的内涵与意义，把历史观看作儒家思想体系的理论基石之一，颇具学术价值，相信书稿的出版，将有助于相关问题研究的深入与推进。

最后，我希望王丁博士能够在此书的基础上，再接再厉，继续从思想史视角，分析先秦诸子其他学派的历史观，并在综合比较先秦诸子历史观的基础上，进一步考察中国传统历史观及其在历史上的地位与功能，取得更多学术成果。

朱彦民
2021 年 5 月 17 日于津南怀醺堂

序　二

西班牙哲学家奥特伽·伽赛特称"人没有本性而只有历史"。他的意思是，人只是历史地存在着——历史是人存在的形式。也就是说，人的本质是开放的、处在不断生成中——人在改造自然的过程中被自然所改造，永远处在进化的螺旋上；同时，人的生命不是一个自然事实，而是一个社会现象，是由包括前人积累的经验在内的生活经验形成的意义结构，人的历史性就是时间中积累的社会性，因为人不是根据自己的意愿来到世界上的，他被机缘抛进世界中，世界先于个体而存在，族类的历史先验地形成了我们生命的内在结构。

因而，人内在于其历史之中，与其历史相互生成，相互缠绕。所谓"历史观"，就不仅是人作为认识主体对历史现象所进行的观照、认识和理解，更是作为时间中的"存在者"的人的自我觉知、自我确认、自我期许。历史观的核心是历史意识，即人对其存在之连续性意义的自觉，以及对其"自我"之本质和可能性的认识。它为我们的日常生活赋予确定感、方向感和指向长远的意义感。历史意识分为三个层次：

第一层次，在发展变化的过程中对事物进行意义关联的能力。

第二层次，在族类整体的发展延续中作为自我负责的道德主体的自觉。

第三层次，在面对虚无和永恒之时作为自我历史创造者的人的本质自觉。

其中第一个层次是人和动物的根本区别所在。动物只有短暂的记忆，人却能在对过程的感知中发现前后事件中的意义关联，从而具备了文化建构的能力，使人类群体得以从完全的自然状态中摆脱出来；第三个层次是一个尚未达到的境界。它意味着人成为自己历史的创造者，指的是人类依据人道理想和对自己本质的认定自由地建构自己生活方式的能力，其前提是马克思所设想的"人的全面解放"，它的实现意味着历史的终结——由必然王国进入自由王国。

第二个层次是人类进入文明时代的真正标志，它意味着人类摆脱了鬼神的全面笼罩，作为道德主体成为自己历史的直接责任者，人的理性通过反观过去、通过"慎终追远"而构建族类前进的方向、目标和族类共同体的集体愿景，其社会精英开始倡导过一种目标长远的、自我负责的生活——个体通过道德上的自我约束、自我裁制归依于群体从而获得生存的意义。从这个意义上可以说，人类不同的族群是在不同的时刻进入其历史的。对中华民族而言，这个具有决定性意义的时刻就是周初。

先哲王国维曾倡论中国历史上社会变革之剧，莫过于殷周之际。其立论的依据是以嫡长子继承制为核心的宗法、服丧和封建诸侯等各项文化制度的变革，因而还是一种比较表面的观察和论断。其实殷周之际最深层次的文化革命体现为以华夷之辩为前提的华夏文化共同体之历史意识的觉醒，以及由此激发出的自觉的文化创制的激情。文、武、周公开创的文教礼制决定了中华文明的个性和气质，成为此后延续两千余年的儒家传统的滥觞——儒家的创始人孔子是周初先贤之历史遗产的自觉继承者，尽管在血缘上来于殷商一系，但他却无限深情地宣称"郁郁乎文哉，吾从周"。

周人开启了中华民族的历史之路，这既是民族整体的生存和发展之道，也是每一个社会成员实现其人之本质、获得其生存意义的为人和成人之道。孔子通过对文、武、周公之教的自觉遵守和践行，成为行走在族类群体面前的、以"导民于道"为职志的伟大教育家和引导者。

不少人都曾思考过这个问题：在诸子百家当中，为什么只有儒家成为中华传统的主流？我想，这首先是因为儒家那以道德自励、守中持正、积极进取的人生立场与姿态更契合中华民族的核心价值取向。然而

序　二

更重要的，是因为儒家从一开始就通过依附于古圣先王而进入并独占了民族的历史，成为源远流长的中华传统的阐释者和建构者。孔子强调自己"敏而好古"，"述而不作"，这种表面上的谦虚背后，是他对自己文化使命之担当的自信和自负：正是因为以先王前贤的绍述者自任，孔子成为了由文、武、周公所开创的伟大文教传统的继承者和弘扬者，儒家因此掌握了道统从而具有了民族文化的话语权。

因而历史观是儒家建构其思想理论体系的最重要的基石，更是其进入并独占民族历史的前提。当孔子底气十足地称"天之未丧斯文也，匡人其如予何"时，他是以周初先贤开创的伟大文教传统为后盾、以族类群体的未来为依托的——因为他拥有了历史，才有了勇气和力量。儒家的君子因为自觉走进了民族的历史，在此后的两千多年里挺过无数次的动荡反复，一直是维系社会稳定的中坚力量。通过对其历史观的研究，不仅有助于洞察儒家理论体系的内在逻辑，也有助于理解传统文化之建构的程序和原理；不仅有助于在观念与现实的相互生成中考索民族精神发展演变的机缘与过程，也有助于在思想与社会的互动中理解儒家士人的命运与抱负。

令人遗憾的是，迄今为止学界对这一问题的研究仍然狭隘而片面，正如王丁在本书中指出的，基本停留在关于儒家历史观的内容与本质、儒家历史观是进步还是落后等表面问题的论述或抽象的定性分析上。在思想史、文化史的视域下展开对儒家历史观的深入分析，无论在方法还是内容方面都是值得肯定的创新，无疑会为中国传统文化特别是儒家思想的研究打开新的视野和空间。

这正是王丁写作此书的志向所在。相信他的这番努力会引起学界的关注与回应，从而为推动先秦思想文化史特别是儒家思想的研究、加深对传统文化之本质特征的认识，提供一份助力、一个契机。是为序。

南开大学历史学院 李宪堂
2021 年 5 月 23 日

目 录

绪 论 ……………………………………………………………（1）
  第一节　选题缘由及意义 ………………………………………（1）
  第二节　学术史回顾 ……………………………………………（3）
  第三节　研究视角与方法 ………………………………………（20）
  第四节　本书章节安排 …………………………………………（22）

第一章　商周历史意识与儒家历史观的思想来源 ……………（25）
  第一节　祖先的追述：殷商历史意识的萌芽 …………………（25）
    一　原始思维与历史记忆 ……………………………………（25）
    二　追述祖先与历史意识的萌芽 ……………………………（28）
    三　宗教意识压倒历史意识 …………………………………（32）
  第二节　殷亡的警示：商周之际历史表达的自觉 ……………（35）
    一　历史对象的自觉认识 ……………………………………（37）
    二　历史秩序的自觉建构 ……………………………………（40）
    三　历史动因的自觉探索 ……………………………………（44）
  第三节　理性的张扬：西周春秋时期历史观念的发展 ………（51）
    一　自然与历史：从自然角度解读历史变动的尝试 ………（51）
    二　人与历史：人在历史中地位的进一步提升 ……………（54）
    三　历史观中理性因素的增长 ………………………………（58）
  第四节　小结 ……………………………………………………（61）

第二章 孔子与儒家历史观的初步建构 （64）

第一节 "礼崩乐坏"：孔子之际的时代格 （64）
第二节 孔子历史观的理论结构 （68）
  一　天命：历史主导因素的探索 （69）
  二　道统：历史发展主线的探寻 （76）
  三　损益：历史演进方式的探究 （84）
  四　仁义：历史评价标准的探讨 （88）
第三节 孔子思想体系中人与历史的关联 （96）
  一　成人：历史主体地位的确立 （97）
  二　学习：衔接传统的基本方式 （104）
  三　行道：进入历史的主要途径 （111）
第四节 小结 （116）

第三章 出土文献所见战国前期儒家历史观的发展 （119）

第一节 究天人之际：历史观中的天与人 （121）
  一　天命与时势：历史发展的制约因素 （122）
  二　合天与人：人在历史中地位的论述 （127）
第二节 通古今之变：历史治乱的经验总结 （129）
  一　君主为治国之本 （129）
  二　君主需以道治民 （130）
  三　君主应尚贤使能 （133）
第三节 成一家之言：出土简帛的历史叙事 （136）

第四章 孟子与战国中期儒家的历史观 （141）

第一节 求善：孟子对待历史的基本态度 （141）
  一　从"尽信《书》则不如无《书》"的误读谈起 （141）
  二　求善非求真：孟子解读历史的目的 （145）
第二节 秩序化：孟子与儒家历史谱系的建构 （147）
  一　善恶谱系与治乱循环的历史叙事 （147）

目 录

  二 王朝更替与制度模式的历史建构 ……………………（155）
 第三节 时势与人为：历史运转的主客观条件 …………………（157）
  一 时势：制约历史的客观条件 ………………………………（157）
  二 人为：推动历史发展的主要动力 …………………………（162）
 第四节 修身与得道：承接历史使命的根本 …………………（165）

第五章 荀子与战国后期儒家的历史观 ……………………（171）
 第一节 把历史还给人：天人之分下的历史观 ………………（171）
 第二节 "法后王"：圣王对历史的占有 …………………………（176）
  一 确立圣人的历史主体地位 …………………………………（176）
  二 圣王对历史的占有 …………………………………………（181）
  三 圣王的历史传承问题 ………………………………………（183）
 第三节 "古今一也"：历史发展中的变与不变 ………………（186）
 第四节 思想谱系的历史建构 ……………………………………（192）

结 语 ……………………………………………………………（197）

参考文献 ………………………………………………………………（202）

附 录 …………………………………………………………………（215）
 附录一 孔子敬事鬼神原因新探 ……………………………………（215）
 附录二 孔、墨鬼神观念的比较研究 ………………………………（227）

后 记 …………………………………………………………………（243）

绪 论

第一节 选题缘由及意义

儒家是传统中国文化的主干，在中国社会长期居于主流地位，并且对我们性格的塑造、观念的形成、行为的规范，起到很大作用，至今不息。历史观是儒家思想体系的理论基石之一，是我们研究儒家思想乃至中国传统文化，不可忽视的重要部分。而先秦时期是儒家历史观生成、发展与演变的关键时期，只有对先秦儒家的历史观进行深入研究，才能更完整了解儒家的思想体系，也才能对传统中国的历史观念有清晰的认知。

首先，全面论述先秦儒家历史观，有助于我们加深对儒家思想体系的认识。

古代中国，特别是先秦诸子，纷纷托古改制，十分注重对历史的认识、建构与诠释，形成了各具特色的历史观，以更好地顺应现实政治需要，建构自己的思想体系。不过，多数思想家虽然常常借古喻今，援史为证，但是他们所言说的历史，更多是一个个孤立的历史事例，或者说仅是某种观点与思想的例证。他们没有自觉地建构历史的谱系，努力地沟通古今。

与其他诸子相比，历史观在儒家理论结构中的地位更加重要，与儒家的主要概念范畴和基本理论逻辑紧密相连。在儒家看来，历史绝非没有意义的存在，而是道的彰显与传承，人只有在这样的历史中，不断体认自身的存在，领悟自己的使命，才能最终在历史中实现不朽与永恒。

思想史视野下先秦儒家历史观研究

儒家所推崇的道,正是圣人体悟天道转化而来的;他们所赞美的君子,正是历史之道的承担者和弘扬者;他们对历史事件与人物的评价以及建构现实秩序的诸种想法,也无不与他们的历史观相关。因此,不分析儒家的历史观,也就无法真正深入了解他们理论体系的内在关联,对于他们提出的各种命题与主张,也就无法明白其背后的深意。

其次,深入分析先秦儒家历史观,有利于我们更好地清理儒家建构的古史,还原历史的真相。

我们现在所了解的古史,很大程度上是经过儒家改造的。他们积极整理传统文献,独占对经典的解释权,有意识地对历史与传统进行诠释与建构,使历史成为天道自我衍化、圣人教化万民的场所,并试图将现实以至未来都纳入自己建构的历史谱系之中。因此,他们在书写历史方面甚为主动,在阐释历史观念理论方面也更为自觉,并主动地建构了宏大的历史叙事,为我们展现了一幅美妙的历史图景。然而,由于儒家对待历史的基本态度是求善而非求真,因此他们所描绘的上古史,更多带有人为建构的成分,主要是为了论证自己的理论观点。而我们要想对这种人为建构和层累造成的历史进行清理与还原,以更接近历史的真相,就必须首先了解他们建构历史所依据的历史观,明确他们是在什么样的观念指导下,建构宏大历史叙事。

另外,系统研究先秦儒家历史观,能够更清晰了解现代中国人历史观念的来源,更深入剖析我们民族的历史意识。

对历史的认知,不仅关涉过去,还与现在和未来相关。一个人的历史观念往往会影响他的现实判断和价值选择。因此,要深入了解一个人、一个学派以至一个民族的思想观念与思维方式,从历史观的视阈切入是一个很好的角度。而先秦儒家建构的历史观念,在中国社会长期居于主导地位,他们对于历史的认识、对于人在历史中的定位、对于历史发展变化的分析,或多或少、或明或暗地制约着我们的历史观念,甚至可以说已经成为我们潜在的文化基因。所以某种程度上可以说,对于儒家历史观的研究,实际上也是对我们自己历史观念的认识过程,不了解儒家的历史观,也就无法看清我们历史意识的来源。

绪　论

总之，先秦儒家历史观的研究，对于我们更系统了解儒家思想体系、更科学还原上古历史的真相、更深入剖析现代中国人的历史意识，都不无裨益，因此值得我们系统全面地加以分析研究。

第二节　学术史回顾

历史观是儒家思想体系的理论基石之一，自近代以来就为学界所关注，人们从经学、历史哲学、史学史等不同角度，采用包括传统考证学、西方实验主义、马克思主义、诠释学等不同的理论与方法，对先秦儒家历史观进行了广泛的研究和探讨，产生了不少有代表性的成果。

一　晚清民国时期的相关研究

就思想的冲击力而言，维新变法时期的康有为对孔子历史观的重新认知，无疑是最有影响的。在《孔子改制考》中，他认为上古茫昧无稽，诸子纷纷起而创教，孔子也假托尧、舜等古圣先贤的言论行事而作六经，其目的是托古改制。在书中，他指出："孔子以布衣改乱制，加王心，达王事，不得不托诸行事，以明其义。"[1] "改制者，孔子之隐志；法先王者，《春秋》之托词。"[2] 认为包括孔子在内的儒家，其历史认识和历史叙述不过是"托古以易当世也"[3]。同时，康有为认为："圣人但求有济于天下，则言不必信，惟义所在。"[4] 即认为对于儒家而言，历史事实可信与否并不重要，关键在其中所蕴含的"微言大义"。因此，在康有为看来，孔子不但不是复古、信古之人，而是大胆创新改制之人。

康有为的观点影响了一大批人，包括后来以疑古著称的顾颉刚，但也同时遭到来自不同派别的批评，其中最有力的批判来自于章太炎。针

---

[1] 康有为：《孔子改制考》，中华书局1958年版，第268页。
[2] 康有为：《孔子改制考》，中华书局1958年版，第270页。
[3] 康有为：《孔子改制考》，中华书局1958年版，第279页。
[4] 康有为：《孔子改制考》，中华书局1958年版，第267页。

对康有为试图将孔子塑造成教主以及尊孔贬荀等倾向，章太炎提出了批评。他一方面"揭除经学的神秘与神圣性格，以经为史"①，另一方面"拒绝儒学的独尊与正统地位，以诸子配孔"②。在儒学内部，他也与康有为等人的尊孔贬荀不同。章太炎反对将孔子作为教主来看待，而"尊孔子为史家"③。在《驳建立孔教议》中，他基本将孔子塑造成一位历史家的形象，他认为"孔子所以为中国斗杓者，在制历史、布文籍、振学术、平阶级而已"④。在《订孔》中，他更直接指出"布彰六籍，令人人知前世废兴，中夏所以创业垂统者，孔氏也"，"书布天下，功由仲尼。其后独有刘歆而已。微孔子，则学皆在官，民不知古，乃无定臬"。总之，章氏认为"仲尼，良史也"⑤，是保存传统的史家，而非托古改制的教主。同时，章氏还提升了荀子的地位，与康有为等人的贬荀不同，他比较赞同荀子的"法后王"的历史观以及"有循于旧名，有作于新名"的观点，他认为"荀子所谓后王者，则素王是；所谓法后王者，则法《春秋》是"，荀子所说的古也是可因可变的近古。⑥

新文化运动时期，随着思想的进一步解放，以及对民主、科学精神的推崇，人们开始对以孔子为代表的儒家进行激烈批判，并对儒学的价值进行重估。在学术层面，以西方科学方法研究孔子和儒学的是胡适。在论述孔子有关历史观方面的思想时，胡适主要是依据《周易》中的相关记述，指出孔子"赞成关于自然状态的任何理想学说，也不主张回到自然。他认为人类历史是从粗野的生活方式到文明的复杂形式；从洞居、渔猎到农、商、政治、军事技术的进步时期，从结绳到文字记载的一个逐渐发展的连续进程"⑦。同时，他还对《春秋》对后世的影响

---

① 汪荣祖：《康章合论》，新星出版社2006年版，第92页。
② 汪荣祖：《康章合论》，新星出版社2006年版，第92页。
③ 汪荣祖：《康章合论》，新星出版社2006年版，第24页。
④ 章太炎：《驳建立孔教议》，《章太炎学术史论集》，中国社会科学出版社1997年版。
⑤ 章太炎：《订孔》，《章太炎学术史论集》，中国社会科学出版社1997年版。
⑥ 章太炎：《尊荀》，《章太炎学术史论集》，中国社会科学出版社1997年版。
⑦ 胡适：《先秦名学史》，《胡适文集》6，北京大学出版社1998年版，第36页。

绪　论

进行了分析，认为"《春秋》的宗旨，不在记实事，只在写个人心中对于实事的评判"，"使中国只有主观的历史，没有物观的历史"①。之后，胡适在《释儒》一篇中，指出孔子是个有历史眼光的人，其损益的观点，是很透辟的"历史的看法"②。对于荀子的历史观，胡适着重分析了荀子"法后王"的主张和变化的思想，他指出"荀子似乎认为物种是不变的，那种看来像是可变的东西只是表面的变化"③，同时，他认为荀子"法后王"的主张，"未必包含现在比过去更丰富的看法，而不过认为过去和现在是一样的，考察了当代的事迹也就可以知道古代的事。从这个意义上说，荀子的哲学是否认进化和进步的理论的"，不过这种理论也修改了传统儒家的观点。④

在胡适等人的推动下，以科学方法整理国故的运动不断展开，其中影响最大的则是以考辨古书、古史而极大撼动传统上古史研究的古史辨运动。这一运动的核心人物和旗帜则是顾颉刚。顾颉刚早年"颇喜治子"⑤，对于诸子书中所关涉的古史记载以及诸子的古史观念多有关注。其中对于儒家的历史观，顾颉刚也专门进行了探讨。在"层累地造成的古史"这一理论的指导下，顾颉刚在《中国上古史研究讲义》中，梳理了上古旧系统的古史记载和古史系统，其中对先秦儒家的著述中所涉及的古史，也进行了分析。他认为"《论语》中讲的古史，禹以外多出了尧、舜，尧、舜的时期在禹之前，尧、舜的地位在禹之上"⑥。到了孟子时，则进一步充实了有关古史人物的记载，不仅使得尧、舜、禹的形象更加丰满，而且将许多古史人物和传说集中在一起论述，使得儒家的古史系统更完善。⑦ 及至荀子则更在孟子的基础上，在"三王和五

---

① 胡适：《中国哲学史大纲》（外一种），河北教育出版社2001年版，第83页。
② 胡适：《释儒》，《胡适文集》6，北京大学出版社1998年版。
③ 胡适：《先秦名学史》，《胡适文集》6，北京大学出版社1998年版，第124页。
④ 胡适：《先秦名学史》，《胡适文集》6，北京大学出版社1998年版，第125页。
⑤ 顾颉刚：《〈古史辨〉第四册顾序》，载《古史辨》第四册，上海古籍出版社1982年版，第15页。
⑥ 顾颉刚：《中国上古史研究讲义》，中华书局1988年版，第4页。
⑦ 顾颉刚：《中国上古史研究讲义》，中华书局1988年版，第6—9页。

思想史视野下先秦儒家历史观研究

霸之上更堆上了一座'五帝'了"①。在《战国秦汉间人的造伪与辨伪》一文中，顾颉刚认为古人缺乏历史观念，不爱惜史料，对于这种伪史也"只有'好，不好'的感觉，而没有'真，不真'的分析"②。他认为孔子虽能注意到史料，但"只拿了致用观念来看夏、殷，而不拿历史观念来看夏、殷"，"提起古人，不是传授历史知识，乃是教人去效法或警戒"③。他还指出，从《春秋》的著作看来，战国的儒家"对于未来的憧憬是借了过去的事实来表示的，所以他们口里的古史就是他们对于政治的具体主张"④。同时，他认为孟子"不管古代的事实究竟如何，只尽力把古代的王公硬装到他的王道的模型里去，好借着他们的牌子做他宣传自己学说的手段"⑤，这样一来，"尧、舜、文王的历史就成了他的王道主义下的历史"⑥，因此也造了不少伪。不过，与孔孟的托古与造伪不同，顾颉刚将荀子看作是当时疑古和辨伪的代表人物。他认为荀子不法先王，"偏不承认五帝时有历史传下来，又不承认夏、商时有详细的历史传下来"⑦，反对禅让之说与象刑之说等，都是对当时托古造伪的世俗之说的批判。

在顾颉刚的倡导和推动下，古史辨运动也对先秦诸子的著作进行了比较细致的研究，其中有两册《古史辨》就专门将当时辨诸子的文章集中起来，而主要编辑者是罗根泽。罗根泽在诸子的研究上，用力甚多，成果丰硕。在《晚周诸子反古考》⑧一文中，他指出"孟子虽托

---

① 顾颉刚：《中国上古史研究讲义》，中华书局1988年版，第13页。
② 顾颉刚：《战国秦汉间人的造伪与辨伪》，《古史辨》第七册（上），上海古籍出版社1982年版，第40页。
③ 顾颉刚：《战国秦汉间人的造伪与辨伪》，《古史辨》第七册（上），上海古籍出版社1982年版，第8页。
④ 顾颉刚：《战国秦汉间人的造伪与辨伪》，《古史辨》第七册（上），上海古籍出版社1982年版，第25页。
⑤ 顾颉刚：《战国秦汉间人的造伪与辨伪》，《古史辨》第七册（上），上海古籍出版社1982年版，第27页。
⑥ 顾颉刚：《战国秦汉间人的造伪与辨伪》，《古史辨》第七册（上），上海古籍出版社1982年版，第26页。
⑦ 顾颉刚：《战国秦汉间人的造伪与辨伪》，《古史辨》第七册（上），上海古籍出版社1982年版，第41页。
⑧ 罗根泽：《晚周诸子反古考》，《诸子考索》，人民出版社1958年版。

古，言必称尧舜，而其破别家之说，亦往往驳其所托古事古言之非"。且认为孟子的"尽信《书》则不如无《书》"，与孔子的"述而不作，信而好古"，显然不同，"则于托古之中，已胚胎疑古反古之意矣"①。相比孟子，他认为荀子更加鲜明地反古，"真正反古者，实自荀子始"。而荀子"法后王"的主张，"实由托古改制至反古变法之过渡人物也"。不过，他也指出荀子"非反历史之真古，乃反诸子依托之伪古。故伪古之非，彼已知之；真古之陋，彼则未究"②。且"能破远古之古，而眩于近古之古"③。

除了从考证的角度对儒家的历史观进行研究，从哲学的角度来分析儒家的相关思想也是一种路径。除了前述胡适的《中国哲学史大纲（上）》外，冯友兰的《中国哲学史》则是其代表。在书中，他论述了孔子对传统制度与信仰的态度，认为孔子总体是守旧的，"一生以能继文王周公之业为职志"，孔子"述而不作"，"其所述者，即周礼也"④。在孟子一章中，他指出"孟子一生之职志为继孔子之业"，并认为"五百年必有王者兴"的言论，说明"宋儒所谓道统之说，孟子似持之"。冯友兰认为孟子对于传统制度，也是守旧的，"大端仍持拥护态度"，同时指出"孟子之讲《诗》《书》，尤注重于引申其中之意义"，"以自己之意见自由解释《诗》《书》"⑤。对于荀子，冯友兰认为他也仍然是拥护周制的，其"后王之法，即指周道"，因此荀子的"法后王"与孟子的"法先王"，实际上是一样的。⑥ 他并指出荀子对于国家社会的起源的解释，是从功利主义立论的。⑦

---

① 罗根泽：《晚周诸子反古考》，《诸子考索》，人民出版社1958年版，第73—74页。
② 罗根泽：《晚周诸子反古考》，《诸子考索》，人民出版社1958年版，第76—77页。
③ 罗根泽：《晚周诸子反古考》，《诸子考索》，人民出版社1958年版，第88页。
④ 冯友兰：《中国哲学史（上）》，《三松堂全集》第2卷，河南人民出版社2001年版，第301—302页。
⑤ 冯友兰：《中国哲学史（上）》，《三松堂全集》第2卷，河南人民出版社2001年版，第347—349页。
⑥ 冯友兰：《中国哲学史（上）》，《三松堂全集》第2卷，河南人民出版社2001年版，第506页。
⑦ 冯友兰：《中国哲学史（上）》，《三松堂全集》第2卷，河南人民出版社2001年版，第515—516页。

思想史视野下先秦儒家历史观研究

近代以来随着马克思主义的传入，运用唯物史观对中国传统社会进行研究，成为一个趋势。其中较早传播马克思主义的李大钊，在北京大学史学系曾开设《史学思想史》，专门讲述包括唯物史观在内的历史观，并对包括孔孟在内的传统历史观进行了批判，认为他们的历史观"遂全为循环的、神权的、伟人的历史观所结晶。一部整个的中国史，迄兹以前，遂全为是等史观所支配，以潜入于人心，深固而不可拔除"①。

不过，李大钊的研究更多是定性的描述与批判，还未具体分析。运用唯物史观对传统中国社会及相关思想进行更深入研究的是郭沫若。在《孔墨的批判》一文中，他详细分析了孔子的思想体系，认为康有为等倡导的孔子托古改制的说法道破了当时的事实，在孔子强调要学习的内容里，历史是他尤其注重的，而且孔子"信而好古"，也说明他"特别注重接受古代的遗产"，只是孔子"把一些古代的人物如尧、舜、禹、汤、文、武尤其周公，充分地理想化了，每每在他们的烟幕之下表现自己的主张"②。在《荀子的批判》中，郭沫若对荀子的思想体系进行了分析，其中对于荀子的历史观也有涉及。他认为荀子的宇宙观是一种循环论，"只承认变化而看不出进化，只承认循环而看不出发展"③。他的人生观和社会观也是一种循环论，强调"一而不变，古今同理"④。因此他认为荀子的"法后王"，也不能说明荀子有进化观念，而是和孟子的"尊先王"毫无区别，只是想复兴"周道"⑤。因此，郭沫若认为荀子所谓的"王者之制"，是复古的，"很明显地是在开倒车"⑥。

---

① 李大钊：《史观》，《李大钊全集》第四卷，人民出版社 2006 年版，第 255 页。
② 郭沫若：《孔墨的批判》，《中国古代社会研究》（外二种），河北教育出版社 2000 年版，第 547 页。
③ 郭沫若：《荀子的批判》，《中国古代社会研究》（外二种），河北教育出版社 2000 年版，第 641 页。
④ 郭沫若：《荀子的批判》，《中国古代社会研究》（外二种），河北教育出版社 2000 年版，第 650 页。
⑤ 郭沫若：《荀子的批判》，《中国古代社会研究》（外二种），河北教育出版社 2000 年版，第 654—655 页。
⑥ 郭沫若：《荀子的批判》，《中国古代社会研究》（外二种），河北教育出版社 2000 年版，第 662 页。

绪 论

在唯物史观派内部，对于儒家历史观的认知和评价，也有较大的不同。其中从思想史的角度对儒家进行观照的代表人物是侯外庐。他在与赵纪彬、杜国庠一起合著的《中国思想通史》（第一卷）中，对先秦的思想进行了详细的论述，其中也涉及对儒家历史观的分析。他们认为孔子是复古的，其历史观是渐进主义的，而这种态度是和孔子"对古代制度的仰慕以及他对腐朽贵族的阶级同情心分不开的"。同时，孔子的批判态度是有局限性的，"在客观的历史大变化之中，主观上显然表现出对这一变化的不满"。因此他对历史的前景是悲观的。[①] 同时，他们认为孔子知识论的对象，就是西周的诗、书、礼、乐，也就是说，孔子"以知古为第一要义"，其知识论的命题就是"知古即全知"。由于这种态度，他们认为孔子"以为现实社会的问题是不足重视的，只要古代的传统精神能够复活起来，现实问题就不难解决了。因为，在他看来，新的是旧的之损益，'温故'就可以'知新'，这也就是他的'述而不作'的态度的根源"[②]。对于孟子的有关思想，他们认为孟子对于当时所发生的阶级关系的变化，是抱着反对的态度的，并对旧贵族持有强烈的同情心，因此在进贤的原则上就以周制为准。[③] 关于荀子，他们也认为，荀子所谓的"后王"，就是孟子所说的"先王"，只是因为文献可征的关系而侧重周道。[④] 而荀子知类的逻辑思想，"使'法后王'的复古政治思想取得了方法论上的根据"[⑤]。

以上关于先秦儒家历史观的代表性论著，体现了不同时期不同的研究范式，康有为与章太炎的研究，与他们的经学背景有很大的关联，胡

[①] 侯外庐、赵纪彬、杜国庠：《中国思想通史》（第一卷），人民出版社2011年版，第135—136页。
[②] 侯外庐、赵纪彬、杜国庠：《中国思想通史》（第一卷），人民出版社2011年版，第150—151页。
[③] 侯外庐、赵纪彬、杜国庠：《中国思想通史》（第一卷），人民出版社2011年版，第343—370页。
[④] 侯外庐、赵纪彬、杜国庠：《中国思想通史》（第一卷），人民出版社2011年版，第518页。
[⑤] 侯外庐、赵纪彬、杜国庠：《中国思想通史》（第一卷），人民出版社2011年版，第500页。

思想史视野下先秦儒家历史观研究

适、顾颉刚、罗根泽则主要是从考证学的角度,分析和研究儒家的历史观,冯友兰是从哲学的角度研究儒家的历史哲学,而李大钊、郭沫若、侯外庐等人,则是运用唯物史观研究和批判先秦儒家历史观的代表。这些代表性人物和成果,反映了晚清民国时期关于先秦儒家历史观研究的不同路径。

二 中华人民共和国成立以来研究的深化与发展

中华人民共和国成立以来,随着社会政治形势的变化,在历史研究领域,唯物史观与阶级分析占据主流,甚至一度成为唯一的理论方法。在儒家历史观的研究上亦是如此,此时不仅越来越强调儒家的阶级属性,而且越来越多地受到外在政治环境的影响,很多研究成果都渐渐脱离独立的学术研究的范畴,特别是后来提倡用儒法斗争改写中国历史以及"批林批孔"运动,将矛头对准了以孔子为首的儒家,也产生了不少政治文章,使相关研究一度步入歧途,陷入停滞。

"文化大革命"结束之后,随着对"文化大革命"的反思以及改革开放的不断推进,思想领域也不断得到解放,人们对传统文化特别是儒家的思想进行了重新认识。这一时期召开了不少有关孔子和儒家的讨论会,人们开始对以孔子为主的儒家进行再评价,研究的角度和方法逐渐多元,观点也趋于多样。

从哲学角度阐述儒家历史观的著作中,较有代表性的如冯契在《中国古代哲学的逻辑发展》一书中,认为当时政治思想斗争的中心问题就是"古今""礼法"之争,而孔子所进行的政治活动是与历史发展趋势相违背的,他所谓的"损益",也"只是局部改良,而非根本制度的改革"[1]。孟子虽然要"法先王",但只是打着"先王之道"和复古的旗号,提出他的"仁政"学说。[2] 冯契尤其细致地分析了荀子的历史观,他认为荀子"法后王","从唯物主义的认识论出发来考察古和今

---

[1] 冯契:《中国古代哲学的逻辑发展》(上),东方出版中心2009年版,第57—58页。
[2] 冯契:《中国古代哲学的逻辑发展》(上),东方出版中心2009年版,第116页。

的关系，他的基本态度是'以近知远'、'以今知古'"。他认为这种态度是进步的，"反映了当时先进的地主阶级的要求"①。

再如方立天在《中国古代哲学》一书中，专列一章阐述中国古代从先秦到明清的历史观，其中对先秦儒家的历史观也进行了相对细致的论述与分析。他认为孔子承认历史的变化，也比较强调继承，还认为历史是可知的，其历史观具有一定的合理因素。②孟子"法先王"的政治主张，"过于美化古人，粉饰过去历史，包含有颂古非今的消极倾向"，但实际上是"通过赞美先王，推行自己的政治理想"。而孟子"一治一乱"的历史发展模式，则"是一种神秘的历史机械论和循环论，也是典型的英雄史观"③。关于荀子的历史观，他认为荀子力图从人类自身去阐述社会的起源，具有唯物主义思想因素，"是和社会历史观中的天命神权思想相对立的"。同时，他认为荀子"法后王"与"以近知远"的观察历史的方法，说明荀子是"富于历史现实主义精神的思想家"④。

徐文涛则较为全面地阐释了先秦儒家的历史哲学。他主要从三个方面即历史的意义与价值、历史规律与模式、历史评价，分别论述了孔子、孟子、荀子的历史哲学思想，并分别将他们的历史哲学概括为自觉地生命史观、道德史观以及制度史观。⑤

从史学史的角度对儒家历史观进行研究的著作比较多。白寿彝在《中国史学史》中指出孔子曾依据鲁国史，修成了《春秋》，开创了私人撰史之局，并且孔子在评论远古人物和历史问题的时候，很注重人的因素，"能从神秘气氛中解脱出来，从人间的角度来对待"⑥。孟子在历史观点上，有肯定历史进化的说法，但总的来说，其历史观点是一治一

---

① 冯契：《中国古代哲学的逻辑发展》（上），东方出版中心2009年版，第192—194页。
② 方立天：《中国古代哲学》（上），中国人民大学出版社2011年版，第470—471页。
③ 方立天：《中国古代哲学》（上），中国人民大学出版社2011年版，第475—480页。
④ 方立天：《中国古代哲学》（上），中国人民大学出版社2011年版，第480—483页。
⑤ 详细分析参看徐文涛《先秦儒家历史哲学研究——以孔、孟、荀思想为中心》，博士学位论文，山东大学，2006年。
⑥ 白寿彝：《中国史学史》（第一卷），上海人民出版社2006年版，第196页。

思想史视野下先秦儒家历史观研究

乱的,因此"可以说孟子是一个半截子古代进化论者"①。荀子在历史观点上,重视"天人之分","撇开了天而重视人的主观能动性","是唯物主义的"。不过在历史进化观点上,白寿彝认为荀子比着前人没有什么进展,"法后王"只是在提法上和"法先王"有区别,在内容上,还不能把"先王"丢掉。②

吴怀祺、林晓平则从史学思想的角度,对先秦诸子的历史观进行了阐述。他们着重分析了诸子的历史变化思想,指出孔子对于历史变化的认识有保守性,对于历史变化,"其基本态度是不满和反对的,他至多允可在保持旧质的规定性的前提下,对制度做某些修改,即在不触动奴隶制本质时做些小的改良,但是,绝不允许做大的、本质上的变革"③。而孟子一治一乱的观点,肯定了历史上某些变化的合理性,强调"历史进程的轨迹并非是一条平坦的直线","发展到具有通识眼光的历史治乱盛衰论",是孟子思想较前人的一大进步。④ 对于荀子"法后王"及历史变化的思想,他们认为有其合理的一面,但也表现出矛盾的特点。一方面,荀子承认事物的某些变化,"能以变化的眼光来看待历史上的君臣易位、政权更迭",另一方面,他的古今同一论,又强调历史没有发生本质的变化,这样"社会历史就变成一个没有本质变化的、循环往复的过程"⑤。

此外,瞿林东主编的《中国古代历史理论》,从历史理论的角度,对包括儒家在内的古代中国的历史观进行了阐释,将"天人古今、时势理道"以及国家观念、君主论、民族观等也纳入研究,拓展了历史观研究的范围。⑥ 乔治忠在《论中国古代的政治历史观》一文中,则揭

---

① 白寿彝:《中国史学史》(第一卷),上海人民出版社2006年版,第205—207页。
② 白寿彝:《中国史学史》(第一卷),上海人民出版社2006年版,第210—213页。
③ 吴怀祺、林晓平:《中国史学思想通史·总论先秦卷》,黄山书社2005年版,第268页。
④ 吴怀祺、林晓平:《中国史学思想通史·总论先秦卷》,黄山书社2005年版,第271页。
⑤ 吴怀祺、林晓平:《中国史学思想通史·总论先秦卷》,黄山书社2005年版,第285—286页。
⑥ 参看瞿林东主编《中国古代历史理论》,安徽人民出版社2011年版。

示了包括儒家在内的中国古代历史观的一个重要特色，即从历史叙述与分析中得出政治见解、政治方针，而且以历史事例来论证自己的政治理念。① 朱维铮在《中国史学史讲义稿》中，专辟一章阐述先秦诸子的历史观，其中提到孔、孟、荀的历史观，将他们分别视为定数论、循环论和权力论的代表。②

从诠释学角度详细地阐述先秦儒家历史认识的是刘耘华。他在《诠释学与先秦儒家之意义生成》一书中，探讨了孔、孟、荀对古代传统的诠释立场与意义生成。他指出，孔子的诠释立场是"以仁和礼为纲领，以中庸为方法论，将各种具体德目贯穿为互补、互动的有机整体，并处处要求落到实行之上"，理想的诠释者则是君子，诠释原则即"述而不作，信而好古"，且既有因循性诠释，也有创造性诠释。③ 孟子的历史观是崇古主义的，他对古代传统的诠释，"一是以'古'证'我'，以'我'为本；二是诠释的内容基本上可包含于道德伦理的范围之内，或者说是一种道德化的再诠释"④。荀子的诠释原则是"以古持今""以今知古"，他"法后王"的历史观，虽然有"贵今"的因素，但是根本上"仍然是以循环论的世界观为依据的"，因此，"荀子仍是一位崇古主义者"⑤。

从政治思想的角度理解儒家历史观的著作，最具代表性的则是刘泽华主编的《中国传统政治思维》。在书中，他们指出这一时期的历史认识往往与政治方向的选择密切相关，"思想家们大都不是以历史为对象，研究历史的过程；而是以史为契机，论及现实社会"⑥。他们将儒家的历史观概括为"道的承继与调节"，认为儒家"把历史看作一

---

① 参看乔治忠《论中国古代的政治历史观》，《天津社会科学》2011 年第 6 期。
② 参看朱维铮《中国史学史讲义稿》，复旦大学出版社 2015 年版。
③ 刘耘华：《诠释学与先秦儒家之意义生成——〈论语〉、〈孟子〉、〈荀子〉对古代传统的解释》，上海译文出版社 2002 年版，第 27—77 页。
④ 刘耘华：《诠释学与先秦儒家之意义生成——〈论语〉、〈孟子〉、〈荀子〉对古代传统的解释》，上海译文出版社 2002 年版，第 81—82 页。
⑤ 刘耘华：《诠释学与先秦儒家之意义生成——〈论语〉、〈孟子〉、〈荀子〉对古代传统的解释》，上海译文出版社 2002 年版，第 138—140 页。
⑥ 刘泽华主编：《中国传统政治思维》，吉林教育出版社 1991 年版，第 196 页。

思想史视野下先秦儒家历史观研究

个表里相依的双层结构,认为历史的表象是治乱交替,历史的本质则一以贯之"①。他们认为"孔子的历史观的形成有两个基本前提,一是情感倾向特征,另一个是认知价值标准"。前者是指孔子基于当时的社会动荡所产生的怀古情感;后者则指孔子"主要以礼乐文明即社会伦理道德及礼仪等级制度来概括历史发展"。同时,他们指出儒家的历史观可作两层次观,"其一曰治乱,是历史运行的外在表象,具有一定的规律性";"其二曰道或道贯,即礼乐文明,是历史发展的内在主线,具有恒定性和一贯性,构成人类历史发展的主干"。对于历史运行中人的作用,他们指出儒家强调"圣人(王)在历史运行中的主导作用",肯定了人在历史发展中的主体地位,但"又不可避免地导向英雄史观"②。更重要的是,他们认为儒家是有意识地重造历史,"在他们的历史认识中,几乎看不到对实际历史状态的追溯或描述,他们展示给人们的只是精心剪裁下来的历史的一角",其目的则是政治的,儒家希望"通过历史认识为政治的稳定性和可调节性寻求理论依据","通过历史观强化人们对君主政治的认同意识",等等。③

李宪堂在《先秦儒家的专制主义精神》一书中,对儒家历史观也进行了比较深刻的分析。他指出儒家通过大叙事的策略,重新解释了历史,并在这一过程中构建自己的合法性。而儒家历史叙事的风格,则是"亦雅亦颂",即对历史进行驯化和美化。一方面儒家利用"雅"的手法,对充满"怪力乱神"的历史进行了理性化过滤,使之呈现在先王盛德的光照之下,并且"把属于整个民族的传说和典籍据为己有,并按照自己的需要加以取舍、阐释,使之成为表达其独家理想和愿望的工具"。另一方面,通过"颂"的方式,"儒家为人类历史赋予了一种伟大而深沉的结构力——道统,将历史渲染、烘托为大道自我昭示的盛装游行——历史成了先王圣德流衍、生发的场所与过程,成了向失落的黄

---

① 刘泽华主编:《中国传统政治思维》,吉林教育出版社1991年版,第197页。
② 刘泽华主编:《中国传统政治思维》,吉林教育出版社1991年版,第202—203页。
③ 刘泽华主编:《中国传统政治思维》,吉林教育出版社1991年版,第203—206页。

绪　论

金时代的回归"①。在此基础上,儒家"在杂乱无章的历史事件中构建了'道'的统序","但他们却非常聪明地不以叙述者自居,而是把叙述的主体地位交给了他们所创造的那个叫做'道统'的神物"。因此"儒家的历史观在本质上是非时间性的,因为它为人类设置的目标不在未来,而在头顶上"。历史也就成了人们"体验、践行'道'的机缘和场所"②。同时,他也指出:"这种过去现在时的、伦理的社会历史观使儒家否定了通过进步获得拯救的必要,而最终沦陷在道德主义和复古主义的泥潭里;儒学本身也因为没有指向未来的开口而走向神秘化、宗教化。"③

此外,蒋重跃从儒家的历史理性的觉醒这个角度,对孔、孟、荀关于历史发展中的变与常的问题进行了论述。他认为:"孔子着重讨论历史和未来是否可知的问题;孟子进一步阐释天命民心的恒常意义;荀子则注重掌握规律实施有效统治。"不过他们都承认在历史中有常与变的存在,常与变是一体的,"形成了体与用的辩证关系"④。康宇从比较的角度,对孔、孟、荀的历史哲学进行了分析,认为他们由于对形而上"天"的认识不同,对历史评价标准的不同,对"法先王"与"法后王"认识的不同,出现了一定的差异性,不过三人对历史中"变"与"常"的论述,对于"圣人"史观的认可,对历史循环论的恪守,又使得他们的历史哲学思想中出现了更多的一致性。并且康宇还指出由"天"至"圣"及"人",是他们建构儒家历史哲学的基本思路,而"历史的意义与价值""历史的规律与趋势""历史评论"是他们历史哲学思想的基本理论话题。⑤ 陈典平分别从历史本原、历史主体、历史

---

① 李宪堂:《先秦儒家的专制主义精神——对话新儒家》,中国人民大学出版社2003年版,第195—199页。
② 李宪堂:《先秦儒家的专制主义精神——对话新儒家》,中国人民大学出版社2003年版,第200—202页。
③ 李宪堂:《先秦儒家的专制主义精神——对话新儒家》,中国人民大学出版社2003年版,第59—60页。
④ 蒋重跃:《从变与常看先秦儒家历史理性的觉醒》,《史学史研究》2007年第1期。
⑤ 康宇:《孔、孟、荀历史哲学思想比较》,《华侨大学学报》(哲学社会科学版)2010年第2期。

思想史视野下先秦儒家历史观研究

本质、历史变易等方面,阐释孔、孟、荀历史观的内涵。① 刘丰则集中对儒家的"三代"历史观进行了论述,指出"三代"观念是后世儒家在三代历史的基础之上建构出来的。②

除以上代表性的论述外,专门研究和分析儒家历史观的论著也逐渐多起来,对于儒家历史观的许多具体问题也进行了更加深入的探讨。

关于孔子历史观的研究。朱本源依据《易传》,来阐发孔子的历史哲学,认为孔子的历史观是"时措从宜"的历史发展观。③ 呼东燕则着重探讨了孔子评价历史人物的有关问题和标准,指出孔子对历史人物的评论标准,一个是以"仁"为核心内容的道德评价标准,另一个是以功业作为评价的标准,这种兼顾道德与功业的评论标准,成为了后来史家评论历史人物的基本方法。④ 李良玉认为,孔子认识到要从历史的变化中汲取经验教训,作为为政的借鉴,也注意到了历史变化中民众的重要性。对于历史人物的评价,孔子更加重视历史人物的社会贡献,强调历史人物的道德修养,兼顾了个人私德与社会公德两个方面。⑤ 罗新慧则从上博楚竹书《仲弓》篇中记录孔子鼓励仲弓积极仕于季氏,来分析孔子的历史观,认为孔子虽然将周代的政治发展分为周天子"变礼乐,专征伐"—诸侯执政—大夫擅权—陪臣执国命四个阶段,但是鼓励仲弓积极为季氏服务,说明孔子是在洞察历史发展趋势的前提下,调整自己的求"道"之路。⑥ 董铁松对孔子的历史思想与史学意识进行了阐述,指出孔子重视君主及其道德在历史上的作用;敬鬼神而远之,以考

---

① 分别参看陈典平《孔子历史观新论》,《齐鲁学刊》2015 年第 4 期;《孟子历史观新论》,《宝鸡文理学院学报》(社会科学版)2019 年第 4 期;《荀子历史观新论》,《内蒙古师范大学学报》(哲学社会科学版)2020 年第 6 期。
② 参看刘丰《制造"三代"——儒家"三代"历史观的形成及近代命运》,《现代哲学》2020 年第 3 期。
③ 朱本源:《孔子历史哲学发微》,《史学理论研究》1996 年第 1 期;《孔子历史哲学发微(续)》,《史学理论研究》1996 年第 2 期。
④ 呼东燕:《论孔子史学思想的几个问题》,硕士学位论文,陕西师范大学,2002 年。
⑤ 李良玉:《孔子对历史的理解——读〈论语〉札记》,《史学史研究》2004 年第 2 期。
⑥ 罗新慧:《孔子的历史观、入仕观及其他——从上博楚竹书〈仲弓〉篇谈起》,《史学史研究》2005 年第 3 期。

量历史及其过程的途径去体贴天命，透散出历史理性；总结历史，以为救弊方案，体现出明道经世的史学价值取向。① 王春华则强调孔子很注重对弟子进行历史教育，其中就包含有历史观的教育，这种历史观主要包括：历史是前后联系的，因而是可以预见的；古代圣王虽是崇高的，但历史又是不断发展的；敬畏天命，但更重人事。② 陈少明则从时、名、命等命题，论述了儒家的历史形上学。他认为孔子"次春秋"，将过往的事情，以时间顺序加以编排，这种"时序观念源于生命意识，历史意识也是文化的生命意识"。"名"则涉及历史评价问题。而从孔子开始，人们对命的理解，也发生了变化，"慢慢被历史主义的精神所取代"，这也使他们形成了很强的历史使命感。③ 李建华则从传统观的角度进行论述，指出"援人入礼"是孔子传统观的建基语境，"因革损益"是孔子传统观的基本内涵，"孝亲学文"是孔子传统观得以落实的基本保障。④ 李纪祥主要分析了孔子的周史观，指出孔子将"对'道'的关怀与用心置于历史脉络之中，来考察一个时代的历史形势之升降变化"，他将孔子的这种历史观称之为"周史变化观"，并认为这一历史观的中心主轴是周天子所在的周王室，这样的周史观就是以"周天子"为中心的变化观，并由此形成权力在天子—诸侯—大夫—陪臣之间变化的历史形势和不同阶段。⑤

关于孟子历史观的研究。王棣棠从孟子的仁政学说、孟子对历史发展的论述、孟子对先王的歌颂等命题，分析孟子的历史观，认为孟子的历史观中存在着唯心主义体系与唯物主义思想的矛盾，一方面他坚持宣扬的是社会意识决定论、上层建筑决定论、英雄史观和历史神秘主义，另一方面他又意识到了社会经济状况和人民群众对社会历史发展所起的

---

① 董铁松：《孔子的历史思想和史学意识》，《古代文明》2008年第2期。
② 王春华：《从〈论语〉看孔子对弟子的历史教育》，《历史教学问题》2011年第5期。
③ 陈少明：《儒家的历史形上学——以时、名、命为例》，《华东师范大学学报》（哲学社会科学版）2012年第5期。
④ 李建华：《论孔子的传统观》，《伦理学研究》2013年第5期。
⑤ 李纪祥：《从宗周到成周：孔子与司马迁的周史观》，《历史研究》2014年第2期。

思想史视野下先秦儒家历史观研究

作用。① 杨钊认为,孟子的历史观主要表现为先王史观、历史循环论以及"天人相应"观三个方面,即推崇先王在历史发展过程中的重要作用,提出历史往复循环的观点以及认为决定历史的是人,但把人事解决不了的问题,都归之于天命等。② 王兴业认为,孟子的历史观基本上是唯心的,但也有一些朴素的唯物主义因素,即重视经济因素和环境条件对人的作用;承认人民群众在政治斗争与战争中的巨大作用;限制君主活动,反对君王作用无限论的思想;主张民贵君轻,重视民的权利的思想,等等。③ 翟廷瑨认为,孟子的历史观是英雄史观,但是治乱交替论并非就是历史循环论和历史倒退论,而他的社会分工理论则是历史前进的表现。④ 云智则认为,孟子的历史观念体现了以家族公社为主要社会结构的东方地区的智者对历史的认识,它是以家族为本位,以道德理性为核心,力图消弭道德理性和历史理性之间的冲突,寻求道德理性与历史理性的平衡。孟子对"五百年必有王者兴"的感慨并不是历史循环论的体现,相反,孟子认为历史是不断前进的,具体的过程就是"以夏变夷",孟子认为人类社会只能由野蛮进化到文明,而不会发生倒退,这是孟子道德理性历史观念支持下的历史进化论。⑤ 董文武、刘文英则将孟子的历史观概括为以"天人推移"为核心的历史天命论,以"一治一乱"交替为核心的历史过程论,以"圣人"与"重民"为核心的历史动力论,这些都反映了战国中期历史大变革的时代特点和社会背景。⑥

关于荀子历史观的研究。刘周堂认为,荀子强调今不如古,在政治上要求复古,主张以三代为则,以"古"作为评人论事的标准,因此是一个复古主义者。⑦ 杨钊认为,荀子在决定历史运动的力量问题上,

---

① 王棣棠:《试论孟子的历史观》,《兰州大学学报》(社会科学版)1981年第4期。
② 杨钊:《孟子的历史观》,《史学史研究》1983年第4期。
③ 王兴业:《论孟子历史观中的唯物主义因素》,《东岳论丛》1984年第3期。
④ 翟廷瑨:《孟子历史观评析》,《齐鲁学刊》1990年第1期。
⑤ 云智:《孟子历史观念研究》,硕士学位论文,四川大学,2007年。
⑥ 董文武、刘文英:《孟子历史观新探》,《廊坊师范学院学报》2007年第6期。
⑦ 刘周堂:《荀况是个复古主义者》,《湖南师大社会科学学报》1986年第5期。

绪 论

有"天人之分"和"明分使群"观；在关于历史运动趋势上，则具有后王史观。[①] 李亮子则将荀子的历史观与他的礼学思想放在一起分析，认为荀子在论述礼学思想的过程中，深入阐述了他关于人类文明形成、历史发展的动力及机制的认识，强调了"历史的发展便是在差别中不断求和谐的过程"[②]。阚琉声则以《荀子》文献中所涉及的"时""世""古""今"等表示特定历史阶段含义的概念为主要研究对象，深入考察了荀子历史思想中的变与不变的问题。他认为荀子认识到社会政治的客观变迁以及对个人的影响，因此主张社会政治与个人修养都应因时而变，另外，荀子又强调历时不变，而这一思想的核心是"道"不变，具体又包括历史运行之道、治道、兼并和用兵之道、立世之道等诸多深层次之道。在此基础上，他又分析了荀子"法后王"的主张，认为荀子时变与不变的历史思想是他提出"法后王"主张的重要原因。[③] 王荣则主要探讨了《荀子》历史观的性质，认为其历史观整体上应是进步史观。[④]

综合来看，近代以来学界对先秦儒家历史观的研究，取得了比较丰富的成绩，产生了一批有影响力的成果。他们从史学史、历史哲学、诠释学、政治思想等多个角度，对先秦儒家历史观的研究，加深了我们的认识，是我们进一步研究的基础。特别是从思想史角度分析和研究先秦儒家历史观的一些论著，为我们进一步研究历史观在儒家思想体系中的地位与功能，提供了一些新的视角和方法。

当然，前人的有关研究也存在一些问题。早期的研究，对于儒家历史观的关注不多，基本上是在研究儒家思想时，顺带提及他们的历史认识，且更多只是只言片语、一笔带过，较少专门深入的研究。中华人民共和国成立后的研究，则由于一度受到意识形态的影响，主要进行定性分析，从进步还是倒退的角度去判定他们是唯物还是唯心。这一时期，

[①] 杨钊：《荀子的历史观》，《史学史研究》1987年第2期。
[②] 李亮子：《荀子的礼学思想与社会历史观》，《史学史研究》1999年第2期。
[③] 阚琉声：《论荀子历史思想中的时变与不变》，硕士学位论文，吉林大学，2012年。
[④] 参看王荣《〈荀子〉历史观新探》，《郑州大学学报》（哲学社会科学版）2016年第2期。

思想史视野下先秦儒家历史观研究

人们习惯于用意识形态色彩鲜明的词汇给儒家的历史观贴上标签、扣上帽子，却没有深入儒家思想内部，分析其历史观的细节。改革开放后，随着研究的深入，人们对于儒家历史观的探讨也更为细致。学界开始尝试对先秦儒家历史认识的方方面面进行分析，并从不同角度给出答案。但是这一时期的研究仍存在不少问题。一方面不够全面，或单独以儒家的某个人为研究对象，忽视了整个先秦儒家历史观的发展演变，或对于历史观涉及的内容理解得过于狭窄，只分析了儒家历史观的某一部分，失之偏颇。另一方面不够深入，人们往往局限于历史观本身的分析，没有系统地将之作为一个专题，把历史观作为一种思想，放到儒家思想体系的内部，进行综合考察，还未能深入了解历史观在儒家理论结构中的地位与作用，也就不能准确把握历史观与儒家诸种思想的内在关联。因此，转换研究的视角，全面系统论述先秦儒家历史观，揭示其内涵、特质、地位与功能，十分必要。

第三节　研究视角与方法

为推进先秦儒家历史观的研究，本书拟在前人研究成果的基础上，着重从思想史的视角，运用包括思想体系分析法、思想与社会互动研究等在内的各种方法，全方位、多角度地观照先秦儒家历史观的方方面面，希望能够深入透视其本质特征，系统分析其相关话语，以期深化对先秦儒家历史观及其在儒家思想体系中的地位与功能的认识。

概言之，本书主要从以下几个角度深化先秦儒家历史观的研究：

第一，拓展先秦儒家历史观的研究范围，更加全面地认知和分析与儒家历史观相关的各个层次和方面。过去，人们在研究儒家的历史观时，更多是从史学史的角度，探究其历史编纂与史学思想，在历史理论方面，也主要集中于历史发展动力、历史是在进化还是倒退等问题的分析，未能窥及儒家历史观的全貌。实际上，古人对于历史的认知，内容更加丰富。儒家更是如此，他们就如司马迁所言，意欲"究天人之际，通古今之变，成一家之言"。因此他们的历史观讨论天人、关涉古今，既会分析天命时势在历史发展中的作用，也会关注人在历史中的地位；既会建构历史的谱系，也会探究人如何衔接传统，进入历史的道统；既会论述历史变动中的变量，也会指出历史发展中的不变之道。

第二，转换研究的视角，从思想史的角度，重新审视先秦儒家的历史观。先秦儒家是思想家，而非史学家，其历史观也是其思想体系的重要一环，因此对历史观作思想史的研究，能够跳出传统研究主要是对儒家历史观作进化或倒退、唯物或唯心的定性分析的局限，更好地理解先秦儒家历史观的基本内涵和结构功能。借助思想史诸种方法的分析，我们将发现儒家对历史的认知，更多是为自己的理论寻找历史依据，为现实政治的运行提供历史资源，甚至是为自己的定位而书写历史谱系，因此可以说历史观是儒家思想的理论基石之一。

第三，运用思想体系分析法，在先秦儒家的理论体系与思想结构中研究其历史观。作为先秦时期的精英思想家，儒家的思想不是零散的、没有体系的碎片，而是有"一以贯之"的核心理念，并且拥有理论的自足性和逻辑的统一性。历史观作为儒家思想体系的基石之一，与他们的理论体系具有一致性，与他们的核心观点和基本概念也有各种内在的关联。儒家的天命观、人性论、礼乐思想、政治理论等，无不以历史观为基础，因此只有将它放到儒家的整个理论体系中来观察，才能更深刻地了解历史观在儒家思想中的地位。

第四，从思想与社会互动的角度进行分析。思想与社会从来不是分离的，思想在社会中生成，又塑造着社会；社会制约着思想，又被思想影响。一种思想总是特定社会的产物，特定的社会又会使一种思想打上时代的烙印。正如刘泽华所言，它们是"鸡生蛋、蛋生鸡"的关系，相互生成、相互影响。[①] 先秦儒家的历史观也是如此，一方面它是儒家在特定的时代背景下形成的，也是针对时代课题提出的，因此有强烈的现实关怀和现实指向性；另一方面儒家历史观形成之后，对现实社会产生很大影响，它使上古深深地烙上了儒家的色彩，又将这种儒家式的上

---

① 参看刘泽华《开展思想与社会互动和整体研究》，《历史教学》2001年第8期。

古理想社会,"售与帝王家",从而对现实社会秩序的建构产生了极大影响。在这个意义上可以说,儒家的历史观不仅仅是一种观念,也是一种实践,不仅仅关注历史,更要立足现实。

总之,本书将利用上述方法与思路,研究先秦儒家历史观,力图达到这样几个目的:第一,系统梳理儒家历史观的生成背景和思想来源,明确其历史观是在怎样的文化土壤中产生的,殷周春秋的文化又为儒家历史观的发生提供了哪些资源。第二,全面论述先秦儒家历史观生成、演变与发展的历程,特别是对最具代表性的孔、孟、荀的历史观念的基本内涵、主要观点进行分析,以更全面细致地展现他们历史观念的细节。第三,关注历史观在儒家思想体系中的地位与作用,在分析他们的历史观时,将它与人性论、天命观等思想之间的关联描述出来,也就是从历史观的角度考察儒家的思想结构,从而更深入了解儒家思想。

第四节　本书章节安排

全书除绪论、结语外,主要分为五章,具体章节安排如下:

第一章包括三个部分:殷商时期历史意识的萌芽、殷周之际历史观念的自觉、西周春秋时期历史观的发展。主要阐述先秦儒家历史观产生的内在理路,即探讨儒家产生之前商周时期历史意识的萌发、自觉与发展的历程,分析其中所蕴含的儒家历史观赖以生成的思想资源,强调儒家的历史观是商周历史观念自然发展的结果。认为:

第一,区隔人与自然的自我意识、区分现在与过去的时间意识以及明确人在历史中的地位是历史意识觉醒的三个前提与标准。

第二,基于以上标准,强调历史意识觉醒于殷周之际,殷商时期虽有历史意识的萌芽,但由于忽视人本身,难言自觉。

第三,周人把历史纳入认识的范畴,第一次清晰梳理和建构了上古历史的秩序,并开始以天命、德性、民本等解释框架理解历史的变动。

第四,西周时期开始形成的人文化、理性化的历史观,是儒家历史观的重要来源,它使儒家历史观在产生之初就带有浓厚的人文色彩。

绪　论

第二章包括三个部分：孔子历史观的时代背景、孔子历史观的理论结构、孔子思想体系中人与历史的关联。主要研究春秋时期儒家历史观的形成与初步建构，考察孔子历史观的社会背景与理论结构，并着重分析历史观与天命观、人性论以及政治思想等方面的关联。认为：

第一，孔子面临的时代课题是如何建构一个新的稳定的社会秩序，他对历史的认知，其目的是为理想秩序寻求历史依据与合理性，因此其历史观看似是倒退的、保守的，但其实是面向未来的。

第二，孔子在继承西周时期人文化历史观念的基础上，进一步对历史进行了梳理与建构，从中提炼出一条历史发展的主线，即自尧、舜、禹、汤、文、武周公以至自己的道统的谱系。

第三，在人与历史的关系上，孔子确立了人在历史中的主体地位和能动作用，强调历史的责任、斯文的传承都有赖于人，而人要承担这些责任，则必须努力进取，成为君子。

第四，由于新的历史观念的确立，在历史评价上，孔子也树立了新的标准，即道义标准，以"道之有无"区分社会的好坏、评判历史之优劣，用"仁义与否"臧否人物、品评时杰。

第三章主要借助郭店简、上博简等出土材料，分析战国早期孔孟之间儒家历史观念的发展，分析其对孔子历史观念的继承与发展以及对战国时期儒家历史观念的影响。认为：

第一，此时期儒家通过叙述上古以来圣王的历史谱系和伟大事迹，建构了更加丰满的儒家的历史叙事，拓展了历史认识的范围，并在历史叙述中总结了更多治乱更替的历史经验。

第二，在探究历史观中的天人关系上，此时的儒家强调天与时、命、势、遇等外在的客观条件一样，会制约人的命运与历史的发展，人虽然不能违背天命，但是却可以通过反求诸己、修身养性，而知天、知道，并在此基础上，合天道与人道，实现天人的贯通。

第四章主要考察孟子的历史观念，特别是他所建构的道统与历史的谱系，分析其历史观念的基本内涵和理论特质。认为：

第一，孟子提出"尽信《书》则不如无《书》"并非求真与怀疑精

23

神的体现，而是以是否符合自己的思想主张为标准而选择"书"的可信与否。

第二，孟子将历史划分为善与恶两个谱系，认为历史的发展始终是在善与恶的斗争中进行的，社会也因此而呈现出治乱更替与循环。

第三，在影响历史运转的主客观因素上，孟子认为天命时势会对历史发展起到客观的制约作用，但是人特别是圣人君子也能够发挥自己的主动性，促进历史的发展。因此，孟子不断强调人要修身，从而可以得道成圣，承接历史使命。

第五章主要分析荀子在天人之分观念影响下历史观念的发展，分析其历史观的主要内容与思想特性。认为：

第一，荀子提出"天人之分"，将天主要限定在自然领域，而把历史还给人，使人成为社会历史的主体，完全承担起对历史的责任。

第二，荀子提出"法后王"，实际上是强调以"后王"为代表的圣王才是历史的真正主导，由此，在荀子的思想中，圣王实现了对历史的占有，成为历史的主宰。

第三，在历史发展的认识上，荀子认为历史始终是在发展变化的，要因时而变，但同时又强调历史最本质的东西——道则历时不变，必须坚守。

此外，本书还增加两篇与主题紧密相关的论文，作为附录，附于书后，以辅助论证本书的研究主题。附录一主要是从思想与社会互动的角度，探究孔子敬事鬼神的原因。附录二则通过对比孔子与墨子的鬼神观念，分析其异同及原因。

第一章　商周历史意识与儒家历史观的思想来源

儒家思想体系的形成，并非一朝一夕的事情，它既是历代大儒有意建构的产物，又根植于先秦深厚的文化土壤之中，它既被社会历史生成，同时又影响着社会历史的发展。正是在与社会互动的过程中，儒家思想不断成熟，并与中国传统社会融为一体。

儒家历史观的形成亦是如此，它之所以对传统中国影响深远，成为上自君主士人，下至普通百姓的一般认知，就在于它是在先秦社会文化的演变中生成的，是上古历史意识自然衍化的结果，因而始终与传统社会紧密相连。因此，若要深入理解先秦儒家的历史观，就必须追述孔子以前历史观念的生成与发展。

第一节　祖先的追述：殷商历史意识的萌芽

一　原始思维与历史记忆

人是历史的存在，并在历史中塑造自己，那么人类产生之初是否就产生了历史意识呢？对于这个涉及历史意识起源的问题，人们有不同的认知。不少学者认为"自从有了人类的历史，就产生了人类最初的历史意识"[①]，强调历史意识与人类相伴而生。另外一些学者则强调"历

[①] 尹达：《中国史学发展史》，中州古籍出版社1985年版，第3页。

史永远有，而人们对历史的警觉并不常有。甚至可以说，历史上有更多的时代往往是缺乏历史感的时代，是人们缺乏对历史的自我意识，或者说是缺乏历史意识觉醒的时代"①。

我们以为人类产生之初，无论是外在的生存环境还是内在的思维，都尚未具备产生历史意识的条件，也就是说，原始人还没有我们现在所认为的历史意识。

由猿到人并非一蹴而就，而是一个长期、缓慢的过程，这期间的人可以说是"正在形成中的人"②，其身上的动物属性仍然十分明显，还不能称之为"人"，甚至有人认为，"正在形成中的人"，"归根到底还是猿类，而不是人类；它们的'社会'，是动物的'社会'，而不是人类社会；它们的历史，是动物的历史，而不是人类历史"③。

事实上，即便是人类产生之初，人的许多行为也仍然由本能支配，和动物无异，也没有人之为人的自觉。这个时期，人的意识结构还比较简单，其思维总体而言是模糊、混沌的，人与外在世界也没有清晰的界限。④ 只是随着人与外在的自然环境以及其他动物的斗争，人才慢慢将自身与自然进行了区分，逐渐认识到自己与其他动物的不同，最终产生了作为一类的人的自我意识，从而"达到关于自身对外界限的自觉"⑤。自我意识的觉醒是历史意识产生的前提，它将人从自然中剥离出来，并开始尝试将人本身作为思维的对象。

但是一开始人类还没有时间意识，如马王堆汉墓帛书《十六经·顺

---

① 何兆武：《多面的历史：从希罗多德到赫尔德的历史探询》（代译序），生活·读书·新知三联书店 2003 年版，第 1 页。

② 这一概念是恩格斯在《劳动在从猿到人转变过程中的作用》一文中提出的，他在文中提出人类进化发展的三个阶段，即"攀树的猿群""正在形成中的人""完全形成的人"，并用这一概念指称从猿到人这一期间的形态。

③ 汪连兴：《"原始群"、"正在形成中的人"和"劳动"三概念的涵义辨析》，《世界历史》1986 年第 1 期。

④ 很多神话传说都描述了早期世界的混沌状态，其实从意识的角度来看，人们所描述的世界的混沌，本质上是人的意识的混沌。也就是说，这一时期人的意识结构尚在形成阶段，对这个世界的认知还是模糊的，因此外在世界在人的意识中的投影才呈现出混沌的特征。

⑤ 参看刘家和《论古代的人类精神觉醒》，《古代中国与世界———一个古代研究者的思考》，武汉出版社 1995 年版，第 572—573 页。他同时将此作为人类精神觉醒的第一个层次。

第一章　商周历史意识与儒家历史观的思想来源

道》即描述"大庭氏之有天下,不辨阴阳,不数日月,不辨四时"。随着意识的发展,人的时间意识也开始产生,只是这一时期人们的时间意识还是模糊不清的,他们没有很精确的描述时间的语言,而更多参照自然界的变化。如徐梦莘在《三朝北盟会编》卷三中曾记述北宋时期"女真之人,不知年岁。问之,则曰吾及见青草几度,盖以一青为一年也"①。徐霆《黑鞑事略》中也有"若鞑之本俗……,但见青草,即为一年,新月初生,即为一月。问其庚甲若干,则指而数青草"②。与此相类似的还有台湾地区有的民族曾经"不知岁月,惟凭草木,听鸟音,以节耕种"③。此外,生活在松花江流域的赫哲族,因为长期以捕鱼为生,曾流行以吃大马哈鱼一次为一年的纪年方式。④

实际上,汉族的"年"字也是与自然相关,《说文》解"年"为"谷孰(熟)也",这一说法也基本上为甲骨文和金文的字形所证实,这说明人们进行纪年的方式也是从自然中来。这样的时间表述方式,相对比较模糊,而且始终与自己切身相关的事物相联系,这种叙述,虽然可以说有了模糊的时间意识,但是并没有将现在与过去进行明确的区分,因此还不能称之为历史意识。

总之,这一时期,历史本身并未成为人类思维和认识的对象,原始人的这种思维,与其说是历史意识,不如说是一种模糊的历史记忆,而且这种历史记忆主要是关于自己族群早期祖先的各种神话与英雄传说。只是随着历史记忆的不断积累,神话传说的不断流传,人们在神话传说的叙述中逐渐融入了更多的历史感。⑤ 特别是国家以及文字产生之后,人类的历史认识才获得更大发展,历史才慢慢开始被作为认知的对象,

---

① 洪皓《松漠纪闻上》也有类似记载。
② 此说亦见于孟珙《蒙鞑备录》卷五十四。
③ 蒋毓英撰,陈碧笙校注:《台湾府志校注》,厦门大学出版社1985年版,第56页。
④ 凌纯声:《松花江下游的赫哲族》上册,《国立中央研究院历史语言研究所单刊甲种之十四》,1934年。
⑤ 不少学者将历史意识的产生与神话联系在一起,确实很多早期的历史都是通过神话的方式流传,但是神话毕竟不同于历史叙述,其本质是宗教性的,因此所体现的主要是宗教意识而非历史意识。

被记述与回顾。

二 追述祖先与历史意识的萌芽

早期的文献资料较为匮乏,我们从资料相对较为丰富的殷商时期,可以一窥这一时期历史意识的萌芽。

从传世文献来看,殷人似已有比较明确的历史意识,他们常常追述先王,并以祖先的事例来论证自己的观点,训诫下属。这在《尚书·盘庚》诸篇中均有体现:

> 今不承于古,罔知天之断命,矧曰其克从先王之烈。若颠木之有由蘖,天其永我命于兹新邑;绍复先王之大业,厎绥四方。
> 古我先王亦惟图任旧人共政。
> 古我先王暨乃祖乃父,胥及逸勤,予敢动用非罚?世选尔劳,予不掩尔善,兹予大享于先王,尔祖其从与享之。作福作灾,予亦不敢动用非德。
> 古我前后,罔不惟民之承保。后胥戚,鲜以不浮于天时;殷降大虐,先王不怀厥攸作,视民利用迁。汝曷弗念我古后之闻?
> 予念我先神后之劳尔先,予丕克羞尔用,怀尔然。
> 古我先后,既劳乃祖乃父,汝共作我畜民。汝有戕则在乃心,我先后绥乃祖乃父,乃祖乃父乃断弃汝,不救乃死。兹予有乱政同位,具乃贝玉,乃祖先父,丕乃告我高后曰:作丕刑于朕孙,迪高后丕乃崇降弗祥。
> 古我先王,将多于前功,适于山,用降我凶,德嘉绩于朕邦。
> 肆上帝将复我高祖之德,乱越我家?

《盘庚》篇作为较可靠的记述殷商历史的文献,在流传的过程中,也不可避免会掺入后世特别是周人的观念,比如天命、敬德等思想,可能并非殷人所有。[①] 以上所引关于先王的诸多论述,也难免掺杂了不少

---

① 过去多认为殷人没有天命观念,近来也有不少学者认为商代也有天命观念。参看徐义华《商代的天命思想》,《古文字研究》第27辑。

第一章 商周历史意识与儒家历史观的思想来源

后来的历史意识进去,但是殷人在论述事件、阐述观点之时,常援史为证,以先王为论证依据,恰恰说明当时祖先在殷人心目中的地位。同时,"古我先王""乃祖乃父""古我前后""古后""我先神后""古我先后""我高后""我高祖"等词汇,使得这段论述颇有历史感,[①]说明殷人已然具有了较为模糊的历史意识的萌芽。

另外,《诗经》中也有不少颂扬商人先祖的诗篇,特别是《商颂》[②]诸篇,具有史诗的性质,是我们研究商族起源和殷人观念非常关键的文献史料。从中我们也可约略看出殷人在追述先祖的过程中所体现的模糊的历史意识。如《诗经·商颂·玄鸟》篇即追述了商人的起源,颂扬了汤与武丁等先王的赫赫武功:

> 天命玄鸟,降而生商,宅殷土芒芒。古帝命武汤,正域彼四方。方命厥后,奄有九有。商之先后,受命不殆,在武丁孙子。武丁孙子,武王靡不胜。龙旂十乘,大糦是承。邦畿千里,维民所止,肇域彼四海。四海来假,来假祁祁。景员维河,殷受命咸宜,百禄是何。

这些传世文献的记述,可以从一个侧面说明殷人在追述祖先、祭祀先王的过程中,产生了一定的历史意识。不过,这些传世文献或为后人所为,或经后人修改,其中难免掺入后世的观念,我们在运用时不得不注意。

自安阳殷墟甲骨文发现以来,甲骨文的材料不断增多,极大地促进了上古史特别是殷商史的研究,为我们分析殷商时期的社会与观念提供了大量可靠的资料。从现有的甲骨文来看,殷商时期的文字已经比较成

[①] 历史意识以历史感为前提,但又有区别。关于二者的区别,可参看徐兆仁《历史意识的内涵、价值与形成途径》,《中国人民大学学报》2010年第1期。

[②] 关于《商颂》诸篇的作者,目前还有争论。魏源、皮锡瑞、王先谦、王国维等人提出《商颂》即《宋颂》,是春秋时期的作品,产生于宋都商丘附近。后来,刘毓庆作《〈商颂〉非宋人作考》,则认为《商颂》实为商代所有,是经过正考父整理甚至加工过的,参见刘毓庆《〈商颂〉非宋人作考》,《山西大学学报》(哲学社会科学版)1980年第1期。

29

熟，可以说是比较系统的古文字体系。而语言文字对于历史意识的产生有着很大的影响，它使人们摆脱了仅仅靠口耳相传来描述远古社会情形的阶段，让人类可以将它们记录下来，流传后世。

从现有的卜辞来看，在殷人的宗教信仰体系中，祖先崇拜所占的地位最为重要，以祖先为对象的占卜与祭祀所占的比例最大，程序更繁琐，规模更宏大。晁福林指出："在殷人的神灵世界里占有主导的最重要地位的是祖先神，而不是帝。"① 从卜辞数量上来看，"迄今所见关于祭祀上甲的有1100多条卜辞，祭祀成汤的有800多条，祭祀祖乙的有900多条，祭祀武丁的有600多条。在全部卜辞里，确认为祭祀祖先的卜辞共有15000多条"②。另外，在用牲数量上，祭祖时用牲也是最多的，常常高达几十甚至上百，由此可见殷人对祖先的重视：

（1）贞，御自唐、大甲、大丁、祖乙百羌百宰。（《合集》300）

（2）丁巳卜，又燎于父丁百犬、百豕，卯百牛。（《合集》32674）

对祖先祭祀虽属宗教崇拜的范畴，但是在祭祀的过程中，就需要排列祭祀次序、搞清渊源谱系、追述历史事迹，如此一来，就会形成过去与现在的区分、古人与今人的区隔。可以说，正是在对祖先的占卜与祭祀中，殷人萌发了模糊的历史意识。

不仅如此，从现有的甲骨文可知，当时的文字中不仅有了"史"字，而且已经设置了史官。③

关于我国古代史官的设置，有传说认为早在黄帝时期即已存在。刘知几在《史通·史官建置》中指出："盖史之建官，其来尚矣。昔轩辕氏受命，仓颉、沮诵实居其职。至于三代，其数渐繁。"又曰："史官

---

① 晁福林：《天命与彝伦：先秦社会思想探研》，北京师范大学出版社2012年版，第18页。
② 晁福林：《天命与彝伦：先秦社会思想探研》，北京师范大学出版社2012年版，第19页。
③ 不过，从甲骨卜辞来看，早期的"史"并非如人们通常认为的与记事相关，其本义应为执掌旗帜之人。详细论证参看朱彦民《由甲骨文看"史"字本义及其早期流变》，《殷都学刊》2015年第4期。

第一章　商周历史意识与儒家历史观的思想来源

之作，肇自黄帝，备于周室，名目既多，职务咸异。"司马迁则将史官追述到了颛顼时期的重、黎：

> 昔在颛顼，命南正重以司天，北正黎以司地。唐虞之际，绍重、黎之后，使复典之，至于夏商，故重黎氏世序天地。其在周，程伯休甫其后也。当周宣王时，失其守而为司马氏。司马氏世典周史。（《史记·太史公自序》）

这些文献的记录说明，史官可能有更为久远的源头。不过文献匮乏，且现有文献对这个问题的记述含有很大的传说与虚构的成分，因此我们只能搁置存疑。

随着殷商时期甲骨文的发现，人们在卜辞中发现了不少"史"字以及与此相关的各种史官的名称，说明至迟到殷商时期，已经设置了史官，且有多重职掌和类型：有武官之史，主要包括"我史""御史""北史"等，多与战事有关；有礼官之史，如"大史"等，会参与重要的祭祀活动；有使官之史，如"我三史""史人"等，主要作为外交人员，担负外交使命。① 不过，能够直接反映史掌记事的卜辞尚未发现，董作宾认为"贞人即是史官"②，朱桢则认为贞人不是史官，而贞人集团之下那些专门负责记事并刻写文字的人才是真正的史官。③

殷商时期史官的职责，虽并非以记事为主，但是他们往往都会参与对祖先的祭祀，还可能会负责记录有关祭祀、占卜的情况，其实已经有一些写史的意味在里边了。而且《尚书·多士》云："惟殷先人有册有典"，则这些掌记事之史官，或正是这些典册的记录者。因此，在记述祖先的过程中，这些史官无疑会萌生一定的历史意识，为以后历史观念的觉醒奠定基础。

---

① 参看朱彦民《由甲骨文看"史"字本义及其早期流变》，《殷都学刊》2015年第4期。
② 董作宾：《甲骨文断代研究例》，"中央研究院"历史语言研究所专刊，商务印书馆1933年版。
③ 参见朱桢《贞人非卜辞契刻者》，《殷都学刊》1986年第4期。

三　宗教意识压倒历史意识

殷商时期虽说已有历史意识的萌芽，但难言自觉。有学者即指出，《诗经》以及《尚书·盘庚》等篇中记述的祖先传说和事迹，"大体还表现为对某些具体史事的认识，尚未形成历史的观念。历史的观念指的是客观历史在人的思维中留存的形式，而非限于人对某些具体史事的认识"[①]。

众所周知，殷人是非常崇信鬼神的，这从出土的甲骨卜辞即可看出来，"这些卜辞材料虽然涉及了殷代社会生活的各个方面，但却无不直接或间接地与神权发生关系。从某种意义上可以说这些材料全部是殷人神权崇拜的记录"[②]。而且他们几乎无日不祭祀，也几乎无事不占卜，所谓"殷人尊神，率民以事神，先鬼而后礼"（《礼记·表记》）。

在甲骨卜辞中，有对自然神的崇拜，这种崇拜"还保存着不少原始自然崇拜的遗存"[③]。如对日、月、星、辰、风、云、雨、山川的祭祀等。有对天神，特别是上帝的占卜记录。更多的则是对祖先神的祭祀。而且殷商时期对祖先神的祭祀是非常隆重的，比之于天神与自然神，祭祀礼仪最为繁琐、祭祀程序最为规整、祭祀规模也最为庞大，形成了一套较为完整繁琐的祭祖礼的体系。[④]其中最典型的就是大规模的周祭，也就是对祖先进行有次序的、轮番的、周而复始的祭祀。[⑤]

那么，这种对祖先的祭祀，是否能够说明殷人已经有了比较明确自觉的历史意识呢？答案是否定的。列维·布留尔在对原始人的思维进行考察后，指出"原始思维是在一个到处都有着无数神秘力量在经常起作用或者即将起作用的世界中进行活动的"[⑥]，"原始人的思维本质上是

---

①　易宁：《中国古代历史认同观念的滥觞——〈尚书·周书〉的历史思维》，《史学史研究》2010 年第 4 期。
②　晁福林：《天命与彝伦：先秦社会思想探研》，北京师范大学出版社 2012 年版，第 18 页。
③　晁福林：《天命与彝伦：先秦社会思想探研》，北京师范大学出版社 2012 年版，第 25 页。
④　关于殷商时期祭祖礼，可参看刘源《商周祭祖礼研究》，商务印书馆 2004 年版。
⑤　关于殷商时期的周祭制度，参看常玉芝《商代周祭制度》，中国社会科学出版社 1987 年版。
⑥　[法] 列维·布留尔：《原始思维》，丁由译，商务印书馆 1981 年版，第 418 页。

第一章 商周历史意识与儒家历史观的思想来源

神秘的"①。这一点与殷商时期的情形非常相似。

殷商时期的人们仍然保留了很多原始思维,对于殷人而言,对祖先的祭祀并不是对历史的追述,而是对鬼神的敬畏。他们所崇拜的祖先并不是作为人被崇拜祭祀,而是死后成为降福致祸的鬼神。这样的祖先神不是历史性的存在,也不是遥不可及的过去,而是始终与现在的人紧密相关,且能够干预现实政治社会的神圣性存在。换言之,他们在追述祖先的时候,面对的不是历史,不是人,而是鬼神与永恒的他者。因此他们进行祖先崇拜与祭祀的目的,主要是趋福避祸。他们对祖先祭祀的次序进行排列,不是为了搞清自己族群的源流和历史,而是为了更方便地祭祀祖先,其目的是宗教性的,因此在这种祭祀过程中也产生不了明确的历史感和自觉的历史意识。

宗教意识关注的是超越历史的存在,也就是鬼神。即使是作为祖先,在成为鬼神之后也成为一种永恒的存在,而没有随历史烟消云散。因此他们追求的是永恒,并不关注人在其中所发挥的作用,所以当西伯戡黎,"祖伊恐,奔告于王"时,纣王却说"我生不有命在天?"

历史意识则不同,它关注的是人以及人在历史中的作用,关注的是那些逝去的存在及其对现实的意义。正如有学者所言,历史意识应该拥有一定的结构,包含一系列相关的意识。② 首先是存在意识,也就是意识到人自身的存在,"惟其如此,他才会想到去探寻今昔的诸种行为的关系,将'现在'的自我存在与'过去'那些死者的存在放在一起思考"③。其次是时间意识,有了时间意识才能更好地区分过去与现在。再次是关联意识,即认识到现在与过去的内在联系,"意识到'现在'是'过去'的延伸"④。复次是解释意识,即试图认识与理解过去,并努力探寻其中的规律和动因,并给出相应的解释。最后是批判意识,即以现在为基点,以现在的价值判断,对过去的人与事进行批判、褒贬。可以说,只有具备了这几

---

① [法]列维·布留尔:《原始思维》,丁由译,商务印书馆1981年版,第412页。
② 此一部分内容,主要参考丁松泉《历史意识初探》,《内蒙古社会科学》1991年第6期。
③ 丁松泉:《历史意识初探》,《内蒙古社会科学》1991年第6期。
④ 丁松泉:《历史意识初探》,《内蒙古社会科学》1991年第6期。

方面的内容，我们才能说产生了真正自觉的历史意识。

而殷商时期，似乎尚未完全具备上述条件。这一时期，鬼神是整个社会观念认知的主体，对鬼神的祭祀几乎成为殷人生活的中心，所有的问题最终都要通过鬼神来解决（主要是通过占卜与祭祀的形式），鬼神对人与社会的影响几乎遍及任何领域。某种程度上可以说殷人是在用神话思考，用祭祀来表现自我，或者用艾兰的话讲，"商代时人们的思想是'神话性'的"①。甚至连他们的国名"商"也可能与宗教祭祀有关系，如张光直指出："'商'字即是将祖先形象置于祭几之上。下面如有'口'字，当指祭祖之人口中念念有词，整个字是'祭祖'或'祖先崇拜'的会意。这样看来，'商'字源于祭祖，扩大之意为'商'王祭祖之邑，再扩大指称在'商'邑祭祖之统治王朝"，"简而言之，'商'就是祖。商城就是祖先之城，也是祭祖之城"②。故而有人径直称殷商为"神本时代"③。

由于鬼神在整个社会生活中处于中心位置，因此与祭祀鬼神相关的事情都极为重要，不可马虎，如对祭祀牺牲的选择、对占卜用的龟甲的整治以及对占卜记录人员的重视，等等。与之相对应的是，人的地位并不高，而且以人为牺牲祭祀鬼神的现象普遍存在，人匍匐在鬼神的脚下，自然谈不上是历史主体。

另外，殷商时期很多官职都与宗教祭祀有联系，史官也是如此。前面我们已经论述，史官的职掌十分丰富，从对外交往到带兵征伐，从掌管文书到占卜祭祀，几乎无所不管。而且，在早期，史与巫无论在职掌还是地位上都很相似，所以不少研究者认为"史出于巫"或者"巫史同源"。如陈梦家认为"史亦巫也"，"由巫而史，而为王者的行政官吏"④。杨向奎强调"史之源流，乃：神、巫、史相传。由神而

---

① ［美］艾兰：《龟之谜——商代神话、祭祀、艺术和宇宙观研究》，汪涛译，四川人民出版社1992年版，第190页。
② ［美］张光直：《商名试释》，载中国社会科学院考古研究所编《中国商文化国际学术讨论会论文集》，中国大百科全书出版社1998年版，第110—111页。
③ 王晖：《殷商为神本时代说》，《殷都学刊》2000年第2期。
④ 陈梦家：《商代的神话与巫术》，《燕京学报》第20期。

第一章　商周历史意识与儒家历史观的思想来源

巫，由巫而史"①。宋兆麟则结合甲骨卜辞指出："当时主持占卜的巫师是贞人，同时是通晓文字、掌管文书的史官，也就是当时的史官与巫是合一的。在卜辞中还有一种'小史'职，也是一种史官。"②

事实上，史与巫的关系确实非常紧密，很难区分。司马迁在《史记·太史公自序》中就将史官的起源追溯到重、黎，而重、黎当时属于天官序列。据《国语·楚语下》所言，重、黎还曾"绝地天通"，结束了"民神杂糅"的混乱局面，并被后来的不少学者认为是古代一次非常重要的宗教改革。也就是说，作为史官起源的重、黎，其职掌主要是宗教性的，其身份更多是一种沟通天人的神职人员。而且司马迁的父亲司马谈曾"学天官于唐都，受易于杨何，习道论于黄子"。说明当时史官要掌握很多东西，特别是与天道等有关系的学问，是他们需要学习的。可见至少在司马迁看来，史官的职掌不仅仅是记事，还有更高的要求和更神圣的职能。

就殷商时期而言，史和巫在职能上很接近，主要处理的其实是占卜祭祀等宗教性的事务，而并不如《说文》所说的仅仅是记事。其实记事本身也附属于占卜祭祀，属于宗教性事务的范畴，即所记之事很多都与宗教有关。比如我们最常见的甲骨卜辞，其实就是对占卜情况的一种记述，这种记述本身就是宗教性的，而非历史性的。

总之，由于殷人所具有的是宗教理性，而非历史理性，因此他们所面对的不是历史，不是人，而是鬼神与永恒的他者。他们对祖先的追述，虽然出现了历史意识的萌芽，但仍然很难说是自觉的历史意识。

第二节　殷亡的警示：商周之际历史表达的自觉

殷周之际"小邦周"打败了"大邑商"，一个相信"有命在天"的

---

① 杨向奎：《再论老子》，《史学史研究》1990年第3期。
② 宋兆麟：《巫与巫术》，四川民族出版社1989年版，第329页。

政权却被所谓的"天命"抛弃,由此引发了殷周之际的社会政治变动与思想观念转型。自王国维《殷周制度论》提出"中国政治与文化之变革,莫剧于殷、周之际"①,学者多从制度变革和社会变迁的角度分析殷周之际的变动。② 其实殷周制度变革的背后反映的更多是思想观念的革新,殷周之际的变动正是在制度、社会与思想、文化的互动中出现的。这种变革使周人在继承殷人文化的基础上出现了许多新的思想,历史意识的觉醒与历史表达的自觉即是其中最为重要的部分之一。

关于这方面,学者从不同的层面进行了论述,产生了不少有代表性的成果。比如刘家和主要分析了历史理性在中国的发生,他认为"在周公等人所发现的天命人心说里,呈现出了历史理性的最初曙光",而且"这种历史理性已经突破了殷人对于鬼神的迷信,开始闪现出人文主义精神的曙光"③。易宁从历史认同观念的角度出发,分析了《尚书·周书》的历史思维。他指出:"殷周之际,是中国古代历史发生重大变革的时期。在思想方面,最突出的表现就是周人历史观念的形成。这种历史观念,不是表现为某些零散的历史思想,而是表现为一种内在联系的历史思维形式。这种思维形式,已具有宏观思考的意思,其中贯穿的就是对历史的认同。"④ 李建则强调周初人文意识的发展,促使历史观念由夏殷神意史观向融入人文意识的天命史观的转变,这种转变"开始改变人们对'历史'的认识,使人们开始重新审视神话传说的历史和人类现实社会的历史。其突出的一点表现即是'神话的历史化'"⑤。

我们拟在前人研究的基础上,从思想与社会互动的角度,探讨殷周之际社会政治变动的背景下,西周初期历史意识的觉醒与历史表达的自

---

① 王国维:《殷周制度论》,《观堂集林》,河北教育出版社2001年版,第231页。
② 关于殷周之间的关系,是变革居多还是继承为主,学界尚有争论,我们关注的重点不在此,而是要着重探讨殷周之际政权更替背景下,人们是如何认识和反思这个重大变动,又是如何解释和表达历史变动及其原因的,从而明确殷周之际历史表达的自觉为中国传统历史观留下了怎样的历史遗产。
③ 刘家和:《论历史理性在古代中国的发生》,《史学理论研究》2003年第2期。
④ 易宁:《中国古代历史认同观念的滥觞——〈尚书·周书〉的历史思维》,《史学史研究》2010年第4期。
⑤ 李建:《西周初期人文意识与历史观念的转变及其意义》,《孔子研究》2004年第6期。

第一章　商周历史意识与儒家历史观的思想来源

觉，从而进一步明确儒家历史观乃至中国传统历史观的文化根源与历史背景。

一　历史对象的自觉认识

与殷商时期不自觉的历史意识萌芽相比，周人在历史意识方面有了很大的发展，可以说直到周初，在殷周之际政治变革的背景下，历史意识才真正觉醒。而这种觉醒主要表现在周人开始将历史纳入理性认识的范畴，试图自觉地反思和运用历史，并逐渐形成了一整套自觉的历史表达，即"殷鉴"[①]思想。因此可以说，周人历史观的自觉，是殷周之际观念变革的逻辑起点。

当然，就历史意识而言，周人与殷人还是有不少一致的地方，而这些方面正体现了历史意识发展的延续性与继承性。与殷人对鬼神特别是祖先神的崇拜相一致，周人并没有否定鬼神，更没有将鬼神从历史观念中剔除。虽然周人所信奉的鬼神与殷人并不一样，很多神的性质与职能均发生了变化，[②]但是他们也认可鬼神会对历史的发展和现在的社会产生巨大的影响。所以周人对鬼神的祭祀以及由此形成的诸多礼仪规范，不少于殷商，甚至比殷商更加完善。

以周人最重要的崇拜对象——"天"为例，我们可以看到，"事实上，在笃信天命，尽力探求天意方面，周人与殷人是一致的"[③]。他们深信以"天"为首的诸神会主导历史进程，影响社会兴衰。

首先，天终结殷商之命。周人在灭掉殷商之后，一直在反思和探讨"大邑商"何以被"小邦周"打败，提出了包括敬德、保民等在内的带有人文色彩的新观念。但是他们始终强调终结殷商之命是天的意志，换言之，灭商的主体是天。这一点，他们在《尚书》中反复提及。如《大诰》："天惟丧殷"，《酒诰》："天降丧于殷"，《召诰》："皇天上

[①] 乔治忠认为中国史学的发生，也"起自'殷鉴'观念导发政府文书的整编"。参见乔治忠《中国史学起源问题新论》，《史学史研究》2011年第3期。
[②] 朱凤瀚：《商周时期的天神崇拜》，《中国社会科学》1993年第4期。
[③] 罗新慧：《周代天命观念的发展与嬗变》，《历史研究》2012年第5期。

帝，改厥元子，兹大国殷之命"，"天既遐终大邦殷之命"，《多士》："弗吊旻天大降丧于殷"，《君奭》："弗吊天降丧于殷"，《康王之诰》："皇天改大邦殷之命"。这些材料很清晰地说明，周人认为在殷商灭亡这个重大事件上，主导者是天。

同时，在周人看来，天不仅可以终结一个王朝的统治，还会主动选择新的继承者。在《尚书》中他们反复说明周能够代商而立，即是受命于天。如《大诰》："天休于宁王，兴我小邦周"，《康诰》："天乃大命文王"，《酒诰》："惟天降命，肇我民惟元祀"，《梓材》："皇天既付中国民越厥疆土于先王，肆王惟德用和怿先后迷民，用怿先王受命"，《召诰》："惟王受命，无疆惟休，亦无疆惟恤"，"我受天命，丕若有夏历年，式勿替有殷历年"。成王时期的何尊铭文（《集成》6014）中也有"肆文王受兹命"的说法。同时他们还认识到，不仅自己是承受天命而有天下，夏殷两代亦是如此。《召诰》中即说"有夏服天命"，"有殷受天命"。《多士》云："惟时天罔念闻，厥惟废元命，降致罚。乃命尔先祖成汤革夏，俊民甸四方。"《多方》亦云："天惟时求民主，乃大降显休命于成汤，刑殄有夏。"

另外，天还会降福或者降灾，即通过"命吉凶"对现实社会产生影响。① 特别是降灾的情况，文献中多有记载。如《尚书》很多篇章都有相关记述：《大诰》"弗吊天降割于我家"，《多方》"天降时丧"，《顾命》"今天降疾"，等等。《诗经》中也有不少，如《大雅·云汉》"天降丧乱，饥馑荐臻"。正因此，《诗经》中后来还出现不少怨天之诗，即是怨恨天降灾给人间带来的灾难。

正因为周人相信以天为首的诸神，能够对社会历史产生重大影响，因此他们对天十分敬重，不断对天祭祀，以期"祈天永命"。其中最重要的仪式就是郊天之祭。《史记·封禅书》云："周公既相成王，郊祀后稷以配天，宗祀文王于明堂以配上帝。"《汉书·郊祀志》也说："周

---

① 其实某种程度上改命、受命也属于降福、降灾的特例，只是属于比较大的整个社会范围内的变动。

第一章　商周历史意识与儒家历史观的思想来源

公相成王，王道大洽，制礼作乐，天子曰明堂辟雍，诸侯曰泮宫。郊祀后稷以配天，宗祀文王于明堂以配上帝。"两者的记述相差不多，应该说还是比较可信的。从中也可看出郊天之祭对周人的重要性，所以《礼记·礼器》中说："祀帝于郊，敬之至也。"

不过，从现有的材料来看，殷人虽然也在不断追述祖先，但是这种追述并非历史性的认识，他们对祖先谱系的排列、祭祀次序的规定，并非是探寻祖先的历史发展源流，而是为了祭祀的需要，即为了宗教，所以说这种意识更多体现为宗教意识，而非历史意识。

对于殷人而言，他们并未将历史纳入自觉的认识范畴，他们关注的是永恒的鬼神以及鬼神的需求。因此我们会发现，殷商时期虽然有史官，但是史官的主要任务不是记事和保存历史记录，他们的职责与宗教密切相关。[①] 在殷商时期，鬼神的世界与人的世界并不遥远，人（即他们的祖先）死后成为鬼神，鬼神也可以通过各种媒介与人进行沟通，鬼神左右着人与社会的命运，因此殷人几乎将全部的精力用在祭祀鬼神上。对于历史，他们则无暇关注，也没有兴趣了解，因此历史没能进入殷人的视野，成为他们认识的对象，自觉的历史意识也就无从谈起。

被鬼神笼罩的世界，在殷周之际出现了裂痕。被认为受到鬼神庇佑的"大邑商"，败给了曾经臣服于他的"小邦周"。这样的历史巨变产生了极大的影响，从表面上看，这只是民族的代兴、朝代的更替，但其背后却有更深刻的制度与观念的革新。而这种革新，就是以对这场历史巨变的反思为前提的。

"大邑商"为什么会被"小邦周"打败？如此虔诚地祭祀鬼神的商人为什么会被鬼神抛弃？周人如何做才能避免商人的失败，永保社稷？这些带有浓厚忧患意识的历史问题摆在周人面前，成为他们认识和思考的对象，亟待找出答案。而以周公为主的统治者，以殷亡为警示，对历史进行反思，针对上述历史问题，提出了一套较为完整自足的概念、范

[①] 关于殷商时期史官的有关情况，可参考朱彦民《由甲骨文看"史"字本义及其早期流变》，《殷都学刊》2015 年第 4 期。

畴和解释体系，构筑了周人的历史观念体系，标志着历史意识的自觉，甚至有人将之称为"中国理性思维的第一线曙光"①。

二 历史秩序的自觉建构

如同不经开垦的土地总是荒芜一片，未被整理的历史给人的印象也不过是混沌无序。西周以前，人们虽然对历史有模糊的认知，并且产生了不少历史认识，但是这种意识是零散不系统的。因为他们关注的不是历史，而只是鬼神的神迹与英雄的传说，所以他们无暇整理过往，建构一个清晰的历史秩序。

到了殷周之际，社会的巨大变动迫使周人不得不面对和思考这段历史，而反思历史的过程，可以说就是对历史这片看起来荒芜的土地进行开垦的过程。经过周初人们对历史的认识、反思与解释，他们建构了历史秩序，使历史有了清晰的面貌，并在此基础上形成了一整套完整的历史解释体系。

综合传世文献与出土材料来看，周人所认识的历史，并不像后来人们提到的那么久远。他们提到的最早人物是禹，据顾颉刚等人的研究，这一时期禹与夏还没有关系，禹带有很大的神性，应该说是神而非人。② 因此他们关注的主要是夏商以来的历史，特别是其中兴亡更替的过程以及给人的历史启示。

周人对历史的建构与解释，是以反思殷周之际的变革为起点和基础的。经过思考，他们认为"小邦周"之所以能够打败"大邑商"，从根本上说是天的意志，是天命发生了转移，所以他们反复强调"天惟丧殷"（《尚书·大诰》），而"我受天命"（《尚书·召诰》）。但是他们的思考并不止于此，他们提出了更加人文化和更具逻辑性的论证。他们认为天命之所以发生转移，天之所以"改厥元子，兹大国殷之命"（《尚书·召诰》），有更加深刻的原因。

---

① 乔治忠：《论中国古代的政治历史观》，《天津社会科学》2011年第6期。
② 顾颉刚：《讨论古史答刘胡二先生》，载《古史辨》（第一册），上海古籍出版社1982年版，第105—150页。

第一章 商周历史意识与儒家历史观的思想来源

首先,他们认为殷王失德,不能保民,从而失去天的庇佑,丧失天命。这一点,他们在《尚书》的诸多篇章中反复强调和申说。如在《尚书·酒诰》中提到殷王"惟荒腆于酒,不惟自息乃逸",因酒失德,招致民怨,"故天降丧于殷"。在《尚书·多士》篇中,周公则在殷人面前直指殷王放纵淫乱,不管民众疾苦:"诞淫厥泆,罔顾于天显民祗。惟时上帝不保,降若兹大丧。"《尚书·无逸》篇指出殷王"不知稼穑之艰难,不闻小人之劳,惟耽乐之从"。在《尚书·多方》中也强调"乃惟尔商后王逸厥逸,图厥政,不蠲烝,天惟降时丧"。

同时,周的先王却经过不断的努力,敬天保民、明德慎罚,最终承受天命,取殷而代之。如《尚书·康诰》就详细讲述了文王保民、慎罚,最后受天命灭殷的过程①:

> 惟乃丕显考文王,克明德慎罚;不敢侮鳏寡,庸庸,祗祗,威威,显民,用肇造我区夏,越我一二邦以修。我西土惟时怙,冒闻于上帝。帝休,天乃大命文王,殪戎殷,诞受厥命,越厥邦厥民。惟时叙,乃寡兄勖,肆汝小子封,在兹东土。

在《尚书·君奭》篇中,他们则强调文王能够知人善任,从而受命于上帝:"惟文王尚克修和我有夏,亦惟有若虢叔,有若闳夭,有若散宜生,有若泰颠,有若南宫括。"

不只是传世文献,出土文献也多有文王受命或文武受命②的记载,可见这是当时的一般认知:

> 丕显文王受天有大命。(大盂鼎,《集成》2837,西周早期)
> 朕丕显祖文武,膺受大命。(乖伯簋,《集成》4331,西周中期)

---

① 经过考证,王晖认为文王受命称王的时间大约在公元前1058年。参见王晖《周文王受命称王考》,《陕西师范大学学报》(哲学社会科学版)2002年第4期。

② 关于周人受命的说法,主要有文王受命、文武受命、武王末受命等说法,各家对此解释不一。我们以为这大约是传说在不同时期流传过程中产生的歧出与衍化。

> 丕显文武，皇天引厌厥德，配我有周，膺受大命。（毛公鼎，《集成》2841，西周晚期）
> 丕显文武，膺受天命。（师询簋①，《集成》4342，西周晚期）
> 丕显文武受命，则乃祖奠周邦。（询簋②，《集成》4321，西周晚期）

总之，周人经过反思殷亡的教训，得出了这样的历史认识：殷人荒淫失德、暴虐其民，导致民怨沸腾、天命不保，最终被上帝抛弃；与此同时，周人则能够敬天保民、明德慎罚，为民心所向，被天命眷顾，最终成为天下共主。在此基础上，他们得出这样的结论：天命固然是历史发展的决定性因素，但是天命属意于谁，主要看统治者的德行，看他是否能够保民、康民。至此，统治者的行为成为历史发展变革、兴亡盛衰的关键性因素。

以上是周人对殷亡的反思，但是他们的反思不限于此。他们指出殷周之际的变动并非第一次，而是有前例可循，有历史可依。因此在论述周代殷而兴的过程时，他们常常会引述夏商之际的朝代更替，以为佐证，证明这一过程的合理性，也为他们政权的建立与统治在历史方面提供合法性。

周人关于夏商之际的论述，与殷周之际的变动十分相似。他们认为夏人一开始敬德受命，具有统治天下的资格：

> 相古先民有夏，天迪从子保，面稽天若。（《尚书·召诰》）
> 有夏服天命，惟有历年。（《尚书·召诰》）
> 古之人迪惟有夏，乃有室大竞吁俊尊上帝，迪知忱恂于九德之行。（《尚书·立政》）

---

① 朱凤瀚将师询簋的年代定为夷王元年，此从。参看朱凤瀚《师酉鼎与师酉簋》，《中国历史文物》2004年第1期。

② 朱凤瀚将询簋的年代定为厉王十七年，此从。参看朱凤瀚《师酉鼎与师酉簋》，《中国历史文物》2004年第1期。

第一章　商周历史意识与儒家历史观的思想来源

然而到了夏桀的时候，却失德、暴虐：

> 有夏不适逸，则惟帝降格，向于时夏。弗克庸帝，大淫泆有辞，惟时天罔念闻，厥惟废元命，降致罚。（《尚书·多士》）
>
> 有夏诞厥逸，不肯戚言于民，乃大淫昏，不克终日劝于帝之迪，乃尔攸闻。厥图帝之命，不克开于民之丽，乃大降罚，崇乱有夏，因甲于内乱，不克灵承于旅，罔丕惟进之恭，洪舒于民。亦惟有夏之民叨懫，日钦劓割夏邑。（《尚书·多方》）
>
> 桀德惟乃弗作往任，是惟暴德罔后。（《尚书·立政》）

与夏桀的失德相对应的，是成汤等殷人先王的明德慎罚、重用贤良：

> 自成汤至于帝乙，罔不明德恤祀，亦惟天丕建保乂有殷。殷王亦罔敢失帝，罔不配天其泽。（《尚书·多士》）
>
> 我闻在昔，成汤既受命，时则有若伊尹，格于皇天。在太甲，时则有若保衡。在太戊，时则有若伊陟、臣扈，格于上帝，巫咸乂王家。在祖乙，时则有若巫贤。在武丁，时则有若甘盘。率惟兹有陈，保乂有殷，故殷礼陟配天，多历年所。（《尚书·君奭》）
>
> 乃惟成汤，克以尔多方，简代夏作民主，慎厥丽，乃劝厥民刑，用劝。（《尚书·多方》）

在这种情况下，天命发生了转移，夏失天命，"有殷受天命"（《尚书·召诰》）。天乃命"成汤革夏，俊民甸四方"，即"殷革夏命"（《尚书·多士》）。也就是《尚书·多方》中所说的："天惟时求民主，乃大降显休命于成汤，刑殄有夏。"

经过对夏、商、周三代之间兴亡更替这一历史变动的描述，周人掌握了历史的解释权，并建构了一个朝代更替的模式和框架，形成了一定的结构序列，使原本混沌的历史有了秩序和规律，并被新的价值观念照亮。

这样的结构序列,将历史的发展、朝代的更替概括为天命的运转过程,这一过程又可以细分为两个阶段:

序列Ⅰ:受天命的先王—失天命的末代暴君
序列Ⅱ:失天命的末代暴君—受天命的新朝代的君主

序列Ⅰ主要描述一个朝代内部天命的得失过程,而序列Ⅱ则主要表达的是朝代之间天命的转移过程。对这个结构序列进一步分析,我们就会发现,他们所认知和建构的历史包含有一条主线和诸多内在的二元结构。这条主线就是他们认为历史的变化与发展,其实质就是天命的运转过程。在此基础上,他们进一步分析了这条主线背后的动因,他们认为天命的得失转移主要在于君主的敬德与否,两者一明一暗,互为表里,成为周人历史观念中决定历史发展最关键的因素。

同时,我们也可以发现,在周人建构的历史发展进程中,始终包含着二元对立的双方:"受天命—失天命""有德—失德""保民—虐民"。也就是说,通过对历史的建构,他们将历史简化为"善—恶"的二元对立,以及由此导致的天命的运转和朝代的更替。可以说这个解释体系比较有效地解决了朝代更替的问题,也从历史的角度为周人提供了政权合法性。①

三 历史动因的自觉探索

在认识和建构历史的实践过程中,周人形成了比较自觉的历史观念,这一观念既是在殷周之际社会变动的基础上形成的,又推动了殷周之际的制度变革与观念转型。因此,周人的历史观念特别是他们对历史变动的解释,包含了不少新的因素,带有浓重的人文色彩,对后世特别

---

① 从历史的角度寻找政权合法性,是古代中国各个朝代采用的一种论证方式。而这种方式实际上就肇始于周初。

第一章 商周历史意识与儒家历史观的思想来源

是儒家的历史观影响深远。

与殷人一样，周人的历史观念仍然带有不少神秘色彩，他们相信神秘的力量在历史发展中起着重要作用，所以他们反复强调历史的发展、朝代的更替，"非我小国敢弋殷命"（《尚书·多士》），而是天的意志，是天命的转移。另外，他们习惯于对重要的事情进行占卜，通过占卜来探求天意，也用占卜的结果来决定自己的行为。《尚书·金縢》篇中，周公祈求先王，希望能够代武王去死，就强调自己"能事鬼神"，而且"乃卜三龟"；《尚书·大诰》篇中周公在东征之前，也进行了占卜："用宁王遗我大宝龟，绍天明。"《尚书·召诰》中记述了周人在营建洛邑之前进行了占卜："太保朝至于洛，卜宅。厥既得卜，则经营。"由此几例，可看出周人对于占卜所反映的天命，是十分重视和敬畏的。

不过，周人的天命观念与殷人对上帝鬼神的崇拜，有很大不同。特别是从历史观的视角来看，周人开始以天下的眼光回顾历史的发展、总结历史的经验、形成历史的观念。

殷人强调"我生不有命在天？"（《尚书·西伯戡黎》），认为天命会眷佑他们，却被周人打败，被天命抛弃。周代的统治者以此历史教训为戒，在反思殷亡教训的基础上，提出了"天命靡常"（《诗经·大雅·文王》）、"惟命不于常"（《尚书·康诰》）的概念。他们认为天命不会只眷顾一个族群，也不会注定不变。这个概念的提出，时刻警醒周代的统治者，天命可得亦可失，因此不可不注意。

在此基础上，周人进一步思索天命得失的主要原因，提出"皇天无亲，惟德是辅"（《左传》僖公五年）的观念。这一观念强调天命的得失与德行的有无密切相关，德的重要性凸显出来，因此有学者将周人的天命观称为"德性天命观"[①]。这一判断非常准确，实际上，周人经常以历史上夏殷失天命为例，阐述有德则受天命、有天下，而失德则失天命、失天下的观点：

---

① 李宪堂：《"天下观"的逻辑起点与历史生成》，《学术月刊》2012年第10期。

> 我不可不监于有夏，亦不可不监于有殷。我不敢知曰有夏服天命，惟有历年；我不敢知曰不其延。惟不敬厥德，乃早坠厥命。我不敢知曰有殷受天命，惟有历年；我不敢知曰，不其延。惟不敬厥德，乃早坠厥命。今王嗣受厥命，我亦惟兹二国命嗣若功。（《尚书·召诰》）

在这段话中，他们反复强调，不论以前是否有天命、保有天命多久，"惟不敬厥德，乃早坠厥命"。这就把"敬德"提升到了关系天命得失、国家兴亡、历史发展的高度，使"德"成为沟通天人最主要的因素。

他们认为自己能够受天命、有天下，主要在于先王有德，"惟乃丕显考文王，克明德慎罚；不敢侮鳏寡，庸庸，祗祗，威威，显民"（《尚书·康诰》）。而且他们强调"天不可信，我道惟宁王德延，天不庸释于文王受命"（《尚书·君奭》），也就是说，一定要"聪听祖考之彝训，越小大德"（《尚书·酒诰》）。因此，我们在《尚书》中可以看到，周公等人不断地告诫周王："皇天既付中国民越厥疆土于先王，肆王惟德用和怿先后迷民，用怿先王受命"（《尚书·梓材》），"王其疾敬德"，"王敬作所，不可不敬德"，"肆惟王其疾敬德，王其德之用，祈天永命"（《尚书·召诰》）。一个"疾"字反映了他们要求周王敬德的迫切心情，也可看出在周人的观念中"德"的重要性。而他们对德的认识，正来自于对历史经验的总结和反思。

周人将天命之得失归结为德之有无，提升了德这一因素在历史发展中的地位，推动了人的发现，使人成为道德的实践主体，从而确立了人在历史发展中的地位。傅斯年曾指出"殷周之际大变化，未必在宗法制度也。既不在物质文明，又不在宗法制度，其转变之特征究何在？曰，在人道主义之黎明"[1]，李宪堂也认为，"这种基于道德修为的天命观的确立在中国历史上具有划时代的意义，它深刻转变了人和世界的关

---

[1] 傅斯年：《性命古训辩证》，广西师范大学出版社2006年版，第50页。

第一章　商周历史意识与儒家历史观的思想来源

系，意味着中华特色的人文思想的旭日东升"①。

我们知道，殷人十分崇拜上帝鬼神，对鬼神的祭祀是他们最重要的事情。商代社会被鬼神笼罩，鬼神处于中心位置，而人则只能匍匐在神的脚下，通过占卜获知神意。因此，他们关注的始终是鬼神和对鬼神的祭祀，却不关心历史，更没有也不想去探究人在历史中的地位。然而，在经历了殷周之际的巨大变动后，周人看到了强大的殷被弱小的周所打败，体会到了人的巨大力量，开始对殷人的思想观念和行为方式进行反思。

前面我们分析了，周人通过提出"天命有德"的天命观，提升了"德"在历史发展中的地位，"德"的主体不是鬼神，而是人。再进一步分析的话，我们就会发现"敬德"的主体实际上是周代的统治者，所以他们反复说"王其疾敬德！""王敬作所，不可不敬德"（《尚书·召诰》）。这样一来，决定历史发展的天命，最终落实到君主的身上，于是君主成为影响历史最关键的因素。

正是认识到君主在历史与社会中的重要作用，周公等人才反复告诫周王要注意自己的行为，也就是要"敬德"②。而在他们看来，君主"敬德"的关键就在于保民，某种意义上可以说"保民"就是"敬德"。

重视保民是因为在经历了社会大变动后，周初的统治者认识到了民众的巨大力量，也知道了只有保民才能保住政权，维持统治。不过周人的思考并不限于此，他们以历史经验教训为基础，提出了一系列影响深远的观点。

他们认为天和民是相通的，民意可以反映到天，而天也会眷顾民众，即"天亦哀于四方民，其眷命用懋"（《尚书·召诰》）。不仅如此，他们还强调天会为民寻求合适的统治者来保护他们，即"天惟时

---

① 李宪堂：《"天下观"的逻辑起点与历史生成》，《学术月刊》2012 年第 10 期。
② 实际上德的本义就是指人的行为，从周初的文献来看，此时的德虽已有了道德的含义，但主要还是指人的行为。参看赵伯雄《先秦"敬"德研究》，《内蒙古大学学报》（哲学社会科学版）1985 年第 2 期。

求民主"(《尚书·多方》)。也就是说,天命的出发点实际上是民意,天始终从民的角度考虑问题,顺民意者得天命,逆民意者失天命。

在《尚书·酒诰》中,他们就强调殷人之所以失天下,就是因为他们沉湎于酒,导致民怨沸腾,为天所知:

> 惟荒腆于酒,不惟自息乃逸,厥心疾很,不克畏死,辜在商邑,越殷国灭无罹。弗惟德馨香祀登闻于天,诞惟民怨,庶群自酒,腥闻在上;故天降丧于殷,罔爱于殷惟逸。天非虐,惟民自速辜。(《尚书·酒诰》)

周人的先王则因为能够保民、康民,从而承受天命,被天选为"民主":

> 文王卑服,即康功田功,徽柔懿恭,怀保小民,惠鲜鳏寡。自朝至于日中昃,不遑暇食,用咸和万民。文王不敢盘于游田,以庶邦惟正之供。文王受命,惟中身,厥享国五十年。(《尚书·无逸》)

而周人先王受天命的一个重要标志,就是天将民众托付于他,即《尚书·梓材》中所说"皇天既付中国民越厥疆土于先王"。另外,也可以说他们"受民"或者说"受命民"于天,即《尚书·洛诰》中所言"诞保文武受民""王命予来承保乃文祖受命民"。

正因此,周人才借助古人之言明确提出"人无于水监,当于民监"(《尚书·酒诰》),并反复强调要"奉答天命,和恒四方民"(《尚书·洛诰》)、"欲至于万年,惟王子子孙孙永保民"(《尚书·梓材》)、"若有疾,惟民其毕弃咎。若保赤子,惟民其康乂"(《尚书·康诰》)。也就是说,他们认为要想长久地保有政权,就必须像保护孩子一样,小心翼翼地保民。

综合以上分析,我们就会发现,周人通过对敬德、保民等观念的提

第一章　商周历史意识与儒家历史观的思想来源

倡，不仅促进了历史观念的自觉，① 还为这种历史观注入了更多人文化的因素，使得历史不再只是神话的点缀，开始成为以人为主角进行表演的舞台。自此以后，人和人的行为成为影响历史发展的关键因素，而天实质上则退居幕后。

在此基础上，周人通过对主导朝代更替、影响历史发展的诸多因素的分析，基本上形成了以"天—君—民"为主的历史发展的思想框架和分析模式，并运用这个框架去解释朝代更替和历史变动。

周人认为天是最终的决定因素，它能够主导朝代更替、推动社会变革、影响历史发展，必要的时候它还会选择有德的新君代替暴虐的旧王。但是周人观念中的"天"毕竟不同于殷人所崇拜的鬼神，它虽然具有至高无上的权力，却并不按照自己的意志为所欲为。在周人看来，天的意志与行为的标准主要是民众的意愿与君主的德行。一方面天命属意于谁，主要看谁有德，有德者必受天命，无德者必失天命，因此天命之得失主要就看君主有德与否，即主动权掌握在君主手中。另一方面，天没有自己的意志，而是以民的保护神的形象出现，他们始终以民众的意志为意志，为他们立君主甚至为了他们改换君主。但是民众本身并不能决定君主的废立去留，他们不能主动作为，而只能通过将自己的意志反映给天，由天代为行使其权力。

为了更加细致深入地了解周人历史观念中天、君、民三者的地位与关系，特别是他们内在的思维，我们可以进一步考察两对重要的关系。

首先看"天—君关系"。天立君主，并决定着君主的去留，但是天废立君主并不是随意的，而是看君主的德行，因此君主的废立以及能否受天命，其实主动权始终在君主手中。所以在这一对关系中，天只是表面的主导者，实质的主动权则在君主，因此他们之间的逻辑先后关系应该是这样的：

---

① 历史观念自觉的一个重要标志就是人的自觉与发现，因为历史始终是人的历史，一个不见人的社会无法形成自觉的历史观念。

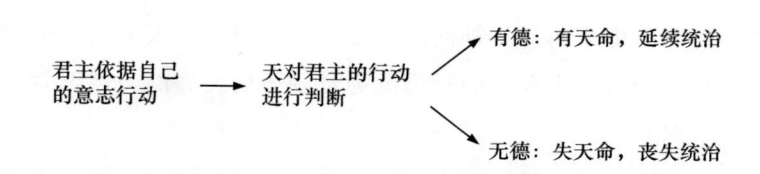

```
君主依据自己         天对君主的行动         → 有德：有天命，延续统治
的意志行动     →     进行判断
                                          → 无德：失天命，丧失统治
```

其次是"君—民关系"。他们认为君主牧民，对民众进行管理，是绝对的施动者，而民众则是受动者，只能被动地接受君主的统治。即使君主暴虐，民众也只能通过将自己的意愿反映给天，由天对君主的失德做出惩罚。因此他们的逻辑关系是这样的：

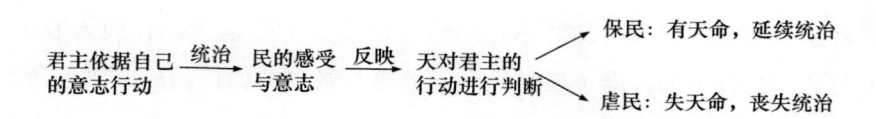

```
君主依据自己  统治  民的感受  反映  天对君主的    → 保民：有天命，延续统治
的意志行动   →→→   与意志   →→→  行动进行判断
                                                → 虐民：失天命，丧失统治
```

我们可以发现，与上一个逻辑关系图对比，后者只是加入了"民众在君主统治下的感受"这一环节，但是君主对民众的统治也是君主德行的一部分，因此，两图没有实质的差异。由两图我们可以看出，君主在"天—君—民"这三者的关系中，始终处于主导地位，是触发天、民行为的出发点，天只能依据君主的行为来奖惩君主，民也只能被动地接受君主的统治，或者间接地通过天来反映自己的意愿，对君主产生影响。因此我们可以说，在周人历史观念背后的思维逻辑中，虽然天和民被抬到很高的位置，在表面上拥有尊贵的地位，① 但是他们的观念始终是从统治者的角度出发，以统治者为主要宣教对象，因此主体是君主。如此一来，君主成为朝代更替、社会变革、历史发展的关键因素。周人的历史观，某种程度上可以说走出了神权，走向了王权。

---

① 实际上，自周以后，古人关于民的思想中始终存在着一个类似于矛盾共同体的文化范式，即"重民—轻民"的组合结构。一方面，作为整体的形而上意义的民，因其客观上所蕴含的巨大力量，而被尊崇，成为国家之本；另一方面，作为个体的政治伦理意义的民，则被看作是愚昧无知，不能自理，甚至可以说是毫无意义的。参看拙文《"新子学"视阈下战国诸子的共同政治命题研究》，《诸子学刊》，第十六辑。

第一章　商周历史意识与儒家历史观的思想来源

总之，周初统治者，在殷鉴的基础上，自觉地将历史纳入认识的范畴，在没有否定天命鬼神对历史的影响的前提下，确立了人及其行为（德）在历史发展中的地位。这种人文化的历史观念，不仅标志着中国古代历史意识的觉醒，还为儒家的历史观奠定了基调、营造了人文化的氛围。

第三节　理性的张扬：西周春秋时期历史观念的发展

周初觉醒的历史观念，在西周春秋时期进一步发展。这一时期，社会变动更加剧烈，周王室逐渐式微，诸侯纷纷起而争霸，权力的中心不断周转，阶层族群也几经沉浮。混乱失序的社会，促使了人们思想观念的发展。就历史观念而言，此时人们在基本遵循周人思想框架的基础上，进一步深化了对历史以及历史变动的认识，人文的色彩更加浓厚，理性的因素逐渐增长，使得传统中国历史观的内涵更加丰富。

一　自然与历史：从自然角度解读历史变动的尝试

人类与自然的关系，一直为人们所关注，自然环境对人类历史发展的影响，也被不少历史学者所强调。特别是上古时期，人类社会与自然还处于初步分离的阶段，界限尚不清晰，区分也不明显。因此人们常常将自然现象与人类社会联系起来，想象二者有相通相似的地方，可以相互感应。到了西周中晚期，这种观点得到进一步的发展，并形成一定的理论和解释体系。不少人，特别是当时的史官[①]认为自然与人类社会是同构的，是影响历史发展的重要因素，自然的变化往往预示着人类社会的变动。

[①] 当时的史官，主要不是记录史事、编写史书，以探人道，更多的是掌管天文历法，以窥天道，故而《国语·周语下》中单襄公曰："吾非瞽、史，焉知天道？"司马迁也强调要"究天人之际"。

51

西周末年的太史伯阳父以阴阳①来说明周将亡，可以说最具代表性：

> 幽王二年，西周三川皆震。伯阳父曰："周将亡矣。夫天地之气，不失其序，若过其序，民乱之也。阳伏而不能出，阴迫而不能烝，于是有地震。今三川实震，是阳失其所而镇阴也。阳失而在阴，川源必塞，源塞，国必亡。夫水，土演而民用也。土无所演，民乏财用，不亡何待！昔伊、洛竭而夏亡，河竭而商亡。今周德若二代之季矣，其川源又塞，塞必竭。夫国必依山川，山崩川竭，亡之征也，川竭山必崩。若国亡，不过十年，数之纪也。夫天之所弃，不过其纪。"是岁也，三川竭，岐山崩。十一年，幽王乃灭，周乃东迁。（《国语·周语上》）

西周三川发生地震，本是自然现象，却被伯阳父用来与人类社会历史比附，解释历史发展。不过这种比附，与殷商、西周早期有很大不同。殷商时期，人们认为自然灾害不过是上帝鬼神对人的一种惩罚，因此他们常常对有无灾祸进行占卜，并祭祀上帝鬼神，以求避祸祈福，其中并无历史观的色彩。周初，人们开始认识到自然的诸多因素会影响到社会历史的变动，只是多将此与天命鬼神牵扯在一起，将它们理解为天的意志，很少用来解释历史上的盛衰兴亡。

伯阳父的解释与此迥然不同，其历史观念自然也不相同。他认为天地阴阳二气，要有序和谐，如果失去应有的秩序，阴气压迫阳气，阳气不能出，就会发生地震。在此基础上，他将这种理论运用到对社会历史的解释上，并得出"周将亡矣"的结论。不过伯阳父并非将自然与社

---

① 目前，学界对于阴阳观念的起源，还有很大的争议。在起源的时间上，早至史前的旧石器时代，晚至春秋战国时期，均有相应的持论者。在起源的起点问题上，亦有性器说、太阳崇拜说、太阳历说、枚卜说等几种观点，甚至还曾有人主张过阴阳观念起源于外国的说法。关于学界对此的认识，可参看彭华《阴阳五行研究（先秦篇）》，博士学位论文，华东师范大学，2004年。

第一章　商周历史意识与儒家历史观的思想来源

会历史进行胡乱比附，而是有其内在的逻辑。他认为"国必依山川"，而民之财用也有赖于此，但是如果阴阳二气不和谐，则"川源必塞""山崩川竭"，如此则"民乏财用"，国无可依，国必亡。不仅如此，伯阳父还用此理论对夏商亡国的历史进行了新的解释，提出"伊、洛竭而夏亡，河竭而商亡"的观点，也为他预测周必亡提供了历史依据。总之，伯阳父用阴阳观念阐释自然现象和历史变动，没有将它们归结为更加神秘的天命鬼神的主导，其理论逻辑更加严密，体现了当时历史观念等领域理性的发展。

这一时期，强调自然因素在历史和社会中的作用，并非仅见。如《国语·周语下》中，周灵王曾因为"谷、洛斗，将毁王宫"，而"欲壅之"。太子晋就用阴阳与气的观念进谏，强调"古之长民者，不堕山，不崇薮，不防川，不窦泽"，这样才能"物有所归，气不沉滞"，"民生有财用，而死有所葬"。他又进一步从历史上正反两方面的例子，来论证其观点。他认为共工正是因为不能顺应自然，"欲壅防百川，堕高堙庳，以害天下。皇天弗福，庶民弗助，祸乱并兴，共工用灭"。之后的鲧仍然沿袭共工的做法，"播其淫心，称遂共工之过，尧用殛之于羽山"。二者都是因为违逆自然，导致阴阳之气不能顺畅，最终失败。而禹则能"念前之非度，厘改制量，象物天地，比类百则，仪之于民，而度之于群生"，并在共工之从孙四岳的辅佐下，"高高下下，疏川导滞，钟水丰物，封崇九山，决汨九川，陂鄣九泽，丰殖九薮，汨越九原，宅居九隩，合通四海"。经过禹等人的治理，天地恢复秩序，阴阳之气也得以和谐共处，运行无碍，民神也因此安定，达到"天无伏阴，地无散阳，水无沉气，火无灾燀，神无间行，民无淫心，时无逆数，物无害生"的状态。

再如单襄公论陈必亡时，除了指出陈国"废先王之教""弃先王之法制""蔑先王之官""犯先王之令"，挂出"先王"这个招牌，从历史的角度预测陈必亡之外，还特意用到了星象历法："夫辰角见而雨毕，天根见而水涸，本见而草木节解，驷见而陨霜，火见而清风戒寒。"（《国语·周语中》）通过对这段天象的解释，他强调人类的活动要与自然的节律相适应，否则就会失政失国，不能长久。

实际上，运用阴阳之气或者天文星象之学对各种社会现象进行解释，是当时不少人的一般认知。如单穆公在劝谏景王时，强调施政应该像音乐一样，而真正合适的音乐，应该能产生"气无滞阴，亦无散阳，阴阳序次，风雨时至，嘉生繁祉，人民和利，物备而乐成，上下不罢"（《国语·周语下》）的效果。再如伶州鸠回答周景王关于七律的问题时，从天文星象角度提出了分野的问题①："昔武王伐殷，岁在鹑火，月在天驷，日在析木之津，辰在斗柄，星在天鼋。星与日辰之位，皆在北维。颛顼之所建也，帝喾受之。我姬氏出自天鼋，及析木者，有建星及牵牛焉，则我皇妣大姜之侄，伯陵之后，逄公之所凭神也。岁之所在，则我有周之分野也，月之所在，辰马、农祥也，我大祖后稷之所经纬也。"（《国语·周语下》）

综上可知，将历史变动与天象结合起来，从自然而非鬼神的角度去解释社会历史，是这一时期历史观念的一大特色，②也促进了历史观的理性化发展。

二 人与历史：人在历史中地位的进一步提升

春秋时期，整个社会依然弥漫着浓厚的崇敬鬼神的气息，"尚鬼神"是当时人们的一般认知。所以傅斯年说："试看《左氏》《国语》，几为鬼神灾祥占梦所充满，读者恍如置身殷商之际。"③ 不过，这一时期，周王室权威不断衰落，政治失去重心，社会失序加剧，社会阶层的流动性也不断增加。与此相应的是，传统的价值系统和观念受到冲击，

---

① 分野主要是探讨天与地的对应关系。有关古代分野学说，可参看江晓原《星占学与传统文化》，上海古籍出版社1992年版，第62—74页。唐晓峰则探讨了分野理论的地理学意义，认为分野实际上"将天命区域化"，参看唐晓峰《从混沌到秩序：中国上古地理思想史述论》，中华书局2010年版，第133—155页。

② 陈来也指出春秋时期"即使在天学星占的领域，自然主义的解释也越来越多"。参见陈来《古代思想文化的世界：春秋时代的宗教、伦理与社会思想》，生活·读书·新知三联书店2002年版，第13页。

③ 傅斯年：《傅斯年"战国子家"与〈史记〉讲义》，天津古籍出版社2007年版，第88页。

第一章　商周历史意识与儒家历史观的思想来源

客观上促进了人们思想的变化，使这一时期不少开明之人，在继承周初人文观念的基础上，进一步提出了一系列有影响的观点。

综合《左传》《国语》等文献来看，春秋时期人们在民神关系等方面的认知，仍然继承了西周初期的基本观点，即民神共举。一方面，他们仍然重视天命，强调鬼神在社会历史发展中的重要作用，另一方面，民的地位得以提升，开始与神并列，并且他们还反复强调了德的重要性，指出"鬼神非人实亲，惟德是依""神所凭依，将在德矣"（《左传》僖公五年）。因此，这一时期的思想结构是"忠于民而信于神"（《左传》桓公六年），或者说是"媚于神而和于民"（《国语·周语上》）。只是这个时期更加凸显了民在历史中的地位以及在社会政治中的作用，强调了在历史与现实中，民的价值优先性。

春秋时期，子产强调"天道远，人道迩"，指出天道"非所及也，何以知之？"（《左传》昭公十八年）突出了人道在现实社会中的重要性。对于用人祭祀的情况，司马子鱼也强调"祭祀以为人也。民，神之主也。用人，其谁飨之？"（《左传》僖公十九年）祭祀本来主要是祭祀鬼神，但是司马子鱼却强调，人是祭祀的目的，祭祀鬼神最终也是为了人，这种观点也进一步提升了人的地位，使人凌驾于鬼神之上。

另外，季梁在劝谏随侯的时候，对民神关系进行了比较详细的论述，凸显了民的重要性：

> 季梁止之，曰："天方授楚，楚之羸，其诱我也。君何急焉？臣闻小之能敌大也，小道大淫。所谓道，忠于民而信于神也。上思利民，忠也；祝史正辞，信也。今民馁而君逞欲，祝史矫举以祭，臣不知其可也。"公曰："吾牲牷肥腯，粢盛丰备，何则不信？"对曰："夫民，神之主也，是以圣王先成民而后致力于神。故奉牲以告曰'博硕肥腯'，谓民力之普存也，谓其畜之硕大蕃滋也，谓其不疾瘯蠡也，谓其备腯咸有也；奉盛以告曰'洁粢丰盛'，谓其三时不害而民和年丰也；奉酒醴以告曰'嘉栗旨酒'，谓其上下皆有嘉德而无违心也。所谓馨香，无谗慝也。故务其三时，修其五教，亲

55

其九族，以致其禋祀，于是乎民和而神降之福，故动则有成。今民各有心，而鬼神乏主；君虽独丰，其何福之有？君姑修政而亲兄弟之国，庶免于难。"随侯惧而修政，楚不敢伐。（《左传》桓公六年）

从这一段材料我们可以看出，季梁虽然提出要"忠于民而信于神"，看似是将民与神摆在同样的地位，但是他接着就提出"夫民，神之主也"这样一个振聋发聩的观点，并指出古代"圣王先成民而后致力于神"。可见在他的观念中，民与神相比具有价值的优先性，即"忠于民"比"信于神"更重要。而且他进一步指出，奉牲、奉盛、奉酒醴以祭祀鬼神，主要也是让神知道"民力之普存也""民和年丰也"，因此他得出"民和而神降之福"的结论。也就是说，只要为政者能够修政和民，鬼神自然降福。

与季梁类似的观点，在春秋时期还有很多。如《左传》（庄公三十二年）曾记载"有神降于莘"一事，虢公不致力于民，而"使祝应、宗区、史嚚享焉"[①]。两位当时的史官——内史过与史嚚——都得出"虢必亡矣"的结论。内史过认为："国之将兴，明神降之，监其德也；将亡，神又降之，观其恶也。故有得神以兴，亦有以亡，虞、夏、商、周皆有之。"

《国语·周语上》的记述更加详细，而且内史过还特意举夏、商、周兴亡的例子，从历史的角度论证其观点：

国之将兴，其君齐明衷正，精洁惠和，其德足以昭其馨香，其惠足以同其民人。神飨而民听，民神无怨，故明神降之，观其政德，而均布福焉。国之将亡，其君贪冒辟邪，淫泆荒怠，粗秽暴虐，其政腥臊，馨香不登，其刑矫诬，百姓携贰，明神不蠲，而民有远志，民神怨痛，无所依怀，故神亦往焉，观其苛慝，而降之祸。是以或见神以兴，抑或以亡。昔夏之兴也，融降于崇山；其亡

[①] 这样的事例也说明，史官是参与祭祀的，说明他们一直与宗教有很紧密的关系。

第一章　商周历史意识与儒家历史观的思想来源

也，回禄信于聆隧。商之兴也，梼杌次于丕山；其亡也，夷羊在牧。周之兴也，鸑鷟鸣于岐山；其亡也，杜伯射王于鄗。是皆明神之志者也。

夏、商、周的兴亡盛衰都有神降之，这样的理论似乎仍然强调鬼神对历史兴亡的主导作用，但细致分析内史过的言论，我们就会发现并非如此。因为神降于某地，并不是以自己的意愿来降福或降灾，而是依据君主的表现，即依据君主的政德来判断，"道而得神，是谓逢福，淫而得神，是谓贪祸"（《国语·周语上》），所以他认为决定国家兴亡盛衰的主要在人（君与民）而非神。故而内史过才强调"虐而听于神"（《左传》庄公三十二年），虢必亡，也就是认为君主如果虐民而一味奉承神，必亡国。这就将人的作用进一步凸显出来，并强调了民的重要性。而史嚚的观点与内史过一致，只是更加明确指出"国将兴，听于民；将亡，听于神。神，聪明正直而一者也，依人而行。"（《左传》庄公三十二年）

这些关于民神关系的新观点，并非凭空产生，而是包括这些史官在内的开明人士揆诸历史，在历史的经验和教训中得出来的。特别是在论述民的重要性时，他们经常引述历史加以论证，这也反映了他们的历史观念更加自觉，也更加理性。

不过，需要注意的是，这些开明人士要求君主重民、保民，虽是对当时崇信鬼神的一种反制，但更重要的是针对当时的君主而言的，最终落脚点是要求君主修政以德、保民而王。只是他们同时强调"社稷无常奉，君臣无常位"（《左传》昭公三十二年）这样一种历史认识，要求君主时时保持警醒和忧患意识，如此才能实现长久的统治。

总之，这一时期，随着人们理性的增长，人们的历史观念也愈加理性化、人文化，鬼神的地位在不断下降，而人的地位在进一步提升。特别是对于民的重要性的认知，成为春秋时期有识之士的共识，所以他们才反复告诫君主"民弃其上，不亡何待？"

57

三 历史观中理性因素的增长

西周春秋时期的思想观念总体上承袭周初而来，在基本的思想结构上并没有突破周初所设定的框架。只是随着历史的发展，人的地位进一步提升，鬼神的影响进一步下降。在论述一些历史变动的时候，思想家们还会撇开鬼神，用更为客观一些的自然来解释。这些正是历史观念中理性因素增长的一个体现。

理性增长的另一个表现，就是这一时期人们开始出现一股"怨天尤人"的思潮，其实质可以说是"怨天尤王"。也就是说，这一时期人们开始对主导历史与现实的天与君产生怨恨，而这种怨恨本身就蕴含着对天命和君主的某种怀疑和否定，具有一定的理性色彩。

"怨天尤人"观念并不是凭空出现的，而是与当时的历史背景和现实政治状况有很大关系。西周中叶以来，诸王逐渐背离周公等人在殷鉴基础上所形成的思想，失掉历史的忧患意识。他们的诸多措施，致使社会政治状况进入困境，导致周王室日渐式微，"礼崩乐坏"，社会失序，人们的价值观念也陷入混乱。

据《国语·周语上》与《史记·周本纪》等书记载，周穆王不听祭公谋父的劝谏，征伐犬戎，"得四白狼，四白鹿以归。自是荒服者不至"；厉王不听邵公谏议，防民之口，最终引发国人暴动，被流放于彘；宣王不听虢文公、仲山父等人的劝谏，"不籍千亩"，破坏嫡长继承的制度，立鲁之次子为太子，还"料民于太原"，为西周的灭亡埋下伏笔；及至幽王，"嬖爱褒姒"，"竟废申后及太子，以褒姒为后，伯服为太子"，极大地破坏了周人建立的宗法制度。不仅如此，他还为博褒姒一笑，烽火戏诸侯，最终被杀于骊山之下，致使西周灭亡。[1] 总之，此时的周王已经失德，破坏了传统的礼制，难以保民。

在这样的背景下，人们开始出现"怨天尤人"的观念。特别是一

---

[1] 关于幽王宠爱褒姒以致周亡的事迹，清华简《系年》第二章中也有叙述。参看清华大学出土文献研究与保护中心编、李学勤主编《清华大学藏战国竹简（贰）》，中西书局2011年版。

第一章　商周历史意识与儒家历史观的思想来源

些下层人民，开始通过诗歌的形式"怨天""刺王"。这些载于《诗经》的诗歌，"虽没有明显的说理性，但它所反映的情绪却是某些理论的先导"①。而且不同于早期诗歌所体现的敬天颂祖的态度，风格为之一变，人们将这部分诗歌称为"变风""变雅"②。其命名主要来自《诗·大序》："至于王道衰，礼义废，政教失，国异政，家殊俗，而'变风''变雅'作矣。"

《毛诗正义·诗序疏》中亦曰：

> 然则变风、变雅之作，皆王道始衰，政教初失，尚可匡而革之，追而复之，故执彼旧章，绳此新失，觊望自悔其心，更遵正道，所以变诗作也。以其变改正法，故谓之变焉。

他们指出了"变风""变雅"产生的历史背景，也就是我们刚才所说的西周末年"礼崩乐坏"的政治社会乱局。正是这种社会状况使人们开始对天、对王产生一定程度的怀疑和怨怼，故而人们也将这一类诗称为"怨刺诗"。

郭沫若曾专门论述这些诗作，并认为它们体现为："对天的怨望""对天的责骂""彻底的怀疑""愤懑的厌世""厌世的享乐""祖宗崇拜的怀疑"以及"人的发现"等七个方面。③ 任继愈则进一步指出："经过西周末年变风、变雅中表现出来的怨天、恨天、骂天思想的冲击，随着春秋时期天子权力进一步的没落，天和天命范畴失去了神圣庄严的性质，逐渐从高不可攀的地位下降为社会的习用语，于是在意义和用法上发生了一系列的变化。"④

我们如果阅读《诗经》的有关篇章，就会发现确实有不少"怨天

---

① 刘泽华：《中国政治思想史集》（第一卷），人民出版社 2008 年版，第 39 页。
② 关于"变风""变雅"的篇章以及相关问题，自古以来就有争论，这并非我们讨论的重点，我们只需要看看这些怨刺之诗中所表达的对于影响历史发展的天、君因素的认知和评价。
③ 郭沫若：《中国古代社会研究》（外二种），河北教育出版社 2004 年版，第 111—116 页。
④ 任继愈：《中国哲学发展史》（先秦），人民出版社 1983 年版，123 页。

尤人"的篇章，表达对天或王的不满和怨怼。如《大雅·云汉》中的"天降丧乱，饥馑荐臻。靡神不举，靡爱斯牲。圭璧既卒，宁莫我听！""昊天上帝，则不我遗。""昊天上帝，宁俾我遁！""昊天上帝，则不我虞。"等诗句，表现了发生旱灾之后，人们祈求天神帮助而不得，对天产生的不满。再如《小雅·小旻》中提到，"旻天疾威，敷于下土。谋犹回遹，何日斯沮？谋臧不从，不臧复用。我视谋犹，亦孔之邛！"以至于人们"战战兢兢，如临深渊，如履薄冰"。其中，作者就不仅对天降灾难表示不满，还对当时的统治者的昏庸失道进行了批评。

与此相应的"怨天尤人"的诗句还有很多，大多是对天降灾祸的怨恨，以及对统治者不抚恤民众的责备。这与周初以来形成的民神共举、强调天命的思想结构略有不同。之前的观念，大多非常推崇天命在历史与现实中的重要作用，每论及朝代更替、历史变动，必引天命为依据。而在这些诗歌中，却出现了对于天不恤民而降灾的行为产生不满与怨怼，超出了周初以来建构的观念结构。民通过诗作，怀疑天、怨恨王，客观上使天的权威性下降，让君的统治受到冲击，一定程度上体现了这一时期人们历史观念中理性因素的增长。

不过，我们也不能过高估计了这些诗作中"怨天尤人"的观念，不能因为有这些言行，而认为他们已经否定天命，在历史观念上去除了神秘化的色彩而颇具理性。[①] 确实，仅看诗作的用词和表意，他们对天有怨怼之情，这种怨怼内含有怀疑天命的倾向。但是，如果我们将这些表达不满和怨恨之词放到当时的语境中，思考他们写作此诗时的心境和情绪，我们就会发现，这种对天的怨恨，并非否定天的存在，而是对灾祸横行而天不救助的不满，是一种情绪化的表达，与我们遇到困苦艰难时呼天的情境是一致的。所以连孔子在遇到困厄和悲痛之时，也会呼天，说"天丧予！天丧予！"（《论语·先进》）"天厌之！天厌之！"

[①] 有人甚至认为，这些诗作并没有怨天之意，"大多是诗人谴责统治者行为不善而使天降罪罚，警告他们畏天之威，改弦易辙，少数篇章是诗人向天诉告心中的忧伤痛苦，和对现实的不满"。详见陈筱芳《〈诗经〉怨天诗新解》，《西南民族大学学报》（人文社会科学版）2004年第5期。

第一章　商周历史意识与儒家历史观的思想来源

(《论语·雍也》)对于这种情境，古人也多有解释，如司马迁在《史记·屈原贾生列传》中曰："夫天者，人之始也；父母者，人之本也。人穷则反本，故劳苦倦极，未尝不呼天也；疾痛惨怛，未尝不呼父母也。"颜之推亦言："人有忧疾，则呼天地父母。"(《颜氏家训·风操》)

另外，我们细看这些诗作，就会发现他们反复强调天降灾祸、天不悯人，恰恰说明他们仍然相信天的存在，相信天主导着自然、社会以至历史的发展。只是由于这些诗作的批判，使人们对于天的信仰和崇拜产生一定程度的动摇而已。

总之，自周初建构的以"天—君—民"为主要影响因素的历史观念觉醒以来，历史观念在西周春秋时期得到进一步的发展。这一时期，人们认为天命不仅通过民心来展现，还会通过自然现象表现出来，人们甚至开始出现对天命的怨怼与怀疑。与之相应的是，在人们的历史观念中，民的地位进一步提升，而天命鬼神对历史的影响在下降，理性因素潜滋暗长，为春秋战国时期思想观念的转型奠定了基础。

第四节　小结

通过以上对儒家产生以前历史观念的考察，我们不仅可以了解儒家历史观念的形成背景与思想来源，还能明确历史观念生成与发展的历程，从而为我们认知和研究先秦儒家的历史观打下基础。

通过分析，我们认为历史观念并非人类产生之初就有，它的萌生需要一定的条件，也需要经历一些思想意识发展的步骤。

首先是作为人的自我意识。早期人类刚刚告别自然，虽然已经区别于自然万物，而成为其中独立的一类，但早期人类的智识水平尚低、思维意识也不够明确，还没有人之为人的自觉。也就是说，没有作为人类的自我意识，没有将自己与自然区分开来，人与自然仍然处于混沌无别的状态。处于这种状态的人，虽说脱离了自然，但仍处于某种自然状态，也就没有历史意识可言。

其次是区分过去、现在的时间意识。历史意识可以说归属于时间意识，若无时间意识，遑论历史观念。人类在与外在的自然环境进行斗争的过程中，逐渐形成自己作为一类的自我意识，但是一开始他们并没有很明确的时间意识，只是随着生存的需要，才开始用模糊的自然现象的变化来度量时间。在此基础上，人类逐渐区分过去与现在，并开始探索更加便于记录时间的各种制度，形成更为精确的时间观念。

最后是确立人在历史中的地位。"'历史'并不是把人当作达到自己目的的工具来利用的某种特殊人格。历史不过是追求着自己目的的人的活动而已"①，对历史的思考如果不包括对人的认知，也很难说具有自觉的历史意识。

西周以前，特别是殷商时期，人们已然拥有了比较明确的时间观念，并且有了比较精确的记时方式。但是这一时期，人们关注的重点始终是至高无上的鬼神。鬼神不仅在现实政治社会中发挥重要作用，成为人们祭祀的中心，而且始终是人们认识的中心。这一时期，人们并不关注人本身，甚至以大量人牲祭祀谄媚于鬼神，即《礼记·表记》所言"率民以事神"。因此，此时宗教意识压倒历史意识，对永恒的追求超越了对历史变动的探寻。殷人对祖先的追述虽然蕴含有历史意识的萌芽，但是由于忽视人本身，而难言自觉。直到周初，"小邦周"打败"大邑商"，人们在"殷鉴"的基础上，逐渐认识到人的重要，强调君主的德行与民众的意愿在历史发展中的重要作用，从而确立了人在历史中的地位，也标志着历史观念的觉醒。

周人将历史纳入认识的对象，开始以"殷鉴"为基础，对历史发展的过程和动因，特别是对夏、商、周之间的朝代更替和兴亡盛衰的历史进行了建构和诠释，并借此提出一系列新的历史观念，为儒家历史观的形成打下基础。

周人眼中的历史主要就是夏代以来的历史，因此他们着重以此三代的历史为认识对象，并着重分析其中兴亡盛衰和朝代更替的原因。他们

---

① 马克思、恩格斯：《神圣家族》，《马克思恩格斯全集》（第2卷），人民出版社1957年版，第118—119页。

第一章 商周历史意识与儒家历史观的思想来源

认为历史的发展，从表象上看是朝代的更替，其背后却是天命的转移。夏、商、周之间的兴亡盛衰，其实质就是天命的得失过程，得天命即有天下，失天命则失天下。

当然，周人的思考并不止于此。他们在强调天命在历史中的主导作用时，并没有剥夺人的主动性，反而是通过对天命观念的调整，确立了人在历史中的地位和作用，使人在天命的得失过程中，不是被动地等待，而是主动地获取。为此，他们提出，天命的转移主要依据的是君主的德行与民众的意愿，也就是说，天命得失主要看人的作为，特别是君主的作为。君主有德，能够保民，则有天命，从而有天下；君主失德，不能保民，则失天命，从而失天下。于是君主成为周人历史观念中影响历史发展和朝代更替的实质上的主导因素。

在周初历史观念觉醒之后，随着西周春秋时期社会变动的进一步加剧，人们的历史观念在周初的基础上又有所发展。他们在解释历史的发展和变动时，虽仍然主要依据的是周初的思想框架，但是也出现一些新的内容。一方面，这一时期，人在历史与社会中的地位与作用进一步提高，特别是在民神关系上，民的优先性更加突出。另一方面，不少人开始撇开天命鬼神，直接运用自然现象和自然因素解释历史发展，将历史的变动与自然的变化结合起来。另外，由于这一时期灾害的频发、社会的混乱，一些人开始出现"怨天尤人"的观念，出现了对天和君的某种怀疑，也标志着历史观中理性因素的增长。

总之，这一时期历史观念经过由无到有、由模糊到自觉、由神秘到理性的过程，逐渐形成了一个人文化、理性化色彩浓厚的自觉的历史观念。这一观念框架，从天人两方面来解释历史变动，既强调天命的主导作用，又确立了人的主动性和德的重要性，成为儒家历史观生成的背景，并为儒家的历史观念提供了丰富而宝贵的思想资源，奠定了中国历史观人文化、理性化的基调。

第二章　孔子与儒家历史观的初步建构

历史观是儒家的理论基石之一，儒家提出的观点、学说以及理论体系，无不以其历史认识为前提和基础，他们从不"离史言理"，而是借助历史来阐述自己的学说、论证自己的观点。因此，儒家十分注重对历史的建构，并在诠释历史的过程中，规划现在，面向未来。因此，不了解儒家的历史观，就无法深入理解儒家的思想体系，也就无法深刻认知传统中国的文化与观念。

在儒家历史观的形成与发展过程中，作为儒家创始人的孔子，亦有开拓之功。他初步建构了儒家历史观的理论体系，确立了基本的思想框架，为以后儒家历史观的发展打下了基础。前人对此多有认识和论述，但大多注重论述孔子的史学观，未能深入孔子思想的内在，也没有将历史观放在孔子的思想结构中去分析。因此，我们将立足于思想史的视角探讨孔子以及儒家的历史观，始终将历史观放到其思想结构中来考察，进而探讨历史观念在孔子思想体系中的地位。

第一节　"礼崩乐坏"：孔子之际的时代格

"时代格"的概念是日本学者宇都宫清吉在《东洋中世史的领域》[①]

[①]　[日]宇都宫清吉：《东洋中世史的领域》，《日本学者研究中国史论著选译》（第一卷），中华书局1992年版，第122—134页。

第二章　孔子与儒家历史观的初步建构

一文中提出来的，其"最大特点是立足于从精神史的角度来揭示历史的发展规律。他认为时代和人一样具有人格，对此，他称之为'时代格'。一个时代就像人一样：既有从父亲那里继承来的遗传，还有自己特有的个性。他说这种'时代格'，是在继承前代历史遗留下来的各种社会规范的同时，加上时代所固有的个性而形成的。"[①] 宇都宫清吉主要分析了秦汉、六朝和隋唐时期的"时代格"，我们则借鉴这一概念，来论述春秋后期的社会风貌。

孔子认为夏、商、周三代的历史陈陈相因，没有质变，只有损益。但是到了春秋时代，进入新旧交替的社会转型期，社会发生了质变，由"有道"变为"无道"，社会失范与价值失序成为这一时期的时代格。

孔子依据权柄的掌握者将西周以来的历史划分为四个发展阶段：礼乐征伐自天子出—礼乐征伐自诸侯出—礼乐征伐自大夫出—陪臣执国命。[②] 在孔子看来，只有"自天子出"这个阶段才是"天下有道"，后三个阶段都是"天下无道"的表现。而且孔子认为"天下有道，则政不在大夫；天下有道，则庶人不议"（《论语·季氏》）。

然而，孔子所处的春秋末期，已经是政在大夫、庶人与议的阶段了。这一时期，私有土地越来越多，并且逐渐被各国承认，原有的结构严密、等级森严的宗法体制开始崩溃，社会流动性增强，游士开始在各国谋食游说，越来越多的东西从原有的体制与秩序之中游离出来。与此相应，僭越礼制的情况相当普遍，传统规范逐渐丧失。如《八佾》中记载的几条僭越礼制的情况：

> 孔子谓季氏："八佾舞于庭，是可忍也，孰不可忍也。"
> 三家者以《雍》彻。子曰："'相维辟公，天子穆穆'，奚取于三家之堂？"

[①] 胡宝华：《从内藤湖南到谷川道雄——日本中国学发展带来的启示》，《文史哲》2014年第5期。

[②] 李纪祥将此称为以"周天子"为中心的变化观，即孔子的"周史三变观"。详看李纪祥《从宗周到成周：孔子与司马迁的周史观》，《历史研究》2014年第2期。

> 季氏旅于泰山。子谓冉有曰："女弗能救与？"对曰："不能。"子曰："呜呼！曾谓泰山不如林放乎？"
>
> 子曰："禘自既灌而往者，吾不欲观之矣。"
>
> 或问禘之说。子曰："不知也。知其说者之于天下也，其如示诸斯乎？"指其掌。
>
> "然则管仲知礼乎？"曰："邦君树塞门，管氏亦树塞门。邦君为两君之好，有反坫，管氏亦有反坫。管氏而知礼，孰不知礼？"

从这些材料，我们可以看到，这一时期，从祭祀之礼到乐舞之礼，几乎都被破坏。面对这种情况，孔子十分痛心疾首，然而除了在言语上表示愤怒外，也只能采取"不欲观"的方式。

"礼崩乐坏"[①]使原有的等级森严的宗法体制逐渐崩溃，也加快了社会的流动。不仅是社会阶层间的平行流动增强，纵向的流动也愈加明显，从上层游离出来的人与本来就处于边缘的等级，共同组成了庞大的游士阶层，"士无定主"的局面开始出现。

关于春秋战国之际社会阶层的变动与沉浮，许倬云以及何怀宏有比较详细的论述。[②]我们关注的重点不是社会阶层变动本身，而是这种变动对当时人们的思想意识和价值认知的影响。余英时认为，原来的士人无论在社会身份、政治还是思想上都被限定在一定范围，而随着这一时期宗法体系的解体，人们开始从这个范围中跳出来，"思出其位"[③]。

其实，不止如此，社会阶层变动对于人们思想意识和价值认知的影响至少还有以下几点：首先，社会流动性的增强，以及私有土地的大量开辟，极大地扩展了人们的活动范围，像孔子一样周游列国的情况越来

[①] 也有学者认为此时并非礼崩乐坏，对于诸侯和卿大夫而言，春秋时期礼乐制度正是大发展的时期。参看晁福林《春秋战国的社会变迁》，商务印书馆2011年版，第821页。

[②] ［美］许倬云：《春秋战国间的社会变动》，载《求古编》，台北联经出版事业公司1984年版，第319—352页；何怀宏：《世袭社会及其解体——中国历史上的春秋时代》，生活·读书·新知三联书店1996年版，第162—168页。

[③] 可参看［美］余英时《中国知识人之史的考察》《道统与政统之间》《古代知识阶层的兴起与发展》等文，均收入《中国知识人之史的考察》一书，广西师范大学出版社2004年版。

第二章 孔子与儒家历史观的初步建构

越多,这极大冲击了人们原有的思想,为新思想的产生提供了大量新的信息。换言之,人们外在活动世界的扩大,也相应使人们内在的思想世界得到扩展,这使人们能够从鬼神支配的世界中逃离出来。其次,血缘性因素对于人们思想的影响减小,人们在考虑问题时,不再只从血缘宗族的视角出发。特别是游士阶层,他们关注的范围已经是当时的天下,这对于与血缘宗族紧密联系的鬼神是一种冲击。再次,社会阶层发生变动,从上层游离出来大量有知识、有技能但却没有固定官位、职位的人,他们中的不少人开始将其知识技能传授于人,形成与官学相对的私学。与官学相比,私学无论在传授内容还是在传授方式上都更为开放自由,也更加注重当时社会的实际需要,更加实用,而孔子正是开风气之先者。更为重要的是,社会的变动,促使人们将思考的重点从鬼神转移到人本身,人们开始对这场社会大变动以及由此造成的混乱无序进行思考。这种思考又进一步加速了人们对现世社会与人的关注,由此引发出来的新的解释体系与理论模式,往往都基于他们的历史认识与历史观念,而几乎都与鬼神无关。

孔子注意到了春秋末期社会的变动,进一步承继了周初以来理性化、人文化的观念,将其关注的重点转移到历史、现实与人的相关问题上,而不是彼岸的秩序。其中,孔子尤其关注在"礼崩乐坏"的情况下,如何构建新的社会秩序及其所赖以存在的历史基础、政治基础、伦理基础与思想基础。

细读《论语》,我们也能发现,孔子谈论和关注的重点主要是政治、伦理以及与此相关的历史典籍文化。他对政治、伦理的重视,我们无需多言,他的学说可以称为伦理政治学或者政治伦理学,政治伦理化与伦理政治化是其思想的一大特点。有人统计过,直接向孔子问过政的就有季康子、齐景公、子贡、子路、子张、子夏、仲弓、叶公等,有的还不止一次,如果把事实上的问政也包括在内,如颜渊问为邦等,那么这一范围会扩大很多,包括定公、哀公、冉有等。[①]

---

① 王博:《中国儒学史》(先秦卷),北京大学出版社2011年版,第53页。

同时，孔子对历史也十分重视，且不说他在论述各种思想观点的时候，经常以历史为依据，寻求历史资源的支持，强调先王及先王之道的重要性。我们只需看他为教育学生所编纂的各种"教材"，就会发现，这些典籍几乎都可以说与历史有关。

总之，在"礼崩乐坏"的时代背景与周初以来人文化、理性化的思想传统下，孔子通过对历史的深入思考，形成了一整套的历史观，并将其纳入自己的思想体系，使之成为建构新的社会秩序和价值认知的基石之一，这对儒家以至整个中国古代的思想文化产生了深远影响。

第二节 孔子历史观的理论结构

孔子向来被认为是守旧的，他也强调自己是个"信而好古"之人。但是如果细究其思想，我们就会发现在复古的背后，孔子却是时时趋新的，所以他的思想才会成为几千年古代中国社会的主流意识形态。学者对此多有认识，[1] 且都认可孔子在中国历史上的重要地位。傅斯年就曾强调："孔子之地位，在一切事上为承前启后者。"[2]

在历史观念上，孔子也是一位承前启后者。李宪堂即指出："孔子是当时最具创新性、革命性的思想家：他以理性的眼光重新解说历史，显明、确立了儒家'以文化世'的礼教传统，成为塑造中华文明之性格和气质的主流因素。"[3]

通过上一章的分析，我们知道周初以来历史观念的觉醒与发展，为儒家历史观的形成打下了基础，使传统中国的历史观从一开始就带有浓

---

[1] 顾颉刚曾就守旧的孔子学说何以适应秦汉以来的社会这一问题，询问程憬、傅斯年等人，他们对此都有自己的见解。其中，顾颉刚就指出："孔子不是完全为旧文化的继续者，多少含些新时代的理想，经他的弟子们的宣传，他遂甚适应于新时代的要求。"参看顾颉刚《问孔子学说何以适应秦汉以来的社会书》，载《古史辨》（第二册），上海古籍出版社1982年版，第151页。

[2] 傅斯年：《性命古训辩证》，《傅斯年全集》（第二卷），湖南教育出版社2000年版，第619页。

[3] 李宪堂：《"天命"的寻证与"人道"的坚守：孔子天命观新解——兼论孔子思想体系的内在结构》，《文史哲》2017年第6期。

第二章　孔子与儒家历史观的初步建构

厚的人文化、理性化的色彩。不过这一时期的历史观，侧重于解释朝代更替，着重于探讨历史变动背后的影响因素，其关注点也主要是族群的兴亡盛衰。

孔子则不同于此，他更加关注历史的延续性，意欲探究历史的本质以及历史发展的主线，并凸显了个体在面对历史时的使命，规定了人进入传统的方式，真正将人与历史、人与天命衔接起来。历史于是成为了人在天命的照耀和召唤下，承续先圣，修身行道，最终在实现天命的同时自我实现的过程。这样一来，孔子不仅初步建构了儒家的历史观，还为几千年来中国人的历史意识定下了基调，构建了一个基本框架。

一　天命：历史主导因素的探索

"天命"在周人的历史分析框架或者说历史观念中，占有重要地位，在周人看来，"天命"仍然是影响历史发展，特别是朝代更替的主导因素。但是"天命"并非恒定不变，也没有自己的意志，它始终以民心为其心，以君主的德行为依据。这样的观念，使天命更具人性化、理性化的色彩，也提升了人在历史中的地位。不过，虽然周人不再像殷人那样，"率民以事神，先鬼而后礼"（《礼记·表记》），但是他们对天命的崇拜仍然十分突出，对鬼神的祭祀仍是国家最重要的大事之一，天命鬼神的神秘化色彩不可谓不浓厚。

到了孔子时期，对天命鬼神的崇拜仍然是当时社会的主流认识和一般认知。而且，对于孔子而言，无论是殷遗民的背景，还是他作为儒的身份，都决定了他不会否定天命鬼神，而是始终持以敬畏的态度。[①] 虽然《论语·子罕》记载："子罕言利与命与仁"，子贡也曾说："夫子之文章，可得而闻也；夫子之言性与天道，不可得而闻也"（《论语·公冶长》）。但是细读《论语》，我们就会发现，在孔子的论述中，

[①] 关于孔子敬畏鬼神的原因，可参看拙文《孔子敬事鬼神原因新探》，《孔子研究》2014年第3期。

天命仍然占有重要的地位，是理解孔子思想特别是历史观念时不能不分析的。①

从有关天、命等词汇的具体含义与运用语境来看，孔子观念中的"天"与"命"仍然带有神秘化的色彩，他也在不同程度上将它们看作主导社会历史、决定人类命运的重要因素。这一点在《论语》中有不少材料可以证明。

如《论语》中记述了不少孔子关于"天"的言论：

> 王孙贾问曰："与其媚于奥，宁媚于灶，何谓也？"子曰："不然，获罪于天，无所祷也。"（《论语·八佾》）
>
> 子见南子，子路不说，夫子矢之曰："予所否者，天厌之！天厌之！"（《论语·雍也》）
>
> 子曰："天生德于予，桓魋其如予何？"（《论语·述而》）
>
> 子畏于匡，曰："文王既没，文不在兹乎？天之将丧斯文也，后死者不得与于斯文也；天之未丧斯文也，匡人其如予何？"（《论语·子罕》）
>
> 子疾病，子路使门人为臣。病间，曰："久矣哉，由之行诈也！无臣而为有臣，吾谁欺？欺天乎？且予与其死于臣之手也，无宁死于二三子之手乎！且予纵不得大葬，予死于道路乎？"（《论语·子罕》）
>
> 颜渊死。子曰："噫！天丧予！天丧予！"（《论语·先进》）
>
> 子曰："予欲无言。"子贡曰："子如不言，则小子何述焉？"子曰："天何言哉？四时行焉，百物生焉，天何言哉？"（《论语·阳货》）

综合来看这些材料中所涉及的"天"的内涵，可以得出以下几个

---

① 晁福林即认为上博简《诗论》中，孔子"对《文王》之诗的赞美，对文王的崇敬，实在是出于对天命、帝命的信仰和崇拜"。参见晁福林《从上博简〈诗论〉看文王"受命"及孔子的天道观》，《北京师范大学学报》（社会科学版）2006年第2期。

第二章 孔子与儒家历史观的初步建构

结论：首先，"天"具有比较明显的人格神的形象，且具有自己的意志，他能够知人，也能厌之、丧之；其次，"天"是至高无上的至上神，所以孔子说"获罪于天，无所祷也"，并强调天不可欺；最后，自然也好、人文也罢，"天"都对其拥有掌控的权力，天虽不言，而四时万物均能顺利运转。同时，天还决定斯文的存丧，并为其选择合适的继承人。由此可知，孔子观念中的"天"仍旧保留着周人对于"天"的基本认知，他也仍然认为"天"主宰着从自然到社会、从历史到现实的方方面面。

不过，我们在分析《论语》中有关"天"的材料时，也不能忽视它的语境与孔子说话时的心境。① 从当时整体的社会环境以及孔子自身的文化背景来看，孔子对于"天"的认知，很难完全脱离当时人们对"天"的一般认知，这种观念经过长时间的浸润，已经成为当时人们的一种共识，进入他们的潜意识。因此很多场景下，特别是当孔子遇到困厄与误解之时，他就会呼天，因此所谓"天厌之""天生德于予""天丧予"之类的话，大概就是在这样一种情形下所发出的感慨。②

与此一致的是，孔子在提到"命"时，很多时候也是基于这样一种情境和心情，只是更多地体现了他的悲叹与无奈：

> 伯牛有疾，子问之，自牖执其手，曰："亡之，命矣夫！斯人也而有斯疾也！斯人也而有斯疾也！"（《论语·雍也》）
>
> 公伯寮愬子路于季孙。子服景伯以告，曰："夫子固有惑志于公伯寮，吾力犹能肆诸市朝。"子曰："道之将行也与，命也；道之将废也与，命也。公伯寮其如命何？"（《论语·宪问》）

---

① 杨伯峻指出，孔子讲天的时候主要是处于三种情形下：发誓、处于困境或险境之中、发怒。可参看杨伯峻《试论孔子》，《东岳论丛》1980年第2期。

② 这样的潜意识或者说心理结构，直至几千年后的今天，在我们身上仍然有所体现。比如我们现代人在遇到困境之时，也常常有"呼天喊娘"之举，这种行为并非说我们对于天有多大信仰，只是我们在那种情境下的一种类似于本能的反应。

由以上分析，我们可知，"天"与"命"的观念更像是浸润在殷周文化中的孔子所形成的一种潜意识或者说潜在的心理结构，体现了他对传统思想的继承。不过，孔子对周人的天命观念进行了改造，重新诠释了它的内涵，使"天命"成为其历史观的重要支撑，也使其理论体系有了更高层次的形而上的色彩。

《论语》中涉及"天命"的材料，我们可以先列举几条于下：

> 子曰："吾十有五而志于学，三十而立，四十而不惑，五十而知天命，六十而耳顺，七十而从心所欲，不逾矩。"（《论语·为政》）

> 子曰："君子有三畏：畏天命，畏大人，畏圣人之言。小人不知天命而不畏也，狎大人，侮圣人之言。"（《论语·季氏》）

> 司马牛忧曰："人皆有兄弟，我独亡。"子夏曰："商闻之矣：死生有命，富贵在天。①君子敬而无失，与人恭而有礼，四海之内皆兄弟也。君子何患乎无兄弟也？"（《论语·颜渊》）

> 子曰："不知命，无以为君子也；不知礼，无以立也；不知言，无以知人也。"（《论语·尧曰》）

由这几条材料，我们大致可了解孔子等人对于天命的认知。首先，承认有天命，并且天命还决定着人的死生、富贵，也就是决定着人的命运；其次，强调要"知天命"，因为"不知命，无以为君子也"，反过来也就是说作为君子或者欲成君子的人，应该"知天命"，所以孔子在叙述自己的人生历程时，就强调"五十而知天命"；再次，主张要"畏天命"，即要在"知"的前提下，对天命有敬畏之心，也就是要敬之畏之，不可造次；最后，孔子指出"知天命"与"畏天命"的主体都是君子，小人则既不知晓也不敬畏。

由以上分析，我们也可知道，与周人相比，孔子的天命观有很大的

---

① 研究者认为这句话是子夏听孔子所说，因此其思想与孔子的天命观是一致的。可参看王恩旭、丁崇明《"死生有命，富贵在天"的语义解析》，《齐鲁学刊》2015年第1期。

第二章　孔子与儒家历史观的初步建构

不同。一方面，关注重点不同。周人在论述天命时，更多强调的是天命在族群代兴、朝代更替中的作用，即将天命作为历史发展背后的主导因素，并从中引申出周人政权统治的合法性与合理性，故而他们关注的更多是血缘性的族群及其利益的实现。孔子则并非如此，他的关注点已经很大程度上突破了血缘性因素的影响，他的理论观点并非为某个族群服务，他关注的是整个天下，并始终以天下为己任，所以孔子更强调的是天命对个体的期许及其对个体自我实现的重要作用，将天命看作是"君子个体自我挺立、自我确认的最终根据"[1]。

另一方面，对于承担天命的主体的认知也不尽相同。周人认为能够承受天命的是君主，特别是朝代早期的先王，他们都因其德行而为天命眷顾，得以据有天下，成为天下之主。孔子则有异于是，他强调能够"知天命"、承担天命的主体是君子，君子通过修德、行道感知并获得天命，从而在实现天命的同时自我实现。因此他才强调"不知命，无以为君子也"。

那么，在孔子看来，君子必须知晓并承担的"天命"到底是什么呢？

关于这一点，古代的注疏者曾有过不同的解释。皇侃将天命看作是穷通之际遇："天命，谓穷通之分也。谓天为命者，言人秉天气而生，得此穷通，皆由天所命也。天本无言而云有所命者，假之言也。"[2] 宋人在解释天命时，往往将天与道、理等对应起来，程子曰："知天命，穷理尽性也。"朱熹则认为："天命，即天道之流行而赋于物者，乃事物所以当然之故也。"[3] 刘宝楠则综合诸家指出："'命'者，立之于己而受之于天，圣人所不敢辞也。""天之所生，是为天命也。""知己有得于仁、义、礼、智之道，而因推而行之，此圣人之知天命也。"[4] 概

---

[1] 李宪堂：《"天命"的寻证与"人道"的坚守：孔子天命观新解——兼论孔子思想体系的内在结构》，《文史哲》2017年第6期。
[2] 何晏、皇侃：《论语集解义疏》，商务印书馆1937年版，第15页。
[3] 朱熹：《四书章句集注》，中华书局2012年版，第54页。
[4] 刘宝楠：《论语正义》，中华书局1990年版，第45页。另外，程树德也认可刘说。可参看程树德《论语集释》，中华书局1990年版，第75页。

括言之，刘宝楠实际上将天命看作天所赋予人的一种使命，即推行仁、义、礼、智之道的历史使命。

近代以来，不少学者对孔子的天命观有新的论述。或认为其"天命"与周人无异，"天命就是上帝的命令"①；或将其"天命"解释为"自然之数或自然之必然性"②；或以为其"天命"即"天道"，表达的是"道德的普遍性、永恒性"③。近年来，亦有学者独辟蹊径，从人与天命的关系以及孔子思想的内在结构的角度，对孔子天命观进行了新的解读，将孔子观念中的天命看作是"在历史中展开的人类固有的超越性向每一个自觉的道德个体提出的必然性要求，是需要通过艰苦的道德努力去显明和认证的东西；天命以其幽深的辉光照亮人之'道'，最终在人的行为和成就中实现自己；人通过德行的累积去接近和显明天命，在为天命所照亮的族类的永恒里获得不朽"④。这为我们认识孔子的天命观及其与历史观的关系提供了一个认识的角度。

我们以为，孔子所说的"天命"，可看成是带有超越性和必然性的历史使命。孔子所说的"知天命"就是知道历史演进的规律和赋予自己的使命，而所谓的"畏天命"则是对这种必然性历史使命的敬畏。在孔子看来，君子只有"知天命"才能明确自己的历史使命和人生价值，只有"畏天命"才能坚定自己承担历史使命的信心和勇气。

由此解释孔子所说的"五十而知天命"，就可明白孔子此时应该是对自己有了明确的定位，对自己应该承担的历史使命也有了清晰的认识。自此以后，他就不断践行所持之道，一方面努力实现"天命"，另一方面通过自己的努力印证"天命"。在对此有了深刻了解之后，孔子就坚定了自己的信念，即使遇到困境，也再无动摇。

比如孔子在周游列国面对困厄之时，仍然十分坚定：

---

① 冯友兰：《中国哲学史新编》（第一册），人民出版社1982年版，第152页。
② 郭沫若：《先秦天道观之进展》，《中国古代社会研究》（外二种），河北教育出版社2004年版，第277页。
③ 徐复观：《中国人性论史》（先秦篇），上海三联书店2001年版，第77页。
④ 李宪堂：《"天命"的寻证与"人道"的坚守：孔子天命观新解——兼论孔子思想体系的内在结构》，《文史哲》2017年第6期。

第二章　孔子与儒家历史观的初步建构

子畏于匡，曰："文王既没，文不在兹乎？天之将丧斯文也，后死者不得与于斯文也；天之未丧斯文也，匡人其如予何？"（《论语·子罕》）

孔子过宋，与弟子习礼大树下，桓魋伐其树，孔子去。弟子曰："可以速矣。"子曰："天生德于予，桓魋其如予何？"遂之郑。（《史记·孔子世家》）

孔子在这样的困境下，仍然强调天命在我、斯文在兹，匡人和桓魋都威胁不了他，这固然有在艰难之时给自己和弟子们鼓劲的意味，但更多的恰恰是孔子的自信，甚至可以说是自负。孔子认为正是由于自己的存在，斯文因之得以不废，道统由此得以传承，这便将自己与历史对接，使自己肩负起延续伟大传统的历史重任。而这正是孔子在面对传统时意识到的天赋予自己的历史使命，也就是孔子所说的"知天命"。

在"知天命"的基础上，孔子进一步强调"不怨天，不尤人，下学上达。知我者其天乎！"（《论语·宪问》）通过这样的言说，孔子一方面将自己与"天""天命"捆绑在一起，另一方面又突出强调了自己践行先王之道、实现历史使命的主体地位。在这样的状态下，我们甚至可以说已经不是孔子需要"天命"的眷顾，而是"天命"有赖于孔子的弘扬，是"天命"为了自我实现，而赋予孔子以必然性的历史使命。

对此，当时的不少人都有认识：

太宰问于子贡曰："夫子圣者与？何其多能也？"子贡曰："固天纵之将圣，又多能也。"（《论语·子罕》）

仪封人请见，曰："君子之至于斯也，吾未尝不得见也。"从者见之。出曰："二三子何患于丧乎？天下之无道也久矣，天将以夫子为木铎。"（《论语·八佾》）

总之，经过孔子改造后的"天命"，不仅成为历史发展的主导因素，亦成为人们获得并承担历史使命的重要来源。自孔子以后，人们

75

在寻证天命的过程中，不断校正自己的行为、明确自己的使命，最终在这一过程中实现自我的历史定位，以进入历史的方式，实现人的不朽。

二 道统：历史发展主线的探寻

除了天命，孔子的历史使命感，还来自他所推崇的伟大的历史传统。为此，他为历史发展确立了一条主线，也就是道统的传承和斯文的传递，[①]并在此基础上为自己定位，确立自己的历史位置，寻证自己的历史使命。

关于"统"与"道统"，学者们有很多认识，其中葛兆光的定义和解释，更为细致合理。他认为："所谓'统'，其实只是一种虚构的历史系谱，怀有某种可能很崇高的意图的思想家们，把在'过去'曾经出现过的，又经过他们精心挑选的一些经典、人物或思想凸显出来，按时间线索连缀起来，写成一种有某种暗示性意味的'历史'，并给这种'历史'以神圣的意义，来表达某种思想的合理性与永久性，于是，就构成所谓的'统'。"而"道统"，"则是指思想史中承担着真理传续的圣贤的连续性系谱，被列入这一系谱就意味着思想的合理性，凸显了这一系谱，也就暗示了由这一系谱叙述的道理，一定优先于其他的道理，应当尊崇的普遍真理"[②]。

依据这种解释，先秦时期还没有明确的"道统"概念。周人反复强调文王有天下，是因为有德，故而承受天命，却并没有说文王之德来自何处，也没有强调前代圣王与文王的传承关系。只是在后来的一些祖先传说中，将周代始祖与商人的始祖共同追溯为天之子，强调周人有帝王血统，故而可以代殷有天下。因此在周人的观念中，没有"道统"的概念，只有血统的传承。

比较早论述儒家道统的是韩愈，他在《原道》篇中提到：

[①] 这也是孔子所要承担的"天命"即历史使命中最重要的一个方面。
[②] 葛兆光：《道统、系谱与历史——关于中国思想史脉络的来源与确立》，《文史哲》2006年第3期。

第二章　孔子与儒家历史观的初步建构

斯吾所谓道也,非向所谓老与佛之道也。尧以是传之舜,舜以是传之禹,禹以是传之汤,汤以是传之文、武、周公,文、武、周公传之孔子,孔子传之孟轲,轲之死,不得其传焉。荀与扬也,择焉而不精,语焉而不详。

韩愈提出儒家的道统说,是为了与佛、道两家对抗,所以他特意列出以圣人为核心的儒家道统的谱系,并强调与佛、道不同。

在此基础上,朱熹合"道"与"统"为"道统",首次提出了"道统"的概念,并进一步明确指出古代圣人之间的道统传承。他强调道统自上古至孔子,一直流传绵延,并按照他认同的思想,为历史确立了发展的正统:

盖自上古圣神继天立极,而道统之传有自来矣。其见于经,则"允执厥中"者,尧之所以授舜也;"人心惟危,道心惟微,惟精惟一,允执厥中"者,舜之所以授禹也。尧之一言,至矣,尽矣!而舜复益之以三言者,则所以明夫尧之一言,必如是而后可庶几也。①

自是以来,圣圣相承:若成汤、文、武之为君,皋陶、伊、傅、周、召之为臣,既皆以此而接夫道统之传,若吾夫子,则虽不得其位,而所以继往圣、开来学,其功反有贤于尧舜者。②

"道统"概念虽然晚出,但是它所反映的基本内容和思想倾向,则早在孔子之时就已经出现了。正是在对历史的认知过程中,孔子从繁杂的历史中抽离出一条主线,并将它作为历史发展的核心脉络和正统,使繁芜混乱的历史有了一条清晰的主轴。

《论语·尧曰》篇有一段讲述了尧、舜、禹等先王之间关于治国之

---

① 朱熹:《中庸章句序》,《四书章句集注》,中华书局2012年版,第14页。
② 朱熹:《中庸章句序》,《四书章句集注》,中华书局2012年版,第15页。

道的传承，颇有代表性：

> 尧曰："咨！尔舜，天之历数在尔躬，允执其中。四海困穷，天禄永终。"舜亦以命禹。曰："予小子履，敢用玄牡，敢昭告于皇皇后帝：有罪不敢赦。帝臣不蔽，简在帝心。朕躬有罪，无以万方；万方有罪，罪在朕躬。"周有大赉，善人是富。"虽有周亲，不如仁人。百姓有过，在予一人。"谨权量，审法度，修废官，四方之政行焉。兴灭国，继绝世，举逸民，天下之民归心焉。所重：民、食、丧、祭。宽则得众，信则民任焉，敏则有功，公则说。

关于《尧曰》篇是否归属于《论语》，人们还有争论，① 不过在《论语》的编纂过程中，人们将这一段编入其中，或可说明这段关于先王之间道统传承的论述符合孔子的思想。对此，黄克剑认为，"从尧、舜、禹到汤、文、武，以至于周公、孔子，《论语》编者第一次为儒家教化理出了某种脉理相贯的道统，这曾为孔子所默示的不无历史感的统绪把孔子置于继往开来的枢纽地位上"②。

从《论语》的其他章节来看，孔子对于不少古人都进行过评价，但评价最高的却是尧、舜、禹、汤、文、武、周公等先王。他强调自己承受天命、继文武周公之道而来，实际上是将先王以至自己的历史传承视为"道统"，所以后人说他"祖述尧舜，宪章文武"（《中庸》）③。

我们先看一下《论语》中关于尧、舜、禹、汤的材料：

> 子贡曰："如有博施于民而能济众，何如？可谓仁乎？"子曰："何事于仁，必也圣乎！尧、舜其犹病诸！夫仁者，己欲立而立人，己欲达而达人。能近取譬，可谓仁之方也已。"（《论语·雍也》）

---

① 或认为《尧曰》篇含有孔子深意，或认为只是断简残编，甚至还有人认为是《论语》后序。
② 黄克剑：《论语解读》，中国人民大学出版社2008年版，第438页。
③ 《汉书·艺文志》亦有此论述，只是作者将此概括为儒家整体的特点。

第二章　孔子与儒家历史观的初步建构

子曰:"巍巍乎!舜、禹之有天下也而不与焉。"(《论语·泰伯》)

子曰:"大哉尧之为君也!巍巍乎!唯天为大,唯尧则之。荡荡乎!民无能名焉。巍巍乎!其有成功也,焕乎,其有文章!"(《论语·泰伯》)

舜有臣五人而天下治。(《论语·泰伯》)

子曰:"禹,吾无间然矣。菲饮食而致孝乎鬼神,恶衣服而致美乎黻冕,卑宫室而尽力乎沟洫。禹,吾无间然矣。"(《论语·泰伯》)

樊迟问仁,子曰:"爱人。"问知,子曰:"知人。"樊迟未达,子曰:"举直错诸枉,能使枉者直。"樊迟退,见子夏,曰:"乡也吾见于夫子而问知,子曰:'举直错诸枉,能使枉者直',何谓也?"子夏曰:"富哉言乎!舜有天下,选于众,举皋陶,不仁者远矣。汤有天下,选于众,举伊尹,不仁者远矣。"(《论语·颜渊》)

南宫适问于孔子曰:"羿善射,奡荡舟,俱不得其死然;禹、稷躬稼而有天下。"夫子不答,南宫适出。子曰:"君子哉若人!尚德哉若人!"(《论语·宪问》)

子路问君子,子曰:"修己以敬。"曰:"如斯而已乎?"曰:"修己以安人。"曰:"如斯而已乎?"曰:"修己以安百姓。修己以安百姓,尧、舜其犹病诸!"(《论语·宪问》)

子曰:"无为而治者,其舜也与?夫何为哉,恭己正南面而已矣。"(《论语·卫灵公》)

通过以上材料,我们可以看到,孔子等人对尧、舜、禹、汤等先王推崇备至,所以用了"大哉""巍巍乎""荡荡乎""无间然矣"等词语来形容他们,凸显他们高大、完美而神圣的形象。

综合来看,孔子所推崇的尧、舜、禹、汤等先王有这样几个特点。首先是敬事天命鬼神。尧"唯天为大,唯尧则之",禹则"菲饮食而致孝乎鬼神",所以孔子说"无间然矣"。虽然《论语》中强调"子不语怪力乱神"(《论语·述而》),但是正因为孔子本人十分敬畏天命鬼神,所以才对先王敬鬼事神的行为予以赞赏。

其次是无为而治①、选贤任能。孔子强调先王无为而治，并能够选举贤能于众人之中，委以重任，从而达到"不仁者远矣"的状态，也就达到了孔子所说的"举直错诸枉，能使枉者直"的"知人"的境界。

最后是以民为本。孔子指出尧舜也没有达到"博施于民而能济众"与"修己以安百姓"的状态，这看似是对尧舜的否定，其实不然。因为孔子认为"圣"的状态是一个至高无上的境界，很难达到，所以他提到自己时也说："若圣与仁，则吾岂敢？"（《论语·述而》）这里，孔子只是为了强调"博施于民而能济众"的重要性，实际上仍然是将尧舜看作做人的至高境界。

总之，孔子等人将尧、舜、禹、汤视为古代圣王，认为他们能够则天知人，在历史的传承中发挥了重要作用，故而赞扬敬佩不已。

除了对以上先王的赞扬，孔子还特别推崇文、武、周公，并常常强调自己承继他们而来，以此将自己纳入伟大的历史传统，也就是历史的道统之中：

> 子曰："甚矣吾衰也！久矣吾不复梦见周公。"（《论语·述而》）
>
> 子曰："如有周公之才之美，使骄且吝，其余不足观也已。"（《论语·泰伯》）
>
> 武王曰："予有乱臣十人。"孔子曰："才难，不其然乎？唐虞之际，于斯为盛；有妇人焉，九人而已。三分天下有其二，以服事殷。周之德，其可谓至德也已矣。"（《论语·泰伯》）
>
> 子畏于匡，曰："文王既没，文不在兹乎？天之将丧斯文也，后死者不得与于斯文也；天之未丧斯文也，匡人其如予何？"（《论语·子罕》）
>
> 卫公孙朝问于子贡曰："仲尼焉学？"子贡曰："文武之道未坠于地，在人。贤者识其大者，不贤者识其小者，莫不有文武之道

---

① 强调君主无为，并非道家独有，实际上无为而治等思想可以说是诸子的共同政治话语。参看拙文《"新子学"视阈下战国诸子的共同政治命题研究》，《诸子学刊》，第十六辑。

第二章　孔子与儒家历史观的初步建构

焉，夫子焉不学？而亦何常师之有？"（《论语·子张》）

孔子对文、武、周公的推崇，不难理解。一方面，在孔子等人看来，文、武、周公承继上古先王之道而来，是道统的延续，并且他们在前人的基础上更进一步，开创了伟大的周文化。另一方面，孔子本人更加推崇周文化，他认为"周之德，其可谓至德也已矣"。所以孔子说："周监于二代，郁郁乎文哉！吾从周。"（《论语·八佾》）他还希望能够通过自己的努力使社会变为周，所以会说："如有用我者，吾其为东周乎！"（《论语·阳货》）而孔子所从之周，正如李零所说，"一是文武之道，二是周公之礼"[①]。

另外，对周代文化特别是其创立者文、武、周公的推崇，对孔子而言另有深意。与遥远的尧、舜、禹、汤等先王相比，文、武、周公可算是离孔子最近的圣王，而且被认为是受有天命并开创了周代几百年兴盛的先王。因此，一方面孔子建构了自尧以来圣王不断传承的历史系谱，也就是道统，使之成为历史发展的主线与核心脉络。另一方面他又不断强调自己承继文、武、周公而来，并自信可以将文武之道、周公之德传承下去、发扬光大，以改造当时无道的社会，所以他说"天下有道，丘不与易也"（《论语·微子》）。

因此，《论语》记载孔子在被困于匡时，说："文王既没，文不在兹乎？天之将丧斯文也，后死者不得与于斯文也；天之未丧斯文也，匡人其如予何？"而孔子在即将去世时，也以"不复梦见周公"为标志说明自己"衰也"。对此，朱熹注曰："孔子盛时，志欲行周公之道，故梦寐之间，如或见之。至其老而不能行也，则无复是心，而亦无复是梦矣，故因此而自叹其衰之甚也。"[②] 确实，孔子感叹的不是身体之衰，而是对自己所肩负的历史使命——推行周公之道没能实现的一种悲叹。

孔子承担天命、传承道统、延续斯文的使命，并不是完全自封的，

[①] 李零：《去圣乃得真孔子：〈论语〉纵横读》，生活·读书·新知三联书店2008年版，第205页。

[②] 朱熹：《四书章句集注》，中华书局2012年版，第94页。

而是得到当时不少人的认可。虽然他自己谦虚地说："若圣与仁，则吾岂敢？"（《论语·述而》）但是他的弟子已经将他塑造成一个与日月同辉的圣人形象：

>颜渊喟然叹曰："仰之弥高，钻之弥坚，瞻之在前，忽焉在后。夫子循循然善诱人，博我以文，约我以礼，欲罢不能。即竭吾才，如有所立卓尔。虽欲从之，末由也已。"（《论语·子罕》）
>叔孙武叔语大夫于朝曰："子贡贤于仲尼。"子服景伯以告子贡。子贡曰："譬之宫墙，赐之墙也及肩，窥见室家之好。夫子之墙数仞，不得其门而入，不见宗庙之美、百官之富。得其门者或寡矣。夫子之云，不亦宜乎！"（《论语·子张》）
>叔孙武叔毁仲尼。子贡曰："无以为也，仲尼不可毁也。他人之贤者，丘陵也，犹可逾也；仲尼，日月也，无得而逾焉。人虽欲自绝，其何伤于日月乎？多见其不知量也。"（《论语·子张》）
>陈子禽谓子贡曰："子为恭也，仲尼岂贤于子乎？"子贡曰："君子一言以为知，一言以为不知，言不可不慎也。夫子之不可及也，犹天之不可阶而升也。夫子之得邦家者，所谓立之斯立，道之斯行，绥之斯来，动之斯和。其生也荣，其死也哀，如之何其可及也？"（《论语·子张》）

不只是孔子的学生，当时不少人都认为孔子是博学的圣贤：

>达巷党人曰："大哉孔子！博学而无所成名。"（《论语·子罕》）
>孔子迁于蔡三岁，吴伐陈。楚救陈，军于城父。闻孔子在陈蔡之间，楚使人聘孔子。孔子将往拜礼，陈蔡大夫谋曰："孔子贤者，所刺讥皆中诸侯之疾。今者久留陈蔡之间，诸大夫所设行皆非仲尼之意。今楚，大国也，来聘孔子。孔子用于楚，则陈蔡用事大夫危矣。"于是乃相与发徒役围孔子于野。（《史记·孔子世家》）

第二章　孔子与儒家历史观的初步建构

孔子对自己掌握的斯文非常自信，他曾说："吾自卫反鲁，然后乐正，雅颂各得其所。"(《论语·子罕》)他对自己所行之道也毫无动摇，他说："谁能出不由户？何莫由斯道也？"(《论语·雍也》)同时，他还认为自己与道是一致的，自己所居之处即是道之所在，如《论语·子罕》篇中："子欲居九夷。或曰：'陋，如之何？'子曰：'君子居之，何陋之有？'"

即使在面对困顿之时，孔子也不曾怀疑自己承担的先王之道。据《史记·孔子世家》记载，孔子厄于陈蔡之间时，曾就此询问子弟，而独有颜回的回答最令他满意。颜回认为："夫子之道至大，故天下莫能容。虽然，夫子推而行之，不容何病，不容然后见君子！夫道之不修也，是吾丑也。夫道既已大修而不用，是有国者之丑也。不容何病，不容然后见君子！"由此亦可见孔子对自己所持之道的自信，对自己历史使命的认同，对延续道统的不懈。

由于孔子自觉地将自己与尧、舜、禹、汤、文、武、周公等先王一脉相承的道统相对接，所以他强调自己"述而不作"(《论语·述而》)，看似是谦虚，实则是在面对历史和传统时的一种自信的态度。因为伟大的传统是自足圆满的，只需叙述即可。而且孔子正是通过"述而不作"，在叙述这一历史的系谱、传承这一道统之时，掌握了历史的解释权，并将自己纳入这一伟大的传统，实现在历史中的不朽。[1]

不仅如此，由于历史发展主线——道统的确立，历史不再是年代与事件的堆积，而是圣人与先王推演与践行道的场所，历史的发展也不再是传统血缘族群的延续，而是整个天下的衍化。至此，原本混沌不成体系的历史，被整理出线索，并被道的光芒所照亮。同时，由孔子开创的儒家历史观，使人们可以通过认识历史确立自己的使命感与人生价值，

---

[1] 古人常强调"三不朽"，即立德、立功、立言(《左传》襄公二十四年)，其实这三者所实现的不朽都不是在宗教中，而是在历史里，由此可见历史在中国传统中所具有的重要地位。特别是在儒家的理论中，由于重视人道而非鬼神，历史代替了宗教，在某种意义上甚至可以说历史是理性化的宗教，它代替了宗教所具有的功能，成为受儒家影响的仁人志士追求不朽与永恒的唯一途径。对他们而言，不朽不是宗教意义上的永生和永恒，而是在历史上的留名。由此愈见历史观在儒家理论体系中的重要地位和作用。

从而也为士人指明了未来的方向。

三 损益：历史演进方式的探究

经过对天命的认知、对道统的建构，孔子将历史看作天命映照下道统的彰显与传承，从而为士人悬设了历史使命，为历史确立了发展的主线。在此基础上，他还为历史的发展设定了基本的演进方式，那就是"损益"。

在《论语·为政》篇中，孔子明确提出了历史演进和历史沿革中的"损益"：

> 子张问：十世可知也？子曰：殷因于夏礼，所损益，可知也；周因于殷礼，所损益，可知也；其或继周者，虽百世可知也。

对于这段话，古代注疏者均认为，孔子主张历史发展有因循，亦有损益，即认为历史的演进有变，亦有不变。如朱熹引马氏之言："所因，谓三纲五常。所损益，谓文质三统。"并进一步注解曰："三纲五常，礼之大体，三代相继，皆因之而不能变。其所损益，不过文章制度小过不及之间，而其已然之迹，今皆可见。"[①]

古人的论述均是基于他们的时代而做出的诠释，未必合于孔子的原意。我们知道，《论语》的很多章节都是答问体，即孔子针对学生的问题而做出回答和解释，所以要了解他的概念、提法的真实含义，需要我们将之放到对话的语境中分析。

孔子提出夏、商、周三代之间是因革损益的关系，主要是针对子张"十世可知也？"的问题而言。子张的问题是未来是否可知，也就是未来是否可以预测。孔子给出了肯定的答案，但是他得出这一答案的论证方法和逻辑却是历史的。他认为夏、商、周三代在礼制上，基本上是以因循为主，只是在一些问题上有所增减，而这种增减是可以知道的。由

[①] 朱熹：《四书章句集注》，中华书局2012年版，第59页。

第二章 孔子与儒家历史观的初步建构

此推之未来，孔子认为历史的发展仍然会如三代这般，以损益的方式演进，因此知道历史和现在，也就能预测未来。

除此之外，孔子对于历史是否能够认识的问题，还有另外一段很有名的话："夏礼吾能言之，杞不足征也；殷礼吾能言之，宋不足征也。文献不足故也，足则吾能征之矣。"（《论语·八佾》）孔子指出，由于文献不足，夏殷两代之礼很难证明。针对这段话，以往研究孔子历史观的人，多强调孔子对待历史的客观态度，认为此言是强调文献在历史认识中的重要作用。我们关注的是，孔子在强调文献对于证明夏殷之礼的重要性时，似乎隐含有对夏殷之礼不能被认识的倾向。其实二者并不矛盾。孔子虽然强调由于文献不足，夏殷两代之礼"不足征也"，但是他并没有说不能认识。相反，孔子认为夏殷之礼是"能言"的，因为夏、商、周三代之礼皆因革损益而来，保持了很大的连续性，因此，知周礼，则夏殷两代之礼自然可知，故而孔子才强调对于夏殷之礼"吾能言之"。只是由于夏殷两代去今已远，文献不足，故而"不足征也"。对此，顾颉刚即指出"所谓'不足征'的，是史料。所谓'吾能言'的，是传说"[①]。

总之，孔子认为历史是可知的，历史是以因革损益的方式演进发展，其中既有因循不变的东西，也有损益变化的部分。孔子还认为历史的损益变化只能算是量的增减，而本质则是陈陈相因的，即量变质不变，因此才可以"告诸往而知来者"（《论语·学而》）。而所谓不变的"质"，也就是孔子所说的"道"，更准确地说是"先王之道"。故而孟子曾引孔子言曰："唐虞禅，夏后、殷、周继，其义一也。"（《孟子·万章上》）后人也指出"孔子之道，即二帝、三王之道"[②]。

那么孔子所说的不变的"先王之道"主要是指什么呢？孔子虽然常常用"道"这个词，但并没有对此下一个明确的定义，而且就《论语》来看，孔子所提到的"道"也有不同的含义。

[①] 顾颉刚：《战国秦汉间人的造伪与辨伪》，载《古史辨自序》（上），河北教育出版社2000年版，第125页。

[②] 崔述：《崔东壁遗书》，上海古籍出版社1983年版，第261页。

不过，孔子自己曾言："吾道一以贯之。"曾子解释说："夫子之道，忠恕而已矣。"（《论语·里仁》）关于"忠恕"，朱熹注曰："尽己之谓忠，推己之谓恕。"① 前人对此也多有分析，所谓忠即"己欲立而立人，己欲达而达人"（《论语·雍也》），所谓恕即"己所不欲，勿施于人"（《论语·卫灵公》），② 实际上孔子所谓的忠恕之道就是仁义精神，"分别讲是'忠恕'，概括讲是'仁'"③。另外，孔子也曾经说过："礼之用，和为贵。先王之道斯为美，小大由之。有所不行，知和而和，不以礼节之，亦不可行也。"（《论语·学而》）孔子所说的"先王之道"主要是指礼乐制度。因此，我们可以说孔子所说的"先王之道"，其主要内涵就是仁义精神与礼乐制度。这些在孔子看来是不能变的，是应该延续并发扬光大的。

然而，到了春秋时期，孔子认为夏、商、周三代延续不变的"道"，开始发生变化，仁义精神与礼乐制度被破坏了。在孔子看来，这种变化是不对的，也是违背历史发展之道的，所以他强调要"克己复礼"（《论语·颜渊》）。而在对待历史的态度上，他主要采取的则是这样的态度——"述而不作，信而好古"（《论语·述而》）。

首先是"信而好古"。信即信奉，好即喜好，古则是历史，也就是信奉并喜好历史。但是孔子"信而好古"之"古"并非一般的历史，主要是指先王之道以及先王代代相传之斯文。对于这样的历史，孔子不仅喜好信奉，而且"敏以求之"（《论语·述而》）。

其次是"述而不作"。对于这句话，自古即有很多解释，其中朱熹的注释可以说是比较有代表性的。他在《四书章句集注》中注曰：

述，传旧而已。作，则创始也。故作非圣人不能，而述则贤者可及。……孔子删《诗》《书》，定《礼》《乐》，赞《周易》，修

---

① 朱熹：《四书章句集注》，中华书局2012年版，第72页。
② 杨伯峻认为"忠恕"分别是"仁"的积极面与消极面。参看杨伯峻《试论孔子》，《东岳论丛》1980年第2期。
③ 杨伯峻：《试论孔子》，《东岳论丛》1980年第2期。

第二章　孔子与儒家历史观的初步建构

《春秋》，皆传先王之旧，而未尝有所作也，故其自言如此。盖不惟不敢当作者之圣，而亦不敢显然自附于古之贤人；盖其德愈盛而心愈下，不自知其辞之谦也。然当是时，作者略备，夫子盖集群圣之大成而折衷之。其事虽述，而功则倍于作矣，此又不可不知也。①

朱熹对"述"与"作"进行了区分，认为前者主要是"传旧"，即传承，后者则主要是"创始"，即创新。在此意义上，他认为孔子确实是"述而不作"。不过他同时指出，孔子"其事虽述，而功则倍于作矣"，强调孔子之功绩甚至高于"作"，孔子这句话实是自谦之词。

在孔子看来，历史之质，即先王之道，不该更改变革，而应延续继承。但是他也认识到历史始终在变化发展之中，其中的增减损益等量变时时在发生。这使他产生了很浓厚的历史感："子在川上曰：逝者如斯夫，不舍昼夜。"（《论语·子罕》）

特别是在"高岸为谷，深谷为陵"（《诗经·小雅·十月之交》）的时代，"社稷无常奉，君臣无常位"（《左传》昭公三十二年），整个社会处于一个剧烈变动的时期。孔子认识到这种历史变化，却并不认可，他认为这些变化都是"天下无道"的表现，而他向往的是由周公开创的周文化。孔子认为"周监于二代，郁郁乎文哉"，周文化正是在损益夏殷两代文化的基础上形成的，所以他"从周"。因此，他希望的变化步骤是"齐一变，至于鲁；鲁一变，至于道"（《论语·雍也》）。

然而，我们不能因此将孔子判定为复古保守的历史倒退论者。正如傅斯年所说："孔子之地位，在一切事上为承前启后者。"② 他看似保守复古，实则时时趋新。孔子认为历史在发展变化，并且应该鉴于前代而有所改进，只是他主张的变化是在不变"质"的前提下的量变，即在不改变先王之道的前提下，进行合理的损益。

---

① 朱熹：《四书章句集注》，中华书局2012年版，第93页。
② 傅斯年：《性命古训辩证》，《傅斯年全集》（第二卷），湖南教育出版社2000年版，第619页。

其实孔子也是如此做的。他强调自己"述而不作",但其实蕴含着"以述为作"①,他通过对传统思想的基本概念进行新的阐释,赋予它们在新的时代以新的含义,而这正是孔子能够承前启后的原因。所以孟子认为孔子是"圣之时者也"(《孟子·万章下》),强调孔子能够合于时代,适应时势。清人崔东壁也说:"二帝、三王、孔子之事,一也;但圣人所处之时势不同,则圣人所以治天下亦异。是故,二帝以德治天下,三王以礼治天下,孔子以学治天下。"②

四 仁义:历史评价标准的探讨

自觉的历史观念产生之后,人们就会产生对历史价值的认识,形成一定的历史评价标准,从而明确自己的价值取向,指导现实社会的价值抉择。

就现有的材料来看,殷人尚未形成自觉的历史意识,加之鬼神笼罩人们的生活、宗教压倒一切,很难说他们有明确的历史评价和价值判断。周人则不同,由于殷周之际的社会政治变动,使他们开始将历史纳入认识的范畴,并自觉地以殷为鉴,在宗教以外,开始形成自觉明确的历史评价标准——德。"无论是社会评价还是人格、人事评价,区分善恶、好坏、是非、优劣的标准,虽然还沿用殷商时代的'天命'标准,但'德'却是周人提出的新标准。"③ 这种道德化色彩很浓的标准,也极大地影响了后人,特别是儒家,使儒家形成了以道德为主的历史评价标准和体系。④

孔子在对历史和历史人物的评价过程中,也不例外,他经常以仁、义、礼、忠、信等带有道德色彩的标准来衡量和评价人的好坏优劣。不过,处于春秋战国之际的孔子,面临的是"礼崩乐坏"、社会失序、价

---

① 这种形式成为中国古代思想家进行思想创作的基本方式,即通过注释解读经典,阐发自己的思想,也就是"我注六经"。
② 崔述:《崔东壁遗书》,上海古籍出版社1983年版,第261页。
③ 赵馥洁:《价值的历程——中国传统价值观的历史演变》,中国社会科学出版社2006年版,第25页。
④ 不过,周人的"德"主要是针对君主而言,强调统治者要时刻注意自己的行为,通过敬德而得到天命的青睐,从而保有统治,不蹈殷人覆辙。

第二章 孔子与儒家历史观的初步建构

值失范的社会状况，与周人的社会环境已有很大不同。因此，在历史评价的标准上，他在周人"敬德"的基础上，坚持"义以为上"（《论语·阳货》）的价值取向，进一步提出以"有道""无道"评价历史与社会，以仁义与否评判历史人物的新标准。

1. 道之有无：评判社会历史的尺度

"道"的本义为"道路"，在金文中一般写作𧗟①，《说文》亦释"道"为"所行道也"。之后，随着语言的发展，"道"引申出更多的含义，成为更具理论和思想色彩的词汇，并在中国思想文化史上占据了核心地位，产生重大影响。

《周礼·大宰》云："儒，以道得民"，足见"道"在儒家思想体系中的重要作用。有人统计，《论语》中"道"字出现89次，②就其字面含义大体可以分为三种：其一，作为动词，表治理、引导之意，如《论语·为政》篇"道之以政，齐之以刑，民免而无耻；道之以德，齐之以礼，有耻且格"。其二，作为名词，表示方法、方式，如《论语·里仁》篇"富与贵，是人之所欲也。不以其道得之，不处也。贫与贱，是人之所恶也。不以其道得之，不去也"。其三，表示抽象的意义，指学说、理论及至善的一种状态，如《论语·里仁》篇"朝闻道，夕死可矣"。

孔子尤为重视和推崇的是第三种意义的"道"，故而才会强调"朝闻道，夕死可矣"（《论语·里仁》），"道不行，乘桴浮于海"（《论语·公冶长》），并以"有道""无道"来评判社会历史的优劣。最典型的要数《论语·季氏》篇中的这段论述：

> 天下有道，则礼乐征伐自天子出；天下无道，则礼乐征伐自诸侯出。自诸侯出，盖十世希不失矣；自大夫出，五世希不失矣；陪臣执国命，三世希不失矣。天下有道，则政不在大夫。天下有道，

---

① 甲骨文中尚未发现明确的"道"的字形，不过亦有学者认为甲骨文中的𧗟即古"道"字，可参看郭静云《由商周文字论"道"的本义之𧗟与𧗟的部分》，《甲骨文与殷商史》（新一辑），线装书局2009年版，第210页。

② 吴迪：《先秦文献中的"道"》，硕士学位论文，曲阜师范大学，2012年。

则庶人不议。

在这段话中，孔子将天下分为"有道""无道"两种状态，并分别描述了两种状态下的政治状况。在他看来，一个社会有道与否，最重要的判断标准就是看权力掌握在谁的手里。如果由天子掌握，就是有道，而一旦权力被诸侯、大夫、陪臣拥有，那么社会就失去秩序，天下处于"无道"的状态。

孔子之所以推崇周代，将它看作有道的社会，并一直向往，就是因为那时"礼乐征伐自天子出"，天子握有实权。同样，他对春秋时期社会的批判，也主要是因为当时周天子式微，权力被诸侯掌握，破坏了周礼所确定的森严的等级秩序，使社会处于失序的状态。

孔子一直希望通过自己的努力，能够使社会"至于道"（《论语·雍也》），所以当子路问他从政的话先做什么的时候，他强调"必也正名乎"，并认为"名不正，则言不顺；言不顺，则事不成；事不成，则礼乐不兴；礼乐不兴，则刑罚不中；刑罚不中，则民无所措手足"（《论语·子路》）。孔子所说的正名，实际上就是要使天子、诸侯、大夫、陪臣各安其位，也就是他所说的"君君，臣臣，父父，子子"（《论语·颜渊》）。因此，我们就可以理解，孔子对于春秋之时"礼崩乐坏"的忧虑，以及对于当时僭越行为的痛恨，以至于说"是可忍也，孰不可忍也"（《论语·八佾》）。

总之，孔子以道为尺度，对社会历史进行评判，并以此来批评他所处的春秋时期混乱无序的社会状态，并为人们设立了社会有道的标准。自此以后，"道"成为人们评判社会的基本标准，也成为仁人志士孜孜以求的理想社会的体现。

2. 仁义与否：臧否历史人物的标准

臧否人物，对人进行分类品评，在孔子之时，应该是比较流行的。[①]

[①] 有人认为春秋时期"出现了中国历史上第一个品评人物的高峰"，品评的主体主要就是贵族君子与史官。参看孙董霞《论〈左传〉所记三次重大的人物品评活动》，《宝鸡文理学院学报》（社会科学版）2015年第1期。

第二章　孔子与儒家历史观的初步建构

《论语》中记述了不少孔子和其弟子谈论评价人物的对话，并且他们还对这些人物按照一定的特征和标准进行分类。如《论语·先进》篇中对自己弟子的分类评价：

> 德行：颜渊，闵子骞，冉伯牛，仲弓。言语：宰我，子贡。政事：冉有，季路。文学：子游，子夏。
> 柴也愚，参也鲁，师也辟，由也喭。

再如《论语·微子》篇对一些历史人物的评述：

> 逸民：伯夷、叔齐、虞仲、夷逸、朱张、柳下惠、少连。子曰："不降其志，不辱其身，伯夷、叔齐与！"谓："柳下惠、少连，降志辱身矣，言中伦，行中虑，其斯而已矣。"谓："虞仲、夷逸，隐居放言。身中清，废中权。我则异于是，无可无不可。"
> 周有八士：伯达、伯适、仲突、仲忽、叔夜、叔夏、季随、季骗。

对人物进行分类，并作出统一的评价，说明孔子对历史人物的评价有自己的标准，并且形成了一定的评价体系。[①] 孔子对人物的评价标准有很多，《论语》中所涉及的忠、信、勇、智、好学等都可以说是他评价具体人物之时采用过的标准。不过，这些多样的标准背后，应该说还有一个更为具有统摄性的标准，并且在孔子的评价体系中一以贯之，这个标准就是"仁义"。

孔子认为，社会历史会出现"有道""无道"两种情形，也就是会有治世和乱世两种状态。与此相应，他也经常用"仁义"的标准来品评历史人物，区分仁与不仁。《孟子·离娄上》引孔子的话"道二，仁

[①] 有人将孔子品评人物的方法概括为品藻法和品第法、品类法、比喻法、一字法等。参看孙董霞《论〈论语〉人物品评的主要方法》，《兰州文理学院学报》（社会科学版）2015年第3期。

与不仁而已矣"《汉书·艺文志》。在论述儒家之时,也说他们"留意于仁义之际",足见仁义对他们的重要性。

在孔子看来,仁义与否正是区别君子与小人的重要标准,他认为君子应以成仁为目标,要"依于仁",坚持"义以为上"的原则。

首先,要以成仁为目标。孔子认为"里仁为美。择不处仁,焉得知?""苟志于仁矣,无恶也"(《论语·里仁》),并指出"君子去仁,恶乎成名?君子无终食之间违仁,造次必于是,颠沛必于是"(《论语·里仁》),因此他指出"志士仁人无求生以害仁,有杀身以成仁"(《论语·卫灵公》),强调仁高于生命本身,突出仁在志士仁人的价值体系中的重要性,所以他才说"当仁不让于师"(《论语·卫灵公》)。与其他标准相比,仁也有价值的优先性,所以他说:"礼云礼云,玉帛云乎哉?乐云乐云,钟鼓云乎哉?"(《论语·阳货》)并强调"人而不仁,如礼何?人而不仁,如乐何?"(《论语·八佾》)也就是突出强调仁义之精神,而非外在的物质。

其次要坚持"义以为上"的价值原则。① 孔子认为,在价值选择和价值评判的过程中,是否做到"义"是一个很重要的标准。他在区分君子小人时就说:"君子喻于义,小人喻于利。"(《论语·里仁》)因此他不断强调君子必须坚持"义以为质"(《论语·卫灵公》),始终以"义"为目标和原则:

见义不为,无勇也。(《论语·为政》)

子曰:"君子之于天下也,无适也,无莫也,义之与比。"(《论语·里仁》)

子曰:"饭疏食饮水,曲肱而枕之,乐亦在其中矣。不义而富且贵,于我如浮云。"(《论语·述而》)

子曰:"群居终日,言不及义,好行小慧,难矣哉!"(《论

---

① 关于儒家"义以为上"的价值取向论,以及儒家的价值哲学,可参看赵馥洁《中国传统哲学价值论》,陕西人民出版社1991年版,第69—101页。

第二章　孔子与儒家历史观的初步建构

语·卫灵公》)

子路曰："君子尚勇乎？"子曰："君子义以为上。君子有勇而无义为乱，小人有勇而无义为盗。"(《论语·阳货》)

那么，怎样才算达到仁义的标准呢？从《论语》来看，孔子一方面强调仁义的标准很高，真正达标的人很少，另一方面却又认为施行仁义很简单。这看起来似乎很矛盾，但我们认为二者并不矛盾，因为孔子是在不同层次上谈论仁义。一言以蔽之，在孔子看来，行仁易，达仁难。

孔子认为，仁与不仁完全由人自己决定，因此要想行仁，是很容易的事情，所以他说："仁远乎哉？我欲仁，斯仁至矣。"(《论语·述而》)当颜渊问仁的时候，孔子也强调"克己复礼为仁。一日克己复礼，天下归仁焉。为仁由己，而由人乎哉？"(《论语·颜渊》)

同时，孔子又将仁的标准看得很高，认为一般人很难达到这种境界，所以在对人物进行评论时，他不轻易给予"仁"的评价。比如，在别人询问他的弟子是否达到仁的时候，他均予以否定[①]：

孟武伯问："子路仁乎？"子曰："不知也。"又问。子曰："由也，千乘之国，可使治其赋也，不知其仁也。""求也何如？"子曰："求也，千室之邑，百乘之家，可使为之宰也，不知其仁也。""赤也何如？"子曰："赤也，束带立于朝，可使与宾客言也，不知其仁也。"(《论语·公冶长》)

在对一些被认为是良臣的人进行评价时，孔子虽然给出了"忠""清"的肯定评价，但却不认为他们达到了"仁"的境界：

子张问曰："令尹子文三仕为令尹，无喜色；三已之，无愠色。

[①] 在孔子的弟子中，孔子认为只有颜渊接近"仁"的境界，所以他说："回也，其心三月不违仁，其余则日月至焉而已矣。"(《论语·雍也》)

旧令尹之政，必以告新令尹。何如？"子曰："忠矣。"曰："仁矣乎？"曰："未知。焉得仁？""崔子弑齐君，陈文子有马十乘，弃而违之。至于他邦，则曰：'犹吾大夫崔子也。'违之。之一邦，则又曰：'犹吾大夫崔子也。'违之。何如？"子曰："清矣。"曰："仁矣乎？"曰："未知。焉得仁？"（《论语·公冶长》）

不只是认为别人尚未达到仁的境界，孔子甚至经常说自己也未达到，"若圣与仁，则吾岂敢？"（《论语·述而》）足见他对仁义的要求之高。

那么，孔子认为要达到"仁"，需要什么标准？在《论语·阳货》篇中，孔子指出，"能行五者于天下，为仁矣"。具体而言就是"恭、宽、信、敏、惠。恭则不侮，宽则得众，信则人任焉，敏则有功，惠则足以使人"。依此标准，孔子对那些有突出历史贡献和崇高道德的人给予很高的评价，认为他们达到"仁"的境界。在《论语·微子》篇中，孔子即用"仁"来称赞微子、箕子和比干："微子去之，箕子为之奴，比干谏而死。子曰：殷有三仁焉。"另外，孔子认为伯夷、叔齐因其崇高的道德也达到了"仁"的境界：

子曰："伯夷、叔齐不念旧恶，怨是用希。"（《论语·公冶长》）
冉有曰："夫子为卫君乎？"子贡曰："诺。吾将问之。"入，曰："伯夷、叔齐何人也？"曰："古之贤人也。"曰："怨乎？"曰："求仁而得仁，又何怨。"出，曰："夫子不为也。"（《论语·述而》）
齐景公有马千驷，死之日，民无德而称焉。伯夷、叔齐饿于首阳之下，民到于今称之。其斯之谓与？（《论语·季氏》）

除了古代的贤人，去孔子未远的一些人物，因其在维持有道社会和天下斯文方面的功绩，也被孔子给予很高的评价。如在评价管子时，孔子对他的一些行为进行了批评，认为管仲"器小"、不俭、不知礼：

第二章　孔子与儒家历史观的初步建构

子曰:"管仲之器小哉!"或曰:"管仲俭乎?"曰:"管氏有三归,官事不摄,焉得俭?""然则管仲知礼乎?"曰:"邦君树塞门,管氏亦树塞门;邦君为两君之好,有反坫,管氏亦有反坫。管氏而知礼,孰不知礼?"(《论语·八佾》)

然而,在《论语·宪问》篇中,孔子却给予管子"仁"的评价,并赞扬了管子在华夏文化保存上所起到的重要作用:

子路曰:"桓公杀公子纠,召忽死之,管仲不死。"曰:"未仁乎?"子曰:"桓公九合诸侯,不以兵车,管仲之力也。如其仁!如其仁!"

子贡曰:"管仲非仁者与?桓公杀公子纠,不能死,又相之。"子曰:"管仲相桓公,霸诸侯,一匡天下,民到于今受其赐。微管仲,吾其被发左衽矣。岂若匹夫匹妇之为谅也,自经于沟渎而莫之知也。"

实际上,孔子在评价历史人物之时,虽然看起来有一些矛盾的地方,但其背后还是有一个不变的标准,那就是将历史人物放到当时的社会之中,看其表现,若能符合先王之道,有利于先王之斯文即华夏文化的传承,那么就是"仁义",反之则不仁不义。

另外,孔子对历史人物的评价,始终考虑他们所处的社会状况,因为他认为在有道的社会与无道的社会之中,人的行为方式和准则也是不一样的:

子谓南容,"邦有道,不废;邦无道,免于刑戮"。以其兄之子妻之。(《论语·公冶长》)

子曰:"宁武子邦有道则知;邦无道则愚。其知可及也,其愚不可及也。"(《论语·公冶长》)

子曰:"笃信好学,守死善道。危邦不入,乱邦不居。天下有

道则见，无道则隐。邦有道，贫且贱焉，耻也；邦无道，富且贵焉，耻也。"（《论语·泰伯》）

宪问耻。子曰："邦有道，谷；邦无道，谷，耻也。"（《论语·宪问》）

子曰："邦有道，危言危行；邦无道，危行言孙。"（《论语·宪问》）

子曰："直哉史鱼！邦有道，如矢；邦无道，如矢。君子哉蘧伯玉！邦有道，则仕，邦无道，则可卷而怀之。"（《论语·卫灵公》）

总之，孔子在评价人物的时候，始终与他对社会历史的认知紧密结合在一起，符合他所期望的社会历史的发展趋势，就是仁人，反之，则为他所不齿。因此他希望造就的人，正是能承受天命、延续道统、传递斯文的志士仁人，也就是"仁以为己任"的君子。孔子认为，只有这样做，社会才会向有道的方向发展，人才能在创建有道社会的过程中，实现自己在历史中的不朽。

第三节 孔子思想体系中人与历史的关联

在孔子的历史观念之中，历史是天命映照下道统的彰显与传承，历史的发展则是以损益的方式进行，这为士人设立了历史使命、为历史确立了发展的主线、为历史演进指明了方向。然而，仅有这些还不够，因为天命的承受、道统的延续、历史的演进，都需要人来承担，也亟需人来弘扬，所以孔子强调"人能弘道，非道弘人"[①]（《论语·卫灵公》）。因此，孔子非常重视人在历史中的重要作用，十分强调人在面对天命、道统时的主体性，并在周初以来历史观念人文化、理性化的基础上，进一步明确了人在历史中的主体地位，设定了人衔接传统的方式，规定了

---

① 在孔子看来，能够"弘道"的人并非一般的人，更不可能是他所说的"小人"，而是能够"知天命""畏天命"的君子。

第二章 孔子与儒家历史观的初步建构

人进入历史的途径。

一 成人：历史主体地位的确立

在孔子的思想结构与观念体系中，人占有重要地位，人是其思想的出发点和归宿，因此不少人都将孔子的学说看作是"人学"[1]。

细读《论语》，我们也能得出类似的结论。如《论语·乡党》篇有这样一段记述："厩焚。子退朝，曰：'伤人乎？'不问马。"[2]朱熹注曰："非不爱马，然恐伤人之意多，故未暇问。盖贵人贱畜，理当如此。"[3]确实如朱熹所言，这一段话说明孔子对人的重视。不仅如此，孔子还进一步确立了人的生命、价值的优先性，使人成为社会历史的主体，也让人成为其理论体系的关键因素。

首先，人可以寻证天命，天命由人来实现。虽然儒家强调"死生有命，富贵在天"（《论语·颜渊》），但是他们并没有将人看作是唯"命"是从的木偶，而是关注人在天命面前可以努力的方向。谭明冉指出，孔子"认为只要一个人尽心于仁德和职分，不祈求天命而天命自至。这样，天命成为人为修德的一种自然结果"[4]。故而不少人都将孔子归为"俟命论"[5]。我们认为，孔子并非俟命，他更注重人在天命面前的主动性，强调人能够通过自我践行来印证天命。[6]换言之，在孔子看来，重要的不是天命，而是人的实践，天命有赖于人的践行与实现。

---

[1] 如裴传永认为，"孔子的哲学是一种以人为中心，以人的个体发展、群体交往和物我关系（包括天人关系）为基本对象的哲学，是一种人学"。参见裴传永《人的价值和人的权利：孔子人学的两大发现》，《文史哲》2004年第4期。

[2] 关于此句，人们有过争论，不少人为了树立孔子仁人爱物的形象，而进行不同的断句解释，使孔子既问人又问马。然而这些断句都比较牵强，难以让人信服。具体论述可参看张林杰《〈论语〉问马派诸说证伪》，《孔子研究》2015年第2期。实际上，这段记述特意将"不问马"标出，正是为了突出孔子对人的重视，凸显人在孔子思想中的重要地位。

[3] 朱熹：《四书章句集注》，中华书局2012年版，第121页。

[4] 谭明冉：《殷周之际"以德配天"的提出及其对孔子天命观的影响》，《世界宗教文化》2014年第6期。

[5] 如傅斯年即认为"俟命论"是"儒家思想之核心"。参见傅斯年《性命古训辩证》，广西师范大学出版社2006年版，第104页。

[6] 详细论证可参看李宪堂《"天命"的寻证与"人道"的坚守：孔子天命观新解——兼论孔子思想体系的内在结构》，《文史哲》2017年第6期。

其次,"人能弘道,非道弘人"。孔子十分重视"道",反复强调"士志于道",甚至说"朝闻道,夕死可矣"(《论语·里仁》)。但是他也清楚,"道"不可能自行,人才是弘道的主体。他曾说:"天下有道,丘不与易也"(《论语·微子》),强调自己承担着行道的重任,越是在无道的时代,越要参与其中,行道弘道。对此,子贡也曾说:"文武之道未坠于地,在人"(《论语·子张》),强调历史的道统,只有通过人方能传承,才能不湮没于历史之中。

再次,在人与鬼神的关系上,确立了人的优先性。孔子没有否定鬼神,而是相信鬼神,并且"把敬作为侍奉鬼神的首要原则"[1]。但是孔子对于鬼神的认识已经脱离了春秋时代的一般认知,孔子强调"务民之义,敬鬼神而远之,可谓知矣"(《论语·雍也》),将"敬而远之"作为对待鬼神的基本态度。而在人与鬼神的关系上,孔子着重强调了人的重要性。《论语·先进》篇中记述:"季路问事鬼神,子曰:'未能事人,焉能事鬼?'曰:'敢问死。'曰:'未知生,焉知死?'"在这里孔子并没有否定鬼神,只是强调了"事人"的优先性。因此为了凸显人在社会历史与现实中的重要性,故而"子不语怪力乱神"(《论语·述而》)。

最后,仁、义、礼、智的施行主体是人。仁、义、礼、智等概念范畴在孔子思想体系中的重要地位,前人已经有了很多论述,无需赘言。我们关注的是这些范畴与人的关系。对此,孔子强调人是行礼、达仁的主体,也是目的。所以孔子说:"克己复礼为仁。一日克己复礼,天下归仁焉。为仁由己,而由人乎哉?"(《论语·颜渊》)同时强调:"仁远乎哉,我欲仁,斯仁至矣。"(《论语·述而》)也就是强调自我为仁的主动性,使人成为承担仁义的责任者。而且,孔子在解释仁、智等概念时,也总是与人联系起来。"樊迟问仁,子曰:'爱人。'问知,子曰:'知人。'"(《论语·颜渊》)《论语·雍也》篇亦记述:"樊迟问知。子曰:'务民之义,敬鬼神而远之,可谓知矣。'"都是樊迟问知,

---

[1] 李申:《儒教的鬼神观念和祭祀原则》,《复旦学报》2007年第4期。

第二章 孔子与儒家历史观的初步建构

孔子一方面强调"知人",一方面强调"敬鬼神而远之",可见他强调智的主体是人而非鬼神。

总之,在与天命、道统、鬼神、仁义礼智等概念范畴进行比较时,孔子十分强调人的主体地位和能动作用,将人看作历史的中心,人以外的自然、鬼神等只是人的辅助与背景。因此,孔子认为在承受天命、延续道统、弘扬仁义等历史使命方面,人而非鬼神才是承担者。所以有研究者指出:"孔子是将人作为道德主体与历史主体的合一。历史的有序发展最终落实在作为道德主体的人对于仁德的践行上,每个人都努力发挥道德主体的作用,历史便会行进在正确的轨道上。"[1]

孔子对人的重视,与周初以来历史观的人文化潮流是一致的。周初以至春秋时期,突出人在历史中的地位与作用,是当时开明人士的基本观点。不过,周人强调的是作为一个族群或者说是集团的人,注重的主要是统治集团群体,特别是作为统治者的君主,而他们所强调的"民",也是相对于统治集团而言的被统治者的群体。换言之,他们所强调的是群体性的人,关注的是族群如何承受天命、影响历史。

孔子则不同,他"认识到个体在历史进程中的巨大作用,提出仁的学说,从个体的道德修养入手,达到重建社会秩序的目的"[2]。也就是说,孔子更加强调个体对群体的承担,进一步将周人提出的"德"等概念内在化,突出强调作为个体的人通过内在的修养,挺立起伟大的人格,承担天命、弘扬人道、传递斯文。

需要注意的是,孔子所推崇的"人",并非完全自由的独立个体,更非西方原子式的个人。他并未对"人"下一个明确的定义,[3] 而是更多从关系网络的角度去定义人。在孔子看来,人并非独立的,而是处于一定的关系网络之中,每个人都是这个网络中的一个节点。他认为人只

---

[1] 陈典平:《孔子历史观新论》,《齐鲁学刊》2015 年第 4 期。
[2] 陈典平:《孔子历史观新论》,《齐鲁学刊》2015 年第 4 期。
[3] 实际上,中国传统文化很少对某个概念进行明确的界定和分析,他们常常通过譬喻等方式进行解释,这使得中国传统文化的诸多概念范畴在内涵与外延上都显得比较模糊。不过这种模糊,也使得它有更多的包容性,为后人的发挥与诠释留下空间。

有在处理和别人的关系的过程中,才能达到一定的境界,所以他定义"仁"的时候,就说"爱人"。

横向来看,人拥有不同的角色,处于不同的等级,而这些不同又决定着他们在这个网络中的地位和功能。孔子很注重这一点,认为只有将每个人都固定在这个网络中,这个社会才会稳定。所以当子路问他若要为政,先做什么的时候,他说:"必也正名乎",并强调"名不正,则言不顺;言不顺,则事不成;事不成,则礼乐不兴;礼乐不兴,则刑罚不中;刑罚不中,则民无所措手足"(《论语·子路》),也就是说,只有"正名",才能达到"君君,臣臣,父父,子子"(《论语·颜渊》)的状态,使整个社会网络更加稳定。

纵向来看,每个个体的人都处于历史与未来的节点上,属于历史链条中的一环,扮演一定的历史角色,承担历史赋予的使命。在孔子看来,人承担着族群的繁衍、人类的绵延之重任,更为重要的是,他们要肩负历史之道的传承,并在这个传承的序列中给自己定位。而且在传承中,人应对历史秉持应有的敬畏,所以他说:"父在,观其志;父没,观其行;三年无改于父之道,可谓孝矣"(《论语·学而》),正是强调个体在一家一族的传承中对传统的重视。而他将历史发展的主线,确定为道统的传承,则是从天下的角度为自己在历史中确立位置。

总之,孔子始终在一定的关系网络中理解人,在横向上将人看作一定等级角色的集合,而在纵向上将人看作历史传承的一环,并在此意义上看待人在历史中的地位与作用。

孔子虽然明确了人在历史中的主体地位,但是他并不认为所有的个体都可以知晓自己的历史使命、弘扬先王之道。实际上,针对当时"礼崩乐坏"的社会状况,孔子并不认为是周公传递下来的礼乐制度的问题,他认为"人心不古",是人出了问题。他常以"古人"与"今人"进行对比,批评今人所为。如《论语·宪问》篇:"古之学者为己,今之学者为人",《论语·阳货》篇亦有"古者民有三疾,今也或是之亡也。古之狂也肆,今之狂也荡;古之矜也廉,今之矜也忿戾;古之愚也直,今之愚也诈而已矣。"

第二章　孔子与儒家历史观的初步建构

因此，为了使人能够承担历史使命、延续历史道统、传承先王斯文，就要"成人"，对人进行改造，而改造的目标就是成为君子。顾颉刚就曾指出："我们读《论语》，便可捉住他的中心问题——造成君子。"①

从《论语》的记载来看，孔子及其弟子提及"君子"的次数达一百余次，不可谓不重视。通过这些论述，孔子对"君子"的内涵进行了比较大的改变，使之摆脱传统的形象，拥有了新的面貌，从而成为可以承担历史使命的主体。

孔子以前的"君子"更多是指身份。② 孔子则更加注重君子的内在修养与道德品格，强调君子的远大志向与责任担当。

首先，君子要知天命、志于道。孔子认为"不知命，无以为君子也"（《论语·尧曰》），而知天命之后，君子还要"畏天命"（《论语·季氏》），即强调要知晓并敬畏天所赋予自己的历史使命。同时，孔子强调"君子不器"（《论语·为政》），而要"志于道"，"谋道不谋食"，"忧道不忧贫"（《论语·卫灵公》）。另外，儒家认为君子所行之道，应是先王之道，而不能是"小道"，所以子夏曰："虽小道必有可观者焉，致远恐泥，是以君子不为也。"（《论语·子张》）

其次，君子更注重内在仁义道德的修养。孔子认为外在的温饱安乐并非君子所求，所以他说："君子食无求饱，居无求安，敏于事而慎于言，就有道而正焉，可谓好学也已。"（《论语·学而》）他认为君子更应该注重内在的修养，故而不断强调"君子无终食之间违仁，造次必于是，颠沛必于是"（《论语·里仁》），"君子怀德"（《论语·里仁》），"君子喻于义"（《论语·里仁》），"君子博学于文，约之以礼"（《论语·雍也》）。

---

① 顾颉刚：《春秋时的孔子和汉代的孔子》，《古史辨》（第二册），上海古籍出版社1982年版，第133页。

② 吴正南认为"君子"一词大约出现于西周初年，其最初含义应指"尊贵的男子"。参看吴正南《"君子"考源》，《武汉教育学院学报》1998年第5期。也有人认为"君子"一词"至迟也应当产生于夏代"。参见池水涌、赵宗来《孔子之前的"君子"内涵》，《延边大学学报》（社会科学版）1999年第1期。

再次，君子更注重践行。孔子反对言而无行、夸夸其谈的人，而是强调践行。同时他认为，只有通过践行，才能真正实现历史理想和时代使命。在言行的关系上，孔子始终注重行的重要性。所以"子贡问君子。子曰：'先行其言而后从之。'"（《论语·为政》）并强调"君子名之必可言也，言之必可行也"（《论语·子路》）。之所以如此，是因为孔子认为"君子耻其言而过其行"（《论语·宪问》）。

另外，为了更加凸显君子，孔子还经常将君子与小人进行对比，并对他们进行了重新区分。孔子以前，君子与小人主要是阶层上的差别，较少含有道德的褒贬。孔子着重突出了君子与小人在道德品格方面的区别，并通过对比来明确君子应具备的品质。这方面的材料在《论语》中非常多，列举于下：

> 君子周而不比，小人比而不周。（《论语·为政》）
> 君子怀德，小人怀土；君子怀刑，小人怀惠。（《论语·里仁》）
> 君子喻于义，小人喻于利。（《论语·里仁》）
> 君子坦荡荡，小人长戚戚。（《论语·述而》）
> 君子成人之美，不成人之恶；小人反是。（《论语·颜渊》）
> 君子之德风，小人之德草，草上之风必偃。（《论语·颜渊》）
> 君子和而不同，小人同而不和。（《论语·子路》）
> 君子易事而难说也：说之不以道，不说也；及其使人也，器之。小人难事而易说也：说之虽不以道，说也；及其使人也，求备焉。（《论语·子路》）
> 君子泰而不骄，小人骄而不泰。（《论语·子路》）
> 君子而不仁者有矣夫，未有小人而仁者也。（《论语·宪问》）
> 君子上达，小人下达。（《论语·宪问》）
> 君子固穷，小人穷斯滥矣。（《论语·卫灵公》）
> 君子求诸己，小人求诸人。（《论语·卫灵公》）
> 君子不可小知而可大受也，小人不可大受而可小知也。（《论语·卫灵公》）

第二章　孔子与儒家历史观的初步建构

　　君子有三畏：畏天命，畏大人，畏圣人之言。小人不知天命而不畏也，狎大人，侮圣人之言。(《论语·季氏》)
　　君子学道则爱人，小人学道则易使也。(《论语·阳货》)
　　君子义以为上。君子有勇而无义为乱，小人有勇而无义为盗。(《论语·阳货》)

　　通过将君子与小人进行对比，孔子树立了君子仁义道德的形象，并且通过将人在道德上分为君子与小人，也就指出了做君子的必要性。所以他不断强调要为君子不为小人，即使是儒家内部，他也指出要"为君子儒，无为小人儒"①(《论语·雍也》)。何为"君子儒"，何为"小人儒"，孔子并未言明。不过晏婴在劝谏齐景公不用孔子时曾说："夫儒者，滑稽而不可轨法；倨傲自顺，不可以为下；崇丧遂哀，破产厚葬，不可以为俗；游说乞贷，不可以为国。"(《史记·孔子世家》) 这或可认为是当时一般儒者给人的印象。不过孔子确实对"儒"的形象和内在气质进行了改变，并赋予"君子儒"以更重要的使命，所以胡适就曾认为孔子"提倡的新儒行只是那刚毅勇敢，担负得起天下重任的人格"②。并指出孔子的两大贡献是："(1)把殷商民族的部落性的儒扩大到'仁以为己任'的儒；(2)把柔懦的儒改变到刚毅进取的儒。"③

　　确实如此，孔子之所以对君子与儒的形象进行改造，是因为他对"君子"寄以厚望。曾子曰："士不可以不弘毅，任重而道远。仁以为己任，不亦重乎？死而后已，不亦远乎？"(《论语·泰伯》) 实际上，孔子也是如此看待君子的。他指出，"君子上达，小人下达"(《论语·宪问》)，认为只有君子才可以知天命，承担起历史赋予他们的使命，并在此过程中，延续历史道统，传递先王斯文，最终在历史的进程中实现自己的价值，达到不朽的境界。

---

　　① "君子儒"与"小人儒"的说法，在《论语》中只此一处。用"君子"与"小人"来区分当时的"儒"，亦说明孔子对于用"君子"与"小人"来划分人的看重。
　　② 胡适：《说儒》，《胡适文集》(5)，北京大学出版社1998年版，第48页。
　　③ 胡适：《说儒》，《胡适文集》(5)，北京大学出版社1998年版，第3页。

二　学习：衔接传统的基本方式

孔子将人看作历史的主体，并将历史的重任赋予君子，让他们成为历史之道的承担者与弘扬者，这对于君子而言，确实"任重而道远"。这样一来，君子就成为历史发展的关键因素，他们的好坏，也决定着社会历史的兴衰，所以孔子对君子提出了很高的要求，强调人要通过不断修身，以达到君子的标准，从而能够知天命、承道统、传斯文。

"修身"于是成为人进入历史的主要途径与方式，而人也只有"修身"才能具备承担历史使命所需要的条件，修身也因此成为一个人进入现实的起点。所以当子路问君子时，孔子强调"修己以敬""修己以安人""修己以安百姓。修己以安百姓，尧、舜其犹病诸！"（《论语·宪问》）而无论是自身、安人还是安百姓，其起点都是要修身。由以上论述，足见孔子对修身的重视。

修身有很多方式，而在孔子看来，最主要的途径就是学习，即通过对历史与现实的认知和学习，达到修养自身、提升境界的目的。

《论语》以《学而》开篇，一开始就论述孔子有关"学习"的观点，足以看出"学习"在孔子思想体系中的重要地位。对此，朱熹注曰："此为书之首篇，故所记多务本之意，乃入道之门、积德之基、学者之先务也。"[1] 钱穆认为，"孔子一生重在教，孔子之教重在学"[2]。徐复观也指出，"由孔子而开始有学的方法的自觉，因而奠定了中国学术发展的基础"[3]。

孔子曾说："生而知之者，上也；学而知之者，次也；困而学之，又其次也；困而不学，民斯为下矣。"（《论语·季氏》）这段话将"知"的层次划分为四等，而将"生而知之者"排在第一，似乎是推崇这种不学而能的状态和境界。其实并非如此，孔子更强调学习的重要性，所以他在谈到自己时，就说："我非生而知之者，好古，敏以求之

---

[1] 朱熹：《四书章句集注》，中华书局2012年版，第47页。
[2] 钱穆：《论语新解》，生活·读书·新知三联书店2002年版，第4页。
[3] 徐复观：《中国人性论史·先秦篇》，上海三联书店2001年版，第63页。

第二章　孔子与儒家历史观的初步建构

者也。"(《论语·述而》)

另外,从《论语》的记述,我们也可看出孔子对"学习"的重视。

> 子曰:"由也,女闻六言六蔽矣乎?"对曰:"未也。""居!吾语女。好仁不好学,其蔽也愚;好知不好学,其蔽也荡;好信不好学,其蔽也贼;好直不好学,其蔽也绞;好勇不好学,其蔽也乱;好刚不好学,其蔽也狂。"(《论语·阳货》)

孔子的这段论述,强调了学习的重要性,并将"学习"放到了很高的地位。他认为一个人即使爱好仁、知、信、直、勇、刚,却并不好学,也仍然会陷入愚、荡、贼、绞、乱、狂的状态。因此,好学与否成为孔子评价人的一个重要标准。比如他对自己最欣赏的弟子颜回的评价就是"好学":

> 哀公问:"弟子孰为好学?"孔子对曰:"有颜回者好学,不迁怒,不贰过。不幸短命死矣。今也则亡,未闻好学者也。"(《论语·雍也》)
>
> 季康子问:"弟子孰为好学?"孔子对曰:"有颜回者好学,不幸短命死矣。今也则亡。"(《论语·先进》)

同样,孔子将自己人生进阶的起点从"志于学"开始算起,认为自己最显著的优点也是好学:

> 子曰:"十室之邑,必有忠信如丘者焉,不如丘之好学也。"(《论语·公冶长》)
>
> 子曰:"默而识之,学而不厌,诲人不倦,何有于我哉?"(《论语·述而》)

而且孔子认为学习是一件快乐的事情,《论语》开篇即曰:"学而时习之,不亦说乎?"(《论语·学而》)所以孔子强调"知之者不如好之者,好之者不如乐之者"(《论语·雍也》)。

孔子之所以如此重视学习,并将之视为人生快事,一方面是因为孔子寄希望于通过学习"成就'君子'式的理想人"①,另一方面则是希望通过学习知天命、续道统、传斯文。

综合孔子关于"学习"的论述,我们认为孔子所学虽杂,但始终有一个中心,这一点孔子在与子贡的一段对话中曾经明确指出:

子曰:"赐也,女以予为多学而识之者与?"对曰:"然,非与?"曰:"非也,予一以贯之。"(《论语·卫灵公》)

这个一以贯之的东西是什么呢?我们以为就是孔子所推崇的先王之道,②所以他才"好学""乐之",孜孜不倦。不仅是对自己有如此要求,孔子实际上也希望别人特别是他的弟子,以先王之道为主要学习内容,所以他反复强调士人要"志于道",要安贫乐道,"就有道而正焉"(《论语·学而》)。与之相对应,孔子主张"君子不器",即强调君子以道为己任,关注道本身,不以某一具体的方面为专攻。以此,我们就能理解孔子为何会对樊迟学稼、学圃进行批评了。

樊迟请学稼,子曰:"吾不如老农。"请学为圃,曰:"吾不如老圃。"樊迟出。子曰:"小人哉,樊须也!上好礼,则民莫敢不敬;上好义,则民莫敢不服;上好信,则民莫敢不用情。夫如是,则四方之民襁负其子而至矣,焉用稼?"(《论语·子路》)

孔子认为君子不应从事种地、种菜的具体事务,而应专注于与道相

---

① 王云云:《先秦儒家学习思想研究》,硕士学位论文,西北大学,2008年。
② 孔子所说的"道",既是学习的主要内容,也是学习的目的。所以有人认为孔子学习的目的就是要致天道、致人道、致政道。参见苗磊《孔子"学"思想的研究》,硕士学位论文,华东师范大学,2009年。

第二章 孔子与儒家历史观的初步建构

关的礼、义、信,所以他批评樊迟欲学稼、学圃的行为,认为他是"小人",其背后的寓意即稼、圃为"小人"所为,君子当专注于道。

另外,孔子强调要学习的"道",并非一般的"小道",这一点子夏曾提出:"虽小道必有可观者焉,致远恐泥,是以君子不为也。"(《论语·子张》)实际上子夏所说的"小道",与孔子所言之"器"是一个层面的。孔子强调要学习的"道",是先王传下来的"大道"、"正道"。所以他反对从事偏离此道的行为,强调"攻乎异端,斯害也已"(《论语·为政》)。

那么,在孔子看来,一个人,特别是君子,应该如何学习先王之道?概言之,就是要向承载着先王之道的历史与文献学习,而在孔子的语境中,"文献"又包含人与文两部分。因此学习先王之道,一方面要向担负先王之道的人学习,另一方面要通过承载先王之道的经典来认知。

孔子一直强调"人能弘道,非道弘人",先王之道也需要人来传承,那么学习先王之道,自然就要向人去探求。故而子贡在回答卫公孙朝"仲尼焉学"的时候,做出如下解释:"文武之道未坠于地,在人。贤者识其大者,不贤者识其小者,莫不有文武之道焉。夫子焉不学?而亦何常师之有?"(《论语·子张》)子贡认为文武先王之道,并未随着文武之去世而消失,而是在不同的人之中流传,所以孔子学习文武之道,向现实中的人学习即可。应该说,这个解释是符合孔子关于学习的思想的,所以孔子说:"三人行,必有我师焉;择其善者而从之,其不善者而改之。"(《论语·述而》)而且,很多文献记录他向不同的人求学,也印证了这一观点。

除了向人求教,孔子认为还应该学习先王传递下来的斯文,也就是承载了先王之道的经典。因此,孔子专门将这些经典进行整理,经常学习、运用:

> 子曰:"加我数年,五十以学《易》,可以无大过矣。"(《论语·述而》)

子所雅言，《诗》《书》、执礼，皆雅言也。（《论语·述而》）

他还要求自己的弟子和儿子学习，将这些文籍作为学生学习的"教材"和"读本"：

子曰："兴于《诗》，立于礼，成于乐。"（《论语·泰伯》）

陈亢问于伯鱼曰："子亦有异闻乎？"对曰："未也。尝独立，鲤趋而过庭。曰：'学《诗》乎？'对曰：'未也。''不学《诗》，无以言。'鲤退而学《诗》。他日又独立，鲤趋而过庭。曰：'学礼乎？'对曰：'未也。''不学礼，无以立。'鲤退而学礼。闻斯二者。"陈亢退而喜曰："问一得三，闻《诗》，闻礼，又闻君子之远其子也。"（《论语·季氏》）

子曰："小子！何莫学夫《诗》？《诗》，可以兴，可以观，可以群，可以怨。迩之事父，远之事君。多识于鸟兽草木之名。"（《论语·阳货》）

不仅如此，《论语》中还记述了孔子与弟子切磋探讨《诗》《书》的事例：

子贡曰：《诗》云："如切如磋，如琢如磨。"其斯之谓与？子曰："赐也，始可与言《诗》已矣！告诸往而知来者。"（《论语·学而》）

子张曰："《书》云，'高宗谅阴，三年不言。'何谓也？"子曰："何必高宗，古之人皆然。君薨，百官总己以听于冢宰三年。"（《论语·宪问》）

近来，有一批新的文献出土，这些材料记述了更多孔子谈论《诗》《书》等经典的事例，也进一步印证了孔子曾运用这些典籍教育弟子。如在上博简《孔子诗论》中，孔子就提出"诗亡隐志，乐亡隐情，文

第二章　孔子与儒家历史观的初步建构

亡隐言"的观点,并对许多诗作进行了诠释和解读。①

同时,我们知道,孔子所推崇的这些经典都与历史紧密相关。《尚书》是官府的档案,记录先王与大臣的训话和言论;《春秋》可算是其时的近现代史,记载当时的历史事件;《礼》则是一部制度史,记述周代以来的礼仪制度;《诗经》虽是文学作品,但其诗作往往与其时代有关系,而《雅》《颂》等部分更是经常追述历史、缅怀祖先;《易经》常援史为证,解释卦爻辞,而且其中所体现的变易观,也影响了古人的历史观念。

对此,自古以来人们已有不少认识,提出很多有意义的观点。郭店简《语丛一》在介绍六经中的《易》《诗》《春秋》时就提到了它们与历史的关联:"《易》,所以会天道人道也。《诗》,所以会古今之诗也者。《春秋》,所以会古今之事也。"(简36—41)

隋代王通在《文中子中说·王道》中强调《书》《诗》《春秋》三经实际上是史:

> 昔圣人述史三焉。其述《书》也,帝王之制备矣,故索焉而皆获。其述《诗》也,兴衰之由显,故究焉而皆得。其述春秋也,邪正之迹明,故考焉而皆当。此三者,同出于史而不可杂也,故圣人分焉。

唐人陆龟蒙在《复友生论文书》中则认为《书》与《春秋》为史:"六籍之中,有经有史。《礼》、《诗》、《易》为经,《书》、《春秋》实史耳。"元人郝经在《陵川集·经史论》中进一步将经书与史联系起来,认为它们反映了史的不同方面:"古无经史之分,孔子定六经,而经之名始立,未使有史之分也。《易》即史之理也;《书》,史之辞也;《诗》,史之政也;《春秋》,史之断也;礼乐,经纬于其间矣,何有

---

① 关于上博简《孔子诗论》的作者与时代尚有争论,观点颇多。不过它所反映的诗学的观点,与《论语》中有关言诗的观点有一定的学术联系。可参看陈桐生《〈论语〉与〈孔子诗论〉的学术联系与区别》,《孔子研究》2004年第2期。

异哉!"

至明清时期，提倡此说者愈繁。如王阳明在《传习录》中指出经史是一致的，只是因不同角度而产生的名称上的差异而已：

> 以事言，谓之史；以道言，谓之经。事即道，道即事。《春秋》亦经，五经亦史。《易》是包牺氏之史,《书》是尧舜以下史,《礼》《乐》是三代史。其事同，其道同，安有所谓异？

李贽在《经史相为表里说》中也认为经史相为表里，实为一物：

> 经史一物也。史而不经，则为秽史矣。何以垂戒鉴乎？经而不史，则为说百话矣，何以彰事实乎？故《春秋》一经，春秋一时之史也；《诗经》、《书经》，二帝三王以来之史也。而《易经》则又示人以经之所自出，史之所从来，为道屡迁，变异匪常，不可以一定执也，故为"六经皆史"可也。

章学诚在《文史通义》中则更明确主张"六经皆史"，并指出"夫子之述六经，皆取先王典章，未尝离事而著理"。在此基础上，近代以来人们进一步发挥提出了"六经皆史料"①"六经皆档案"②等观点。

这些观点的提出，特别是"六经皆史"说，可以说道出了经典的本质，即六经皆与史有密切关系，本为史，经孔子整理后，被后人树立为经典。由此可见，孔子在教育学生时所用"教材"无不是史，亦足见他对历史的重视。

需要注意的是，孔子重视的并非是这些经典中记录的事件，而是关注其中所反映的道义。换言之，孔子更加注重的是这些记录先王言论、

---

① 此论主要是胡适等人对章学诚"六经皆史"观点的进一步诠释，即将章学诚所说之"史"解读为"史料"。

② 赵彦昌：《论"六经皆档案"(上)》,《档案学通讯》2008 年第 4 期；《论"六经皆档案"(下)》,《档案学通讯》2008 年第 5 期。

第二章 孔子与儒家历史观的初步建构

事迹的文本背后所昭示的价值与意义,也就是从具体的先王事迹中抽象出来的先王之道。所以孔子并非不加取舍的将所有的古代文籍都拿来用于教学,而是进行了整理,以更能突出他要弘扬的先王之道。① 对此,朱熹曾指出"孔子删诗书,定礼乐,赞周易,修春秋,皆传先王之旧"②。

因此,孔子强调自己对待传统的态度是"述而不作,信而好古"(《论语·述而》)。借此态度,孔子将自己视为伟大传统和先王之道的传承者和布道者,通过对这些被认为是先王流传下来的"斯文"进行传述,孔子实现了与先王之道的对接。所以他在困厄时才会说"文王既没,文不在兹乎",可见这时他已自觉地将自己看作是斯文的传承者和道统的延续者。在这个意义上,与其说孔子成就了这些典籍,使之得以保存流传下来,不如说这些典籍成就了孔子。正是通过对这些古代文籍的整理,孔子将自己与历史传统和先王之道衔接,在传述这些典籍的过程中,将自己的思想灌注在里边,并使自己的思想通过典籍的流传和人们的学习,被进一步传播。③

三 行道:进入历史的主要途径

孔子认为,人作为历史的主体,要想成为君子,承接道统,需要修身学习,特别是需要学习先王之经典。但是对于孔子而言,提倡"向历史学习",并非意味着不注重现实。孔子虽然对现实社会"礼崩乐坏"的状况十分不满,认为当时是"无道"的时代。然而孔子认为,正因如此,才需要君子行道,所以他说:"天下有道,丘不与易也。"(《论语·微子》)而君子行道,只能也必须在现实社会中进行,行道的现实路径,则主要是从政和教育。孔子认为只有通过此路径,君子才能够践行先王之道、实现历史理想,从而进入历史,成为道统的一环。

---

① 周予同认为孔子在整理六经的时候,有一定的标准,主要是:不语怪力乱神、排斥异端、述而不作。参见周予同《"六经"与孔子的关系问题》,《复旦学报》(社会科学版)1979年第1期。
② 朱熹:《四书章句集注》,中华书局2012年版,第93页。
③ 由于孔子与经典的这层关系,我们说他们之间是相互成就的关系,孔子与六经在中国文化中的重要地位,与他们二者之间的相互成就是分不开的,详细论证可参看本书附录一。

111

思想史视野下先秦儒家历史观研究

实际上,孔子观念中的"学习",本身就包含有在现实中学习与践行的含义。① 孔子不仅指出要在传统中学习,亦强调要在现实的关系中学习;不仅要学斯文与先王之道,还要将之应用在现实的实践当中。所以有人认为孔子的"学习"包含两个方面,"'学'是学理论知识,'习'就是实践性活动"②。事实上,在孔子那里,二者是紧密相关的。在孔子看来,不学而行自然不可,但学而不行,亦如同未学。孔子甚至说:"弟子入则孝,出则悌,谨而信,泛爱众而亲仁。行有余力,则以学文。"(《论语·学而》)由此可见,在学与行之中,孔子更强调"行","行"优先于"学"。

从《论语》中的有关记述来看,孔子确实非常看重"行",不断强调"行"的重要性,特别是对于君子而言:

> 子贡问君子。子曰:"先行其言而后从之。"(《论语·为政》)
> 子曰:"君子欲讷于言而敏于行。"(《论语·里仁》)
> 故君子名之必可言也,言之必可行也。君子于其言,无所苟而已矣。(《论语·子路》)
> 子曰:"君子耻其言而过其行。"(《论语·宪问》)

在言行关系上,孔子反复强调行要重于言,所以他才强调"听其言而观其行"(《论语·公冶长》),并重视"行"方面的教育,故而"子以四教:文、行、忠、信"(《论语·述而》)。

孔子为何如此重视践行呢?因为在他看来,要想承受天命、延续道统、传承斯文,仅靠理论是不行的,先王之道和自己的学说,只有在现实中践行,才有意义。另外,只有不断践行,才能真正实现其历史理想,所以虽然现实并未给孔子提供合适的条件,但他仍"知其不可而

---

① 有人在论述孔子学的内容之时,就分为"文"与"行"两个部分,并指出"文"主要是诗、书、礼、易、春秋之教,"行"则包含日用常行与礼乐践行。参看苗磊《孔子"学"思想的研究》,硕士学位论文,华东师范大学,2009年。

② 王云云:《先秦儒家学习思想研究》,硕士学位论文,西北大学,2008年。

第二章　孔子与儒家历史观的初步建构

为之"(《论语·宪问》)。

那么,在孔子看来,如何践行才能更快更好地改变当时社会混乱无序的状态,变"无道"为"有道"呢?孔子的第一选择是从政。子夏曾言:"仕而优则学,学而优则仕"(《论语·子张》),这种观点应该说也符合孔子的思想,所以"夫子至于是邦也,必闻其政"(《论语·学而》)。

细读《论语》,我们也能发现,孔子谈论问题,进行讨论和答问的焦点主要是政治、伦理以及与此相关的典籍文化。其中与新的社会秩序构建最为紧密的政治,恰恰是孔子谈得最多的。有人统计过,直接向孔子问过政的就有季康子、齐景公、子贡、子路、子张、子夏、仲弓、叶公等,有的还不止一次,如果把事实上的问政也包括在内,如颜渊问为邦等,那么这一范围会扩大很多,包括定公、哀公、冉有等。[①] 而与此主题不相关或者相关度低的问题,孔子则"不语",甚至责难问话者,如:

> 季路问鬼神,子曰:"未能事人,焉能事鬼?"曰:"敢问死?"曰:"未知生,焉知死?"(《论语·先进》)
>
> 樊迟请学稼,子曰:"吾不如老农。"请学为圃,曰:"吾不如老圃。"樊迟出。子曰:"小人哉!樊须也。上好礼,则民莫敢不敬;上好义,则民莫敢不服;上好信,则民莫敢不用情。夫如是,则四方之民襁负其子而至矣,焉用稼?"(《论语·子路》)

孔子希望学生从事的当然不是稼、圃之事,他更希望弟子能够从政以行道,所以他的弟子都或多或少对政治表现出兴趣,且实际从政者甚多。[②] 其实孔子自己也盼望有从政的机会,总是想被君主重用,以实现他的政治抱负。在不被鲁国重用后,孔子就率领弟子周游列国,向各国君主兜售自己的主张。期间,他甚至要接受叛军的邀请,辅佐乱臣。如:

[①] 王博:《中国儒学史》(先秦卷),北京大学出版社2011年版,第53页。
[②] 对于孔子弟子从政的研究,可参看唐子恒《试论孔子弟子的从政观念与实践》,《兰州大学学报》(社会科学版)2000年第4期。

公山弗扰以费畔，召，子欲往。子路不说，曰："末之也已，何必公山氏之之也?"子曰："夫召我者而岂徒哉? 如有用我者，吾其为东周乎!"（《论语·阳货》）

又如：

佛肸召，子欲往。子路曰："昔者由也闻诸夫子曰：'亲于其身为不善者，君子不入也。'佛肸以中牟畔，子之往也，如之何?"子曰："然，有是言也。不曰坚乎，磨而不磷；不曰白乎，涅而不缁。吾岂匏瓜也哉? 焉能系而不食?"（《论语·阳货》）

"子欲往"三个字，道出了孔子急于从政的心态，但由于其行为似乎与他平时对学生的教诲有所抵牾，所以被子路质疑。从孔子的回答来看，他不希望自己成为没有用的摆设，而是希望将自己的学说付诸实施。另外，他对自己也十分自信，认为以自己的修为，不仅不会被恶劣的环境所玷污，反而可以通过自己的努力，由乱转治，实现他的历史理想，所以他才说："如有用我者，吾其为东周乎!"也就是说，孔子从政的一个目的就是使社会能够像历史上的周一样，井然有序，亦可见他对文、武、周公所开创的周文化的推崇。

同时，我们也可由此看出，孔子对于从政是时时做好准备的，对于什么是"政"，如何从政都有自己的一番思考。所以当子路问他若为政，先做什么的时候，他立刻回答"必也正名乎"（《论语·子路》）。别人向他问政时，他也提出了很多具体措施。

在孔子看来，从政有很多层次，从小的方面来说，修己、孝悌即为政，只要能做到这些都可以说是为政：

或谓孔子曰："子奚不为政?"子曰："《书》云：'孝乎惟孝，友于兄弟，施于有政。'是亦为政，奚其为为政?"（《论语·为政》）
子张问政。子曰："居之无倦，行之以忠。"（《论语·颜渊》）

第二章 孔子与儒家历史观的初步建构

从大的方面来说,从政又并非易事,不是一般人可以从事的。子张曾就从政的问题询问过孔子,我们也可由此看出孔子对于从政之人的高标准和严要求:

> 子张问于孔子曰:"何如斯可以从政矣?"子曰:"尊五美,屏四恶,斯可以从政矣。"子张曰:"何谓五美?"子曰:"君子惠而不费,劳而不怨,欲而不贪,泰而不骄,威而不猛。"子张曰:"何谓惠而不费?"子曰:"因民之所利而利之,斯不亦惠而不费乎?择可劳而劳之,又谁怨?欲仁而得仁,又焉贪?君子无众寡,无小大,无敢慢,斯不亦泰而不骄乎?君子正其衣冠,尊其瞻视,俨然人望而畏之,斯不亦威而不猛乎?"子张曰:"何谓四恶?"子曰:"不教而杀谓之虐;不戒视成谓之暴;慢令致期谓之贼;犹之与人也,出纳之吝,谓之有司。"(《论语·尧曰》)

孔子之所以如此严格要求从政之人,是因为他对政治寄予厚望,希望借此可以推行其政治主张,从而实现其历史使命,延续先王道统,传递圣人斯文。

不过,孔子生不逢时,除了曾在鲁国短暂执政外,在列国四处碰壁,甚至被困于陈蔡之间,险些丧命。孔子希望通过从政以行道的愿望,难以实现。他不得不退而求其次,开坛设学,从事教育,以此传承斯文,并希望其弟子可以代他从政,实现其历史理想。

由于寄托了如此高的期望,孔子对于教育十分重视,他开创了私人讲学的先河,对西周贵族教育和官学进行了改革,[①] 在教育对象、教育目的、教学内容、教学方法等方面,均进行了很大的改变。

在教育对象方面,孔子改变了以往官学只接受贵族子弟的做法,提出"有教无类"(《论语·卫灵公》)的思想,为中下层的士和平民提供了求学机会。而教育对象的改变与其教育目的有直接关系,匡亚明指

[①] 详看韩素荣《孔子对西周贵族教育的改革》,硕士学位论文,陕西师范大学,2008年。

出，孔子的目的"最终是想通过这样一种教育造就齐家、治国、平天下的优秀人才，使他们能参与政治改革，从而改变春秋时期所谓'天下无道'的混乱局面，以期能够实现'老安'、'少怀'、'友信'的理想社会。"① 确实如此，孔子要培养的不是以掌握具体技艺，从事具体职业的人，而是要培养"志于道"的君子，以承担他所强调的历史使命。

教学目的发生了变化，教学内容与方式自然也不同于以往。《论语·述而》记载："子以四教：文、行、忠、信。"这些可以认为是对孔子教育内容的概括。而且孔子教育学生所采用的"教材"基本都与历史有关，这种教育某种程度上，我们也可以称之为历史教育。② 孔子认为自己承继了文王的斯文，而他正是通过历史教育，欲将这种斯文传递下去，从而实现自己的历史使命。

总之，孔子确立了人在历史中的主体地位，也就将天命与道统的重担赋予人，所以他极为重视人的教育，以培养出真正能够承担历史使命的君子。同时，他认为一个人要想具备承接天命与道统的条件，就必须要修身，特别是要学习先王之道与斯文，从而能够"知道"。然而仅仅"知道"，只能说是了解了历史、衔接了传统，要真正"弘道"，则需要"行道"。只有"行道"，才能真正将历史与现实衔接起来，使先王之道得以在现实中延续，从而真正实现自己的历史使命，并在此基础上，使自己进入历史，成为伟大传统的一部分，实现不朽。

第四节　小结

孔子是中国思想文化史上承前启后的巨擘，他的思想并非凭空产生，而与他面对的历史传统和时代背景有很大的关系。一方面，他面对

---

① 匡亚明：《孔子评传》，南京大学出版社1990年版，第297页。
② 有学者认为孔子是"第一个向民间普及历史知识的历史教育家"，并且很注重对弟子进行历史教育。参见耿天勤《论孔子的历史教育》，《山东师范大学学报》（社会科学版）1994年第3期。

第二章 孔子与儒家历史观的初步建构

的是夏商以来数百年的文化传统,特别是殷周变革后所形成的人文、理性化的思想潮流,是滋养孔子思想观念的文化土壤,为他的思想体系的形成提供了丰富的资源。另一方面,他身处春秋战国之际大变动的社会转型时期,既有秩序崩溃,原有价值失效,新的时代课题亟需人们用新的观念去解读和应对。孔子正是背靠殷周以来的文化传统,面对新的时代课题,试图提出一套既能衔接传统,又能解决现实问题的新的思想体系与价值系统。而这套思想体系的一个重要支撑和来源就是孔子对历史的认识。换言之,历史观是孔子理论的基石之一,是支撑其思想大厦的基础,在其理论结构中占有重要地位。只有更加深入地认知孔子的历史观,才能更深刻地了解他为现实社会开出的药方。

孔子在继承殷周以来历史认识的基础之上,顺应了人文化、理性化的潮流,提出了一整套的历史观念,并初步建构了儒家历史观的理论体系。

首先是对历史的认知。与周人关注的主要是历史发展背后的主导因素不同,孔子注重对历史本身的认识。他通过对历史的学习与分析,在繁芜的历史之中,梳理出一条发展的主线,即道与斯文在先王之间的传承,也就是道统。在孔子看来,虽然朝代有更替,社会亦有兴衰,但是作为历史发展主线的道统,却不曾中断,自尧、舜、禹、汤以来,历文、武、周公,以至于自己。于是,孔子将延续先王道统、传递圣人斯文、重建社会秩序,作为自己的历史使命。这种使命,孔子认为是天命所授,传承历史就是承受和印证天命,所以在孔子看来,历史实际上就是天命映照下道统的彰显与传承。虽然如此,孔子并不认为历史的发展是一成不变的,由于时、势之不同,历史也在损益中演进,只是这种演进,并没有也不应该发生质变,也就是说,在孔子看来,先王的道统与斯文没有变,变化的只是具体的礼仪制度。

其次是对人与历史关系的认知,即定位人在历史中的角色与作用。自周初以来,人在历史中的地位不断提升,孔子则在此基础上,明确了人在历史中的主体地位,强调人在面对历史传统时的主动性。他认为历史离不开人:天命寻求人来承担,道统依赖人去延续,斯文需要人能传递。没有人，这些都无从谈起。但是，孔子对当时的人并不满意，也并不认为他们可以承担历史的重任，所以他希望造就君子，让他们成为道统的承担者与弘扬者。而要成为君子，衔接传统、进入历史，就需要不断学习、修身与行道。不学习，无法通晓斯文；不修身，难以承接天命；不行道，怎能延续道统。因此孔子希望人能够通过学习、修身与行道，在完成历史使命的过程中，实现自我的价值，从而在历史中不朽。

由于对人、历史及其相互关系有了新的认知，孔子对于历史的评价，也与以前不同。他以"道之有无"区分社会的好坏、评判历史之优劣，用"仁义与否"臧否人物、品评时杰，并始终将人放到社会之中，看其对道统延续、斯文传递所起的作用。

经过孔子的初步建构，儒家历史观的基本理念与框架建立起来。他确立了历史发展的主线、揭示了历史演进的基本方式，使历史不再荒芜一片、混沌不堪，而是拥有了清晰的脉络和未来的方向；他明确了人在历史中的主体地位，悬设了士人的历史使命，在天与人、历史与人的关系中架起了一座桥梁，为广大士人在面对天命与传统时指明了努力的方向，使人不再被动等待天命，也不再随历史长河盲目逐流，而是可以主动承担历史使命，印证天命在我，并在此过程中衔接传统、进入历史，实现自我的不朽。

这一框架建立后，随着孔子思想的传播，特别是随着儒家思想上升为国家意识形态，其历史观开始深入人心，逐渐扩展至全社会，成为整个民族潜在的心理结构。影响深远，以至于今。

第三章　出土文献所见战国前期儒家历史观的发展

与春秋时期相比，战国可以说是一个风貌截然不同的时代。这一时期是一个大变革的时代，秩序与价值的重建是这一时期的时代课题，围绕着这个课题，战国诸子从不同的角度给出了各自的答案，由此形成了百家争鸣的思想格局。① 顾炎武曾对这一时期的社会变动加以概括：

> 春秋时犹尊礼重信，而七国绝不言礼与信矣；春秋时犹宗周王，而七国绝不言王矣；春秋时犹严祭祀，重聘享，而七国则无其事矣；春秋时犹论宗姓氏族，而七国则无一言及之矣；春秋时犹宴会赋诗，而七国则不闻矣；春秋时犹赴告策书，而七国则无有矣。邦无定交，士无定主，此皆变于一百三十三年之间。②

与此同时，随着原有秩序的进一步崩溃，旧的价值观念也得以更新，诸子蜂拥而起，坐而论道，形成百家争鸣的局面。在历史观方面，为了实现重建秩序与价值这个时代课题，战国诸子也多有论述。为了能够在争鸣中占据有利地位，赢得各国君主的青睐，他们纷纷借古喻今、

---

① 诸子的论述虽有不同，但在"务为治"这一点上是共通的，并且随着争鸣的深入，逐渐形成了一些共同的政治话语。参看拙文《"新子学"视阈下战国诸子的共同政治命题研究》，《诸子学刊》第十六辑，上海古籍出版社2018年版。

② 顾炎武著，黄汝成集释：《日知录集释》，上海古籍出版社2006年版，第749—750页。

思想史视野下先秦儒家历史观研究

托古改制,争夺历史的解释权,从而形成了各具特色的历史观念。① 面对这样的时代背景和思想语境,儒家也做出了自己的回应,其历史观念也在孔子建构的基础上,进一步分化与演变,形成了不同的历史叙述的谱系,为儒家历史观的发展与成熟奠定了基础。

孔子之后,其弟子及儒家后学,从不同方面阐释、发挥孔子的思想,促使儒家出现分化,形成不同的流派。② 荀子在《非十二子》中提到"子张氏之贱儒""子夏氏之贱儒""子游氏之贱儒"等儒家后学,在《儒效》篇中又提出"俗儒""雅儒""大儒"等划分。韩非子则在《显学》篇中明确指出"儒分为八"③:"自孔子之死也,有子张之儒,有子思之儒,有颜氏之儒,有孟氏之儒,有漆雕氏之儒,有仲良氏之儒,有孙氏之儒,有乐正氏之儒。"(《韩非子·显学》)

只是苦于没有更多更直接的史料,人们对于先秦儒家的认识与研究,仍然主要集中于最具代表性的孔子、孟子、荀子三家,而对于早期儒学,特别是孔孟之间儒学的发展情况了解不多。这种现象,陈来称之为"现代先秦儒学研究的'史料困境'"④。

可喜的是,新的出土文献的大量出现,有效地改变了文献阙如的状况,为人们认识孔孟之间儒家的情况,提供了更丰富的史料。其中,与儒家最为相关的是郭店简与上博简。郭店简⑤1993年出土于湖北荆门市郭店一号楚墓,⑥共计八百余支,除一些篇章属道家外,多数为儒家

---

① 当时人们的历史认识和历史叙述,基本上都是以自己的思想主张为标准的,并形成了一些固定的古史编撰的方法。这个方法,晁福林称之为"改铸的方法",即"熔古今史影为一炉,创造出战国时人心目中的古史"。参见晁福林《从上博简〈武王践阼〉看战国时期的古史编撰》,《史学理论研究》2011年第1期。

② 刘光胜将早期儒家分化的进程归纳为"窄化、深化、分化、派别化"四个方面。参看刘光胜《"儒分为八"与早期儒家分化趋势的生成》,《清华大学学报》(哲学社会科学版)2015年第2期。

③ 关于"儒分为八"的有关研究,可参看宋立林《"儒家八派"的再"批判"——早期儒学多元嬗变的学术史考察》,博士学位论文,曲阜师范大学,2011年。

④ 陈来:《竹帛〈五行〉与简帛研究》,生活·读书·新知三联书店2009年版,第5页。

⑤ 荆门市博物馆:《郭店楚墓竹简》,文物出版社1998年版。本书所引郭店简,非特殊注明均引自此书。

⑥ 关于此楚墓的情况,可参看湖北省荆门市博物馆《荆门郭店一号楚墓》,《文物》1997年第7期。

第三章 出土文献所见战国前期儒家历史观的发展

文献。上博简①为上海博物馆自香港购藏的战国竹简,共计有一千七百余枚,据推想或亦来自郭店墓地,②竹简兼有道家、兵家、阴阳家,而仍以儒家文献为主。而且,这些竹简多属于孔孟之间儒家的文献,"补足了孔孟之间思想链条上所曾经缺失的一环"③。

同时,这些出土竹简中,记载了大量早期儒家的历史叙事,反映了孔子历史观念在这一时期发展与演变的情况,使我们对战国时期儒家历史观念的分化状况,有了更丰富的认识。因此我们拟以郭店简、上博简等出土文献为主,从以下几个方面对孔孟之间早期儒学的历史观进行论述与分析。

第一节 究天人之际:历史观中的天与人

儒家在认知历史的过程中,始终留意于天人之际,探究历史背后的天人关系,并从天与人两个方面叙述与阐释历史,强调人在面对天命与历史之时的责任与担当,从而赋予其历史观以宗教色彩。

战国时期的儒家也始终关注历史中的天与人。传世文献中,被认为是子思所作的《中庸》,就十分注重阐述天人关系。《中庸》中不断出现"天命""天""上帝""命""鬼神""天之道""天时""天德"等词。作者认为人之性来自于"天",即"天命谓之性",而"天"又被视为至高无上的存在:

> 天地之道,可一言而尽也:其为物不贰,则其生物不测。天地之道:博也,厚也,高也,明也,悠也,久也。今夫天,斯昭昭之多,及其无穷也,日月星辰系焉,万物覆焉。

---

① 马承源:《上海博物馆藏战国楚竹书》(九册),上海古籍出版社。目前上博简已出九册,本书所引上博简,非注明均引自此九册书。
② 参看马承源《上海博物馆藏战国楚竹书(一)·前言》,上海古籍出版社2001年版,第2页。
③ 庞朴:《孔孟之间——郭店楚简的思想史地位》,《中国社会科学》1998年第5期。

思想史视野下先秦儒家历史观研究

这样崇高的天，自然为人所崇敬，所以作者说："溥博如天，渊泉如渊。见而民莫不敬，言而民莫不信，行而民莫不说。"

不过，天命虽然至高无上，但是人在面对天命之时，并非无能为力。作者认为人不能"怨天"，而要努力去"知天""配天"。因此，作者借孔子之口言："故君子，不可以不修身。思修身，不可以不事亲。思事亲，不可以不知人。思知人，不可以不知天。"但是作者认为普通人并不能达到"知天"的境界，只有圣人君子才可以做到"居易以俟命"，所以他说"肫肫其仁！渊渊其渊！浩浩其天！苟不固聪明圣知，达天德者，其孰能知之？"而要做到"知天""知命"，就要待之以"诚"①：

　　唯天下至诚为能尽其性。能尽其性，则能尽人之性。能尽人之性，则能尽物之性。能尽物之性，则可以赞天地之化育。可以赞天地之化育，则可以与天地参矣。

也就是说，人只要能够至诚至敬地修身养性，就可以"知天""配天"，达到"与天地参"的境界，如此就能实现"人之道"与"天之道"的贯通。

传世文献的材料有限，近来出土的一些儒家竹简，②为我们提供了更丰富的关于天人关系的材料，有利于深化我们对这一时期历史观中天与人的认识。

一　天命与时势：历史发展的制约因素

就出土的儒家文献来看，他们对于天人关系的认知，"与上古的天

---

① 有人认为《中庸》将"诚"看作是沟通天人的关键，揭示出它所标举的天人关系，实质上是"一种价值的或道德的关系"。参看彭耀光《〈中庸〉天人观的理论特质及其当代意义》，《河北师范大学学报》（哲学社会科学版）2007 年第 3 期。

② 这些文献多被人们认为是思孟一派的作品，如李学勤认为，郭店楚简中属于儒家的文献是《子思子》。参看李学勤《郭店楚简与儒家经籍》，《郭店楚简研究》（《中国哲学》第二十辑），辽宁教育出版社 1999 年版，第 18 页。

第三章　出土文献所见战国前期儒家历史观的发展

命观或帝命观有继承关系"①，只是论述更加丰富。有学者将郭店简中出现的"天"的观念总结为三个不同的方面：

（1）从自然界的角度来说，它是自然秩序（宇宙模式）的来源，是万物生成的原因，包括赋予万物的发展原则和价值；（2）从社会伦理的角度来说，它象征着人文领域的规范性道德原则；（3）从个人的角度来说，它决定了个人的各种经历与结果。②

概括言之，实际上就是自然之天、道德之天以及与人的内在相对的外在之天。不论哪种层次的"天"，都具有原生性、至上性与自足性，它不以人的意志为转移，却能够制约人的行为与活动，由此，"天"成为崇高的存在，并成为人们论证问题的理论出发点。

首先，作为自然之天，派生万物，且是人内在自然禀赋的来源。上博简《孔子诗论》中有"有命自天"的说法，强调命来自于天。郭店简中则有更多论述：

天③施诸其人，天也。其人施诸人，狎④也。（《五行》，简48—49）

性自命出，命自天降。（《性自命出》，简2—3）

天形成人，与物斯理。⑤（《语丛三》，简17）

有天有命。（《语丛三》，简68上）

有天有命，有物有名。有物有容，有家有名。有命有文有名，

---

① 丁四新：《郭店楚墓竹简思想研究》，东方出版社2000年版，第248页。
② ［澳］陈慧、廖名春、李锐：《天、人、性：读郭店楚简与上博竹简》，上海古籍出版社2014年版，第34页。
③ 原文释为"大"，此从李零改为"天"。参见李零《郭店楚简校读记》（增订本），北京大学出版社2002年版，第80页。
④ 李零认为"狎"与"习"音义相近，可以互训。参见李零《郭店楚简校读记》（增订本），北京大学出版社2002年版，第82页。
⑤ 此条释文，从李零所释。参见李零《郭店楚简校读记》（增订本），北京大学出版社2002年版，第148页。

123

而后有鯀。(《语丛一》,简 2)

　　天生鯀。(《语丛一》,简 3)

　　有天有命,有物有名。(《语丛一》,简 12)

　　天生百物。(《语丛一》,简 18)

　　这些材料清楚明了地指出包括人在内的万物,均源自于天。他们认为人与天是相通的,并将天赋予人的这些自然禀赋,也称之为"天",与"人施诸人"的后天习性相对而言。在《语丛二》中,作者罗列了许多由"性"派生出来的人类情感与能力,即"情生于性""欲生于性""爱生于性""子生于性""喜生于性""恶生于性""愠生于性""惧生于性""智生于性""强生于性""弱生于性",等等。由于作者认为"性"最终来自于"天",那么这些人类的情感与能力,实际上其根源也就可以追溯到"天"。所以庞朴指出郭店简的着眼点,"不是天以其外在于人的姿态为人立则,向人示范,而好似天进入人心形成人性,直接给人以命令和命运"①。

　　其次,作为道德之天,成为人类社会历史中伦理秩序的来源,为人类效仿和遵循。这样的天,他们常称之为"天道""天常""天德"。如郭店简中即有不少与此相关的论述:

　　善,人道也;德,天道也。(《五行》,简 4—5)

　　天登大常,以理人伦。制为君臣之义,著为父子之亲,分为夫妇之辨。是故小人乱天常以逆大道,君子治人伦以顺天德。(《成之闻之》,简 31—33)

　　昔者君子有言曰"圣人天德"曷?言慎求之于己,而可以顺天常矣。《康诰》曰"不还大夏,文王作罚,刑兹无赦"曷?此言也,言不逆大常者,文王之型莫重焉。是故君子慎六位,以祀天

---

① 庞朴:《孔孟之间——郭店楚简中的儒家心性说》,《郭店楚简研究》(《中国哲学》第二十辑),辽宁教育出版社 1999 年版,第 26 页。

第三章　出土文献所见战国前期儒家历史观的发展

常。①（《成之闻之》，简37—40）
义，天道（也）。（残片，简7）

上博简也有"天常"的说法：

> 天共时，地共材，民共力，明王无思，是谓三德。卉木须时而后奋，天恶如忻，平旦毋哭，明毋歌，是谓顺天之常。敬者得之，怠者失之，是谓天常。（《三德》，简1—2）

从这些材料，我们可以看到，由于"天"具有至高无上的地位，代表着最高的标准，因此人们将那些不可或缺的社会秩序和伦理价值，也用"天"称呼，或者认为它们来自于"天"，以凸显它们的地位与价值，并将它们作为判断君子与小人的一个重要标准。而他们所说的"天常"，其实就是儒家所推崇的以君臣、父子、夫妇等为代表的人伦关系。② 由于和"天"挂钩，作者所说的这些人伦，也就同"天"一样，"是先天的，是自然而然的"③。

最后，作为与人的内在相对应的外在之天，常常体现为不以人的意志为转移，并能制约人的行为和历史发展的外在条件与客观形势。这样的"天"，人们常常用"命""时""世""势""遇"来表述。庞朴认为它"其实就是社会环境、社会条件、社会机遇，或者简称之曰社会力"④。

上博简《三德》篇中有"天共时"、"卉木须时而后奋"（简1）等表述，《相邦之道》中有"静以待，待时出"（简1），强调时机的重要性。而在《孔子诗论》篇中则不断强调"文王受命"，并借孔子之口

---

① 此释文参考李零《郭店楚简校读记》（增订本），北京大学出版社2002年版，第122页。
② 这些关于人伦关系的论述可以说正是后来人们所说的"三纲五常"的一个重要理论来源。
③ ［澳］陈慧、廖名春、李锐：《天、人、性：读郭店楚简与上博竹简》，上海古籍出版社2014年版，第21页。
④ 庞朴：《孔孟之间——郭店楚简中的儒家心性说》，《郭店楚简研究》（《中国哲学》第二十辑），辽宁教育出版社1999年版，第27页。

说:"此命也夫！文王唯裕已,得乎？此命也。"(简7)这里所说的"命"主要是指某种神秘的必然性。

郭店简《语丛二》中有"毋失吾势,此势得矣"(简50)、"小不忍败大势"(简51),强调外在之"势"的重要。而《忠信之道》篇中则更明确地提出"不说而足养者,地也。不期而可遇者,天也"(简4—5)。同时,郭店简的作者还特意选取古代圣贤以及历史人物的遭遇和事迹,来论证天命时势对于人以及社会历史的关键作用:

> 古者尧生为天子而有天下,圣以遇命,仁以逢时,未尝遇(贤。虽)秉于大时,神明将从,天地佑之,纵仁圣可举,时弗可及矣。①(《唐虞之道》,简14—15)

> 舜耕于历山,陶埏于河浒,立而为天子,遇尧也。邵繇衣枲盖,冒经蒙缕,释板筑而佐天子,遇武丁也。吕望为臧棘津,战监门来地,行年七十而屠牛于朝歌,尊而为天子师,遇周文也。管夷吾拘繇束缚,释械柙而为诸侯相,遇齐桓也。百里转鬻五羊,为伯牧牛,释板楗而为朝卿,遇秦穆。孙叔三射恒思少司马,出而为令尹,遇楚庄也。初韬晦,后名扬,非其德加。子胥前多功,后戮死,非其智衰也。骥厄张山,骐塞于邵来,非无体状也,穷四海,致千里,遇造故也。②(《穷达以时》,简2—11)

作者的意思非常明确,一个人要想取得成功,仅仅自身贤能是不够的,还需要一定的时机,只有"遇命""逢时",遇上合适的君主,才能实现自身的价值,有所成就。因此,他们提出这样的观点:"有其人,无其世,虽贤弗行矣。苟有其世,何难之有哉？"(《穷达以时》,简1—2)但是能否"遇命""逢时""有其世",也非人所能决定,而是取决于天,所以他们说:"遇不遇,天也。"(《穷达以时》,简11)

---

① 释文厘定参看李零《郭店楚简校读记》(增订本),北京大学出版社2002年版,第96页。
② 释文厘定参看李零《郭店楚简校读记》(增订本),北京大学出版社2002年版,第86页。

第三章　出土文献所见战国前期儒家历史观的发展

说到底，人的历史际遇，还是受天制约①

二　合天与人：人在历史中地位的论述

面对这样具有决定性的、不以人的意志为转移的天，人是否无能为力，只能等待呢？这些出土文献的作者并不这样认为。他们提出"天生百物，人为贵"（《语丛一》，简18）的观点，将人的地位凸显出来。他们同孔子一样，强调人在面对天与历史的时候，除了应有的敬畏之外，也有主动性，有责任与担当。某种程度上甚至可以说，与天对人的制约相比，他们更重视人对天与历史的承担，即他们的关注重点是"人"，所以说"道四术，唯人道为可道也"（《性自命出》，简14—15）。对此，李零就指出他们"对'天道'的关心，与其说是'天道'本身（即宇宙论和天人感应一类问题），倒不如说是'天道'对'人事'的影响，特别是它对人性教化的作用"②。

他们认为人应该积极主动地区分天人，知天、知命、知道、知人，并在此基础上，合天道、人道，从而明确人的历史责任，最终实现天人合一。③

在他们看来，人应该明确"天人之分"，知天、知命、知道、知人。这是面对天命时势之时，人们首先要做的事情。对此，在郭店简中，他们反复申说论述：

> 夫古者舜处于草茅之中而不忧，登为天子而不骄。处草茅之中而不忧，知命也。登为天子而不骄，不专也。（《唐虞之道》，简15—17）
>
> 察者出，所以知己。知己所以知人，知人所以知命，知命而后

---

① 这种思想基本上为后来的儒家所继承，成为古代人的一般认知。
② 李零：《郭店楚简校读记》（增订本），北京大学出版社2002年版，第91页。
③ 陈慧认为郭店简中既有天人合一，也有天人之分，二者看似矛盾，实际上并非截然对立，而是可以统一起来。参看［澳］陈慧《"天人合一"抑或"天人有分"——郭店楚简的天人关系》，载《天、人、性：读郭店楚简与上博竹简》，上海古籍出版社2014年版。

知道，知道而后知行。由礼知乐，由乐知哀。有知己而不知命者，无知命而不知己者。有知礼而不知乐者，无知乐而不知礼者。（《尊德义》，简8—11）

知天所为，知人所为，然后知道。知道然后知命。（《语丛一》，简29—30）

知命者无亾。① （《语丛二》，简47）

这些材料强调，人只有知命、知天、知道，方能明确自己的使命，才能做到知行，也才能够做到不忧不怨，所行合道，顺天命而为。而其中的关键，在作者看来，就是要区分天人，即郭店简《穷达以时》篇中所说的"有天有人，天人有分。察天人之分，而知所行矣"② （简1）。在他们看来，只有明确了天人的不同职分，才能"知天所为，知人所为，然后知道"。换言之，通过区分天人，明确人能够作为的范围，从而知其可为而为之，才能不违命、不逆势、不悖道。

那么，具体而言，人要怎么做呢？其实很简单，就是修身，"闻道反己"③ （《性自命出》，简56）。所以在《穷达以时》篇中，他们虽然反复强调天命时势对人的制约，但最后却说"穷达以时，德行一也"（简14），"故君子敦于反己"（简15）。在《成之闻之》篇中，他们也指出"君子之求诸己也深"（简10）。由此可见，他们的理论逻辑最终还是落到人自身，强调无论外在时势如何，人只需坚持"内在对天赋

---

① 关于这个字，李零认为意思可能是说"总是在于该做而不做"，只有知命者才能免于此。参看李零《郭店楚简校读记》（增订本），北京大学出版社2002年版，第175页。

② 强调天人之分的思想，或影响到了荀子。不过也有学者指出，此书所说的天人之分，与荀子不同。庞朴即指出这里的"天人之分"，绝非和荀子一样。荀子的天主要是指自然之天，而此文中的天则是"或有或无的'世'，不可强求的'遇'，穷达以之的'时'"。参看庞朴《孔孟之间——郭店楚简中的儒家心性说》，《郭店楚简研究》（《中国哲学》第二十辑），辽宁教育出版社1999年版，第27页。庞朴所言，是有道理的，把这句话放到《穷达以时》这篇文章的语境中看，它所说的"天"并非自然之天。不过就整个郭店简的论述而言，"天"也指自然之天，因此我们以为这种强调"天人之分"的思想与荀子的思想是有联系的。

③ 这种强调反求诸己、主张向内探索的思想，应该影响了孟子，所以人们将这些竹简的作者视为思孟一派，是有道理的。

第三章　出土文献所见战国前期儒家历史观的发展

予人的道德属性持之以恒的不断追求"①,也就是上博简《从政》(乙篇)中所说的"君子强行,以待名之至也"(简5)。

当然,能够做到这些的,都非一般人,而是他们所说的圣人君子。他们认为"圣人知天道也"(《五行》,简26—27),"君子集大成"(《五行》,简42),只有圣人君子才能知天、知道、知命,也只有他们才能"会天道、人道也"②(《语丛一》,简36—37)。换言之,圣人君子被赋予教化万民的重任,因此他们强调"圣人上事天,教民有尊也;下事地,教民有亲也"(《唐虞之道》,简4),"作礼乐,制刑法,教此民尔,使之有向也,非圣智者莫之能也"(《六德》,简2—3)。也就是说,只有圣人君子才能够"察天道以化民气"(《语丛一》,简68),才能成为贯通天人,实现天人合一,决定历史发展的关键力量。

第二节　通古今之变:历史治乱的经验总结

战国时期是一个动荡不安的时代,战争频仍,社会混乱,旧的秩序已经崩溃,而新的价值尚在形成,于是诸子蜂拥而起,针对社会的时代课题,纷纷提出自己的解决措施。从出土的竹简来看,儒家对此课题进行了回应,他们对古今之变的动因进行了分析,对历史上治乱兴衰的经验教训进行了总结,并在此基础上为君主提出一系列解决当时的现实问题的措施。

一　君主为治国之本

在出土竹简的作者们看来,君主是治乱兴衰的关键,当政者要正其身,修其性,做好表率。他们指出,"禹以人道治其民,桀以人道乱其民。桀不易禹民而后乱之。汤不易桀民而后治之"(郭店简《尊德义》,

---

① [澳]陈慧、廖名春、李锐:《天、人、性:读郭店楚简与上博竹简》,上海古籍出版社2014年版,第33页。

② 郭店简《语丛一》原文是强调"易,会天道、人道也",但是其实被认为能够通易之人,实际上就是圣人君子。

简5—6）。圣王与暴君面临的是同样的民众，只是因为自身的情况不同，而或治或乱。其中，这些古代圣王就是自身修养的典范，无论穷达，他们都能够做到德行一致，因此人民都乐意跟随他，奉他为君。郭店简《唐虞之道》即指出正身是正世的前提："故昔贤仁圣者如此。身穷不贪，没而弗利，穷仁矣。必正其身，然后正世，圣道备矣。"（简2—3）

其中，舜最为典型："其为瞽盲子也，甚孝；及其为尧臣也，甚忠；尧禅天下而授之，南面而王天下，而甚君。"（《唐虞之道》，简24—25）由此可见，在作者看来，一个能够修己身、孝父母、忠君主的人，才能成为一个好君主。

另外，君主是万民之表率，他的喜好必然会影响到人民。孔子即指出"君子之德风，小人之德草，草上之风，必偃"（《论语·颜渊》）。郭店简《缁衣》也引孔子之言，强调上对于下的影响，因此不可不慎，应该通过"章好""谨恶"来引导民众：

上好仁，则下之为仁也争先。故长民者章志以昭百姓，则民致行己以悦上。（简10—11）

下之事上也，不从其所以命，而从其所行。上好此物也，下必有甚焉者矣。[①] 故上之好恶，不可不慎也，民之表也。（简14—15）

故君民者，章好以示民欲，谨恶以御民淫，则民不惑。（简6）

二　君主需以道治民

郭店简《缁衣》引孔子言"民以君为心，君以民为体。心好则体安之，君好则民欲之。故心以体废，君以民亡"（简8—9），上博简《文王访之于尚父》更直言"夫立民，天下之难事也。或以兴，或以亡"（简8）。这说明他们认识到了民对于社会历史兴亡盛衰的重要性。

那么，君主要如何对待民众呢？他们认为要以民之道来治民：

[①]　郭店简《尊德义》（简36—37）也有此句。

第三章 出土文献所见战国前期儒家历史观的发展

圣人之治民，民之道也。禹之行水，水之道也。造父之御马，马之道也。后稷之艺地，地之道也。莫不有道焉，人道①为近。是以君子，人道之取先。(《尊德义》，简6—8)

水、马、地各有其道，上古圣人正是能够因其道而行之，所以才能成功。与之相类似，他们认为民也有其道，因此君主要以民之道治民，如此才能保证社会平稳。若"上不以其道，民之从之也难"(《成之闻之》，简15)。

关于他们所说的"民之道"，有学者认为"其内涵都是指着一种根源于民性、民伦而造极于礼乐、德义的治民之道，且与刑罚等强制性的治法则严加以对比"②。简单说就是民欲、民性。他们认为禹治水，不用堵塞的方法，而是用疏导的方式，就是顺应了水之道，所以才能够成功。君主对于民众也一样，不能强迫、压抑，而是要顺民欲、因民性、与民同。所以他们说：

是以民可敬导也，而不可掩也；可御也，而不可牵也。故君子不贵庶物，而贵与民有同也。(《成之闻之》，简15—17)

民可使道之，而不可使知之。③ 民可道也，而不可强也。桀不谓其民必乱，而民有为乱矣。(《尊德义》，简21—23)

那么，如何导民呢？他们认为"事鬼则行敬，怀民则以德"(上博简《天子建州》(甲本)简9)，也就是强调要以教化为主，而且要以道德教化为主，"为古率民向方者，唯德可"(郭店简《尊德义》，简

---

① 李零认为这里所说的"人道"，应该是指《性自命出》中所提到的"心术"。参看李零《郭店楚简校读记》(增订本)，北京大学出版社2002年版，第144页。

② [美]顾史考：《从战国楚简论战国"民道"思想》，载《郭店楚简先秦儒书宏微观》，上海古籍出版社2012年版，第37—38页。

③ 有人据此言重新解释孔子"民可使由之，不可使知之"(《论语·泰伯》)，认为此句并无愚民之意，而在于强调要引导人民。参见廖名春《荆门郭店楚简与先秦儒学》，载《郭店楚简研究》(《中国哲学》第二十辑)，辽宁教育出版社1999年版，第56—57页。

131

28)。所以在此篇中,他们就强调:

> 善者民必众,众未必治,不治不顺,不顺不平。是以为政者教导之取先。教以礼,则民果以劲。教以乐,则民弗德争将。教以辩说,则民势陵长贵以妄。教以艺,则民野以争。教以技,则民少以吝。教以言,则民讦以寡信。教以事,则民力嗇以洒利。教以权谋,则民淫昏,远礼无亲仁。先之以德,则民进善焉。(简12—16)

从这段材料,我们可以看到,作者认为礼、乐、辩说、艺、技、言、事、权谋等,都有各自的弊端,不能使民成为善民,而只有德才可以使"民进善"。而且圣人在教化民众的时候,也是以道德教化为主:

> 夫圣人上事天,教民有尊也;下事地,教民有亲也;时事山川,教民有敬也;亲事祖庙,教民孝也;太学之中,天子亲齿,教民弟也;先圣与后圣,考后而甄先,教民大顺之道也。(《唐虞之道》,简4—6)

也就是说,圣人通过自己的行为,对民众进行道德教化,从而使民有尊、有亲、有敬,做到孝悌。其中,最为作者看重的则是孝悌,使民孝悌是施行教化的关键。郭店简《六德》篇强调:

> 男女不别,父子不亲。父子不亲,君臣无义。是故先王之教民也,始于孝弟。君子于此一体者无所废。是故先王之教民也,不使此民也忧其身,失其体。(简39—41)

在郭店简《唐虞之道》篇中,他们指出"孝,仁之冕也"(简7),并认为古代圣王都是孝悌的典型,"六帝兴于古,皆由此也"(简8)。他们认为圣王都能够将这种爱亲之孝推广到"爱天下之民"(简7),由此就能实现天下大治。

第三章　出土文献所见战国前期儒家历史观的发展

需要注意的是，他们认为教化并非是改变民道，"教非改道也，教之也。学非改伦也，学已也"（《尊德义》，简4—5），即教化也要因民之道，不能强迫。

三　君主应尚贤使能

战国时期，大国的出现，战争的需要，庞大而复杂的国家机器的运作，都急需专业、贤能的人才。这一时期的思想家也普遍认识到，能否尚贤关系到国家的治乱强弱。儒家也不例外。在竹简作者们看来，历史上的圣君明主，均尊贤爱能，甚至在必要的时候，要禅让君位给真正的贤人。[①]

在郭店简《五行》篇中，他们指出不能知贤、用贤是不明智的："未尝闻君子道，谓之不聪；未尝见贤人，谓之不明。闻君子道而不知其君子道也，谓之不圣；见贤人而不知其有德也，谓之不智。"（简22—24）而与之相对应，见贤、知贤、敬贤则是明智仁圣的表现：

> 闻君子道，聪也。闻而知之，圣也。圣人知天道也。知而行之，义也。行之而时，德也。见贤人，明也。见而知之，智也。知而安之，仁也。安而敬之，礼也。（简26—28）

揆诸历史，他们认为古代圣王都是尊贤、尚贤的榜样，也都因为尊贤而实现大治。如上博简《容成氏》[②]言："［尊］卢氏、赫胥氏、乔结氏、仓颉氏、轩辕氏、神农氏、樟𠂤氏、垆连氏之有天下也，皆不授其子而授贤。"（简1）而为儒家所推崇的尧、舜、禹、汤等圣王，更是尚贤的典型。上博简《容成氏》即记述尧试图让天下于贤者，并因为

[①] 关于古代是否存在过禅让制度，学界尚有争论。彭邦本将学界的观点概括为三种：以顾颉刚等为代表的"否定说"；以徐中舒等为代表的大体"肯定说"；以王玉哲为代表的"过渡说"。参看彭邦本《先秦儒家禅让传说新探——传世文献与出土资料的综合考察》，博士学位论文，四川大学，2006年。

[②] 陈剑对《容成氏》竹简进行了重新的拼合与编连，本书所引《容成氏》释文，主要参考陈剑的校释。具体详看陈剑《上博简〈容成氏〉的竹简拼合与编连问题小议》，载《上博馆藏战国楚竹书研究续编》，上海书店2004年版，第327—334页。

善于尚贤,而一直被尊为天子:

> 尧乃为之教曰:"自内(纳)焉,余穴窥焉,以求贤者而让焉。"尧以天下让于贤者,天下之贤者莫之能受也。万邦之君皆以其邦让于贤□□□贤者,而贤者莫之能受也。于是乎天下之人,以尧为善兴贤,而卒立之。(简9—11,13)

在他们看来,"禅也者,上德授贤之谓也"(《唐虞之道》,简20)。禅让是尊贤最重要的表现,也可以说是最大的尊贤:

> 尧舜之行,爱亲尊贤。爱亲故孝,尊贤故禅。孝之施,爱天下之民。禅之传,世亡隐德。孝,仁之冕也。禅,义之至也。六帝兴于古,皆由此也。爱亲忘贤,仁而未义也。尊贤遗亲,义而未仁也。古者虞舜笃事瞽盲,乃戴其孝;忠事帝尧,乃戴其臣。爱亲尊贤,虞舜其人也。禹治水,益治火,后稷治土,足民养生。(夫唯)顺乎脂肤血气之情,养性命之政,安命而弗夭,养生而弗伤,知(天下)之政者,能以天下禅矣。(《唐虞之道》,简6—12)

他们认为,只有像尧、舜这样,知天下之政,爱天下之民的人,才能够做到"以天下禅",而尊贤禅让正是古代圣王兴盛的主要原因。

郭店简《唐虞之道》[1]与上博简《子羔》[2]《容成氏》更详细地叙述了尧尊贤禅让的事情[3]:

---

[1] 此书释文主要参考李零《郭店楚简校读记》(增订本),北京大学出版社2002年版,第95—96页。

[2] 《子羔》篇的释文,主要参考陈剑的编连与李学勤的考释。具体详看陈剑《上博简〈子羔〉、〈从政〉篇的竹简拼合与编连问题小议》,《文物》2003年第5期;李学勤《楚简〈子羔〉研究》,载《上博馆藏战国楚竹书研究续编》,上海书店2004年版,第12—17页。

[3] 关于这方面的论述,可参看彭裕商《禅让说源流及学派兴衰——以竹书〈唐虞之道〉、〈子羔〉、〈容成氏〉为中心》,《历史研究》2009年第3期;刘宝才《〈唐虞之道〉的历史与理念——兼论战国中期的禅让思潮》,《人文杂志》2000年第3期;罗新慧《〈容成氏〉、〈唐虞之道〉与战国时期禅让学说》,《齐鲁学刊》2003年第6期;夏世华《先秦儒家禅让观念研究》,博士学位论文,武汉大学,2009年。

第三章 出土文献所见战国前期儒家历史观的发展

> 古者尧之与舜也：闻舜孝，知其能养天下之老也；闻舜弟，知其能事天下之长也；闻舜慈乎弟（象□□，知其能）为民主也。故其为瞽盲子也，甚孝；及其为尧臣也，甚忠；尧禅天下而授之，南面而王天下，而甚君。故尧之禅乎舜也，如此也。古者圣人二十而冠，三十而有家，五十而治天下，七十而致政，四肢倦惰，耳目聪明衰，禅天下而授贤，退而养其生。此以知其弗利也。（《唐虞之道》，简 22—27）
>
> 尧见舜之德贤，故让之。（《子羔》，简 6）
>
> 尧有子九人，不以其子为后，见舜之贤也，而欲以为后。（《容成氏》，简 12）

这些材料基本上描绘了尧舜禅让的情形。尧因为舜忠孝贤能，可惠及天下，加之后来自己年老，故禅天下而授舜，从而体现了尧对贤能的推崇。

不仅是尧，舜、禹、汤等圣王也是尊贤的典型，上博简《容成氏》即言：

> 舜乃老，视不明，听不聪。舜有子七人，不以其子为后，见禹之贤也，而欲以为后。禹乃五让以天下之贤者，不得已，然后敢受之。（简 17—18）
>
> 禹有子五人，不以其子为后，见皋陶之贤也，而欲以为后。皋陶乃五让以天下之贤者，遂称疾不出而死。禹于是乎让益，启于是乎攻益自取。（简 33—34）
>
> 汤闻之，于是乎慎戒征贤，德惠而不賚，秞三十而能之。（简 39）
>
> 汤乃谋戒求贤，乃立伊尹以为佐。（简 37）

总之，郭店简与上博简中的材料，让我们看到了这一时期儒家对于历史治乱的经验总结。他们揆诸历史，特别是叙述了古代圣王的事迹，得出君主要正身修性、爱亲尊贤、与民教化的结论，并认为只有效仿古代圣王，做到这些，才能实现社会大治。

第三节 成一家之言：出土简帛的历史叙事

孔子从繁杂的历史中抽离出一条主线，并将它作为历史发展的核心脉络和正统，使繁芜混乱的历史有了一条清晰的主轴，初步建构了儒家的历史观。不过，孔子并没有对历史的道统做详细的论述，他所确立的历史谱系，还比较干瘪，圣王的形象和事迹也显得不那么丰满和鲜活。

进入战国时期，随着古代圣王传说的传播以及诸子托古改制[1]的现实需要，人们对于上古历史与传说的认识更加丰富，与之相应的解读与诠释也更加多样，在历史认识的领域形成争鸣的局面。[2] 其中，儒家依据自己的原则与观念，对上古时代，特别是古代圣王的事迹，进行了阐释，使儒家的历史叙事更加丰满。而近些年出土的郭店简《唐虞之道》与上博简《子羔》《容成氏》等篇章，就反映了这一趋势，为我们了解儒家历史叙事的发展提供了丰富的材料。

从《论语》来看，孔子所提及的最古的圣王是尧。而这些出土材料中所提及的古代圣王，应该说比之于孔子之时，更加久远一些。《唐虞之道》中提到"六帝"（简8），裘锡圭认为"'六帝'当指夏代之前的六个帝王，但难以落实究竟是哪些人"[3]。上博简《举治王天下》提到"四帝二王"（简16），亦提到"黄帝修三员"（简19）。上博简《容成氏》则提到"［尊］卢氏、赫胥氏、乔结氏、仓颉氏、轩辕氏、神农氏、樟𠂤氏、垆墟遷氏"（简1）等上古帝王。可见当时人们对历史上圣王的情况有了更多了解，传说的时代比之于孔子时期，也拉长了。

除此外，圣王的形象更加饱满，事迹也更加丰富，特别是儒家所推

---

[1] 关于诸子对于古代圣王特别是尧、舜、禹传说的论述，可参看李玲玲《先秦诸子书中的尧舜禹传说研究》，硕士学位论文，河北师范大学，2006年。

[2] 顾颉刚用"层累地造成的中国古史"这一观点来概括这种古史传说越往后越丰富的情况，很形象地描述了古史传说流传过程中不断增益的现象，也反映了人们历史认识的不断发展。

[3] 裘锡圭：《中国出土古文献十讲》，复旦大学出版社2004年版，第32页。

第三章 出土文献所见战国前期儒家历史观的发展

崇的尧、舜、禹等圣王，成为他们论述的重点。

与之前只留下姓氏的古帝王相比，尧的形象更加立体，可以说他实际上是儒家叙述历史的起点，所以儒家用了很多笔墨去描述尧及其事迹。关于尧是如何成为天子的，竹简的记载并不一致。郭店简《唐虞之道》认为"古者尧生为天子而有天下"（简14），而上博简《容成氏》则记载：

> 昔尧处于丹府与藋陵之间，尧贱弛而时时宾，不劝而民力，不刑杀而无盗贼，甚缓而民服。于是乎方百里之中，率天下之人就，奉而立之，以为天子。（简6—7）

依据这段材料，则尧是因为其贤能，而被天下人立为天子。这种记载的差异可能与传说流传过程中的分化有关系。

虽然在尧如何成为天子的问题上，文献记载有差异，但是在尧作为圣王这一点上，人们的认知是一致的。其中最突出，也最为人们津津乐道的就是尧的尊贤禅让。上博简《举治王天下》记载："尧以四害之紊为未也，乃问于禹。"（简23）而他拔擢舜于畎亩之间，并在年老后，以天下让于舜，更是成就了古代禅让的佳话。对此，上博简《容成氏》有详细的记载：

> 昔舜耕于历丘，陶于河滨，渔于雷泽，孝养父母，以善其亲，乃及邦子。尧闻之而美其行。尧于是乎为车十又五乘，以三从舜于畎亩之中，舜于是乎始免执开耨锸，谒而坐之子。尧南面，舜北面，舜于是乎始语尧天地人民之道。与之言政，悦简以行；与之言乐，悦和以长；与之言礼，悦敀而不逆。尧乃悦。［尧乃老，视不明，］听不聪。尧有子九人，不以其子为后，见舜之贤也，而欲以为后。（简13—14，8，12）

与尧相类似，舜的事迹也在这时更加丰富，其地位也得到很大的

137

提升,①某种程度上甚至可以说尧也不过是叙述舜的一个引子。就郭店简与上博简的描述来看,他们塑造的舜的形象与其他圣王有很大不同。舜并不像其他圣王那样,或生为天子,或感天而生,他甚至还有一个并不光彩的父亲,自己也只是"耕于历山,陶埏于河浒"(《穷达以时》,简2—3)的一个看似很普通的人。但是他"处于草茅之中而不忧","笃事瞽盲""忠事帝尧""爱亲尊贤"(《唐虞之道》,简16,9,10),最终继承尧之帝位。在上博简《子羔》篇中,作者借孔子之口论述了三王感生的故事之后,特意强调"舜,人子也"(简5),并认为舜之所以能够成为帝王,主要是因为自己的贤能与尧的拔擢②:

> 子羔曰:何故以得为帝?孔子曰:昔者而弗世也,善与善相授也,故能治天下,平万邦,使亡有小大思寡,使皆得其社稷百姓而奉守之。尧见舜之德贤,故让之。子羔曰:尧之得舜也,舜之德则诚善与?伊尧之德则甚明与?孔子曰:钧也。舜穑于童土之田,则……之童土之黎民也。孔子曰:吾闻夫舜其幼也,每以□寺,其言……或以文而远。尧之取舜也,从诸卉茅之中,与之言礼,悦……而和。故夫舜之德其诚贤矣。采诸畎亩之中而使君天下而称。(《子羔》,简1—6,8)

另外,在佐尧及"君天下"(上博简《君子之礼》,简12)之时,舜合理用贤,解决了当时面临的各种难题。对此,上博简《容成氏》有详细的记载:

> 舜听政三年,山陵不疏,水潦不湝,乃立禹以为司工。(简23)
> 天下之民居奠,乃□食,乃立后稷以为{。(简28)

---

① 在战国文献中,舜的地位的冒升是一个突出的现象,黄君良对此有论述,并认为与田氏代齐有关。参见黄君良《郭店儒简思想研究》,辽宁大学出版社2011年版,第56—65页。
② 裘锡圭与李学勤均指出《子羔》篇的主旨是凸显舜,前面所说的三王感生神话,只是为尧舜禅让做铺垫。参看裘锡圭《谈谈上博简〈子羔〉篇的简序》,载《上博馆藏战国楚竹书研究续编》,上海书店2004年版,第1—11页;李学勤《楚简〈子羔〉研究》,载《上博馆藏战国楚竹书研究续编》,上海书店2004年版,第12—17页。

第三章　出土文献所见战国前期儒家历史观的发展

民有余食，无求不得，民乃赛，骄态始作，乃立皋陶以为李。（简29）

舜乃欲会天地之气而听用之，乃立质以为乐正。（简30）

作者认为，经过这些治理，当时的社会达到了至善的境界，"疠疫不至，妖祥不行，祸灾去亡，禽兽肥大，草木晋长"（简16）。

对于禹治水理政的事迹，作者也予以详细叙述。①《子羔》篇在讲述三王感生神话时，指出："女也，观于伊而得，怀三年而划于背而生，生而能言，是禹也。"（简10，11）寓意禹为天之子。而《容成氏》则记载了禹治水的过程：

禹既已受命，乃卉服箁箬，帽芙□□足□，面□□□，不生之毛，□瀺湝流，禹亲执畚耜，以陂明都之泽，决九河之阻，于是乎夹州、徐州始可处。禹通淮与沂，东注之海，于是乎竞州、莒州始可处也。禹乃通蒌与易，东注之海，于是乎蓏州始可处也。禹乃通三江五湖，东注之海，于是乎荆州、扬州始可处也。禹乃通伊、洛，并瀍、涧，东注之河，于是乎豫州始可处也。禹乃通泾与渭，北注之河，于是乎虘州始可处也。（简23，15，24—27）

在治水成功，禹成为君王之后，他勤政爱民，创制了一系列的制度规范。如"始为之号旗，以辨其左右，思民毋惑"（简20）；"于是乎始爵而行禄"（简32）；"乃建鼓于廷，以为民之有谒告者鼓焉"（简22），等等。由此，禹不仅通过治水，规划了大地的秩序，还通过创立制度，设立了人类社会的秩序，从而使世界更加有序，也更加适合人类居住。

除了论述尧、舜、禹等上古圣王的事迹，上博简《容成氏》还叙

---

① 不少学者因为《容成氏》篇记述了大量禹的事迹，且与《墨子》中的一些内容有关，故而将此篇判定为墨家的作品。我们以为大禹治水等事迹在当时应该已经比较流行，所以各家都会涉及。从《容成氏》对古代圣王谱系的叙述及其体现的思想来看，应该还是属于儒家的作品。

139

述了三代之间朝代更替的情况，特别是通过描述汤与桀、文武与纣的对立，凸显了汤、文、武等圣王的功绩。在他们看来，桀"不量其力之不足，起师以伐岷山氏，取其两女琰、琬，□北去其邦，□为桐宫，筑为璿室，饰为瑶台，立为玉门。其骄泰如是状"（简38—39）。纣"作为九成之台，寘盂炭其下，加圆木于其上，思民道之，能遂者遂，不能遂者，坠而死，不从命者，从而桎梏之。于是乎作为金桎三千。既为金桎，又为酒池，厚乐于酒，溥夜以为淫，不听其邦之政"（简44—45）。归结起来，则是因为他们都"不述其先王之道"（简42）。而汤、文、武等人则能够"谋戒求贤"（简37）、"知天之道，知地之利，思民不疾"（简49），代天而行，征讨桀纣，重新建立被暴君所破坏的社会秩序。

竹简的作者，通过对上古以来圣王谱系的叙述，特别是对尧、舜、禹、汤、文王、武王等圣王事迹的描述，在孔子确立的道统之中，进一步建构了更加清晰、完善的历史发展脉络，使历史叙事不再干瘪，而是更加丰满；使圣人的面孔不再呆板，而是更加鲜活，从而丰富了儒家的历史叙事，推动了儒家历史认识的进一步发展，也为之后的孟子与荀子提供了历史与观念的素材。

综上所述，新出土简帛，特别是郭店简与上博简中的儒家文献，反映了孔孟之间儒家历史观念的发展。他们探究了历史观中的天人关系。在他们的理论中，天是人内在性情与社会历史伦理秩序的来源，同时又与时、命、势、遇等外在的客观条件一样，会影响人的命运与历史的发展。人虽然不能违背天命，但是却可以通过反求诸己、修身养性，而知天、知道，并在此基础上，合天道与人道，实现天人的贯通。同时，简帛的作者通过叙述上古以来圣王的历史谱系和伟大事迹，建构了儒家的历史叙事，使儒家的历史叙述更加完善、丰满。在叙述和建构历史的过程中，他们还对历史上的治乱更替进行了经验概括，特别是对圣王以身作则、以道治民、尊贤禅让的历史进行了总结，并将之看作上古实现社会大治的主要原因。总之，这些关于历史的论述更加丰富，推动了战国时期儒家历史观的发展。

第四章　孟子与战国中期儒家的历史观

孟子是战国时期思想界的巨擘，在儒家中占有重要地位，他极大地促进了儒家思想的发展与传播，因此被后人尊为"亚圣"，与孔子合称为"孔孟"。随着孟子地位的不断提升，"孔孟之道"也代替"周孔之道"，成为儒家学说的代名词。

在儒家历史观的发展与演变中，孟子也做出了自己的贡献。他在继承孔子历史观念的基础上，更加明确完整地叙述了历史发展的善恶谱系，对历史进行了秩序化建构和道德化解释，并提出了历史运转的主客观条件，将自身的修养与对历史之道的探求和历史使命的承担连接起来，形成了特色鲜明的历史观念，对后世产生重大影响。

第一节　求善：孟子对待历史的基本态度

一　从"尽信《书》则不如无《书》"的误读谈起

孟子"通五经，尤长于《诗》《书》"[1]，他经常引用《诗》《书》之语论证自己的观点。然而在《孟子·尽心下》中，孟子却说："尽信《书》则不如无《书》。吾于《武成》，取二三策而已矣。仁人无敌于天下。以至仁伐至不仁，而何其血之流杵也？"作为儒家亚圣的孟子，却不尽信作为经典的《书》，这对后人而言确实是一个大问题。如何处

---

[1] 焦循：《孟子正义》，中华书局1987年版，第7页。

理这个问题，如何解读"尽信《书》则不如无《书》"这句话，成为注释孟子、研究孟子的人不能忽视的问题。

古人从维护孟子的立场出发，多从《武成》之记述不可信出发，论证孟子"不尽信《书》"的合理性。针对这句话，赵岐认为"经有所美，言事或过"，故孟子"取《武成》两三简策可用者耳，其过辞则不取之也"。他同时举《康诰》中"冒闻于上帝"，《甫刑》中"帝清问下民"，《梓材》中"欲至于万年""子子孙孙，永保民"等语，认为"人不能闻天，天不能问于民，万年永保，皆不可得为书，岂可案文而皆信之哉"①。换言之，赵岐认为《尚书》中有不少言事之过辞，因此孟子"不可尽信"的态度不仅是合理的，而且是可取的。

王充在《论衡·艺增篇》中进一步从武王伐纣之地的环境和形势入手，指出："《武成》言'血流浮杵'，亦太过焉。死者血流，安能浮杵？案武王伐纣于牧之野，河北地高，壤靡不干燥，兵顿血流，辄燥入土，安得杵浮？且周、殷士卒，皆赍盛粮，无杵臼之事，安得杵而浮之？言血流杵，欲言诛纣，惟兵顿士伤，故至浮杵。"②

程朱等人则侧重从义理的角度来理解。在《四书章句集注》中，朱熹引程子之语曰："载事之辞，容有重称而过其实者，学者当识其义而已；苟执于辞，则时或有害于义，不如无《书》之愈也。"并指出孟子只取《武成》二三策，是"取其奉天伐暴之意，反政施仁之法而已"。针对血流漂杵的问题，朱熹则引古文尚书《武成》中记载殷纣"前徒倒戈，攻于后以北，血流漂杵"之语，认为"然《书》本意，乃谓商人自相杀，非谓武王杀之也。孟子之设是言，惧后世之惑，且长不仁之心耳"③。程朱的解释比赵岐更进一步，他们不仅指出《尚书》亦有过辞，同时强调了孟子对于诗书"不以辞害意"的释读原则，而且朱熹对于"血流漂杵"的解释，颇有调和孟子不"尽信《书》"所带来的经典与圣人之间矛盾的倾向。

---

① 转引自焦循《孟子正义》，中华书局1987年版，第959页。
② 黄晖：《论衡校释》，中华书局1990年版，第391页。
③ 朱熹：《四书章句集注》，中华书局2012年版，第372—373页。

第四章 孟子与战国中期儒家的历史观

古代注疏者对孟子"尽信《书》则不如无《书》"一段的解释与论证,基本出发点就是尊孟,维护孟子的圣人之言。由于孟子这一段话以及注疏者的解读,"血流漂杵"成为过饰之辞的代表,《文心雕龙·夸饰》即举"倒戈立漂杵之论"来说明"虽诗书雅言,风格训世,事必宜广,文亦过焉"①。

不仅如此,孟子不尽信《书》,还影响了人们对《尚书》的研究。如阎若璩即认为"世之疑孟刺孟俱非,而孟之疑《书》废《书》者确也"②,并借助孟子的这段分析,作为论辩《武成》为伪古文的一个力证。

也有对孟子此句的批评。宋代尊孟的同时,亦有一股疑孟的潮流,许多人曾写有疑孟的著作,如司马光《疑孟》、李觏《常语》等。傅野在《述常语》中更指出孟子"所谬者教诸侯以叛天子,以为非孔子之志也;又以尽信《书》不如无《书》之说为今之害,故今之儒者往往由此言而破《六经》"③。不过,他们疑孟的目的是为了尊经,他们批评孟子不"尽信《书》",导致儒者"破《六经》",从某种程度上,恰恰证明孟子"疑经"的态度。

因此,在古代,无论尊孟,还是尊经,抑或想要调和二者之间的紧张,都力图说明孟子"尽信《书》则不如无《书》"反映的是求实与怀疑的精神。

古人的解读与论证,极大地影响了今人对孟子"尽信《书》则不如无《书》"一句的认识,而且人们更将这句话作为孟子疑古、疑经、不迷信书本与权威的一个象征。或曰孟子不尽信《书》,"是对文本误区的超越"④;或曰不尽信《书》"透露出孟子的疑古思想"⑤;或曰不尽信《书》说明孟子不是"传经",而是"疑经",他倡导开创了"疑

---

① 黄叔琳:《增订文心雕龙校注》,中华书局2000年版,第465页。
② 阎若璩:《尚书古文疏证》,上海古籍出版社1987年版,第1178页。
③ 转引自邵博《闻见后录》,载《清波杂志》(外八种),上海古籍出版社1991年版,第275页。
④ 杨海文:《试析孟子解〈诗〉读〈书〉方法论》,《孔子研究》1997年第1期。
⑤ 杨绪敏:《中国辨伪学史》(修订版),天津人民出版社2007年版,第12页。

经"时代；① 甚至有人认为这一句话"充满了反对教条主义的革新精神"，说明"孟子强调独立思考"，"怀疑书本知识的可靠性，也就是重视直接知识、重视直接经验"②。

实际上，不少人已经意识到孟子这段话的问题。他们注意到孟子不"尽信《书》"，并非依据坚实的史料和史实，而是以主观标准来考察历史文献，让历史服务于自己的仁政学说，并指出这是不科学的，也是不可信的。

其实，要理解"尽信《书》则不如无《书》"这句话所反映的孟子对待历史的态度，并不难。我们只要将它放到文本之中，不断章取义，而是从其语境来解读这句话，就能发现孟子之所以不"尽信《书》"，是因为《书》中记载了与孟子仁义之道相违背的事实。因为孟子认为"仁人无敌于天下"，武王"以至仁伐至不仁"，殷人必"箪食壶浆而迎其师"，绝对不会发生"血流漂杵"的事情。他认为真实的情况应该是："武王之伐殷也，革车三百辆，虎贲三千人。王曰：'无畏！宁尔也，非敌百姓也。'若崩厥角稽首。征之为言正也，各欲正己也，焉用战？"（《孟子·尽心下》）

可见，孟子对武王伐纣的有关史实的解读与诠释，基本是为了维护武王的圣人形象，论证仁者无敌、圣王可以统一天下的观点。因此孟子"尽信《书》则不如无《书》"，并非要"疑经"，而是要维护自己的义理和学说。这句话也不是孟子怀疑精神的体现，它反映了孟子对待古史的基本态度是求善而非求真。③

换言之，对于孟子而言，历史的事实（历史之真）不是他关注的重点，他重视的是历史所昭示的意义（历史之善），历史只是他阐述观点、宣扬义理的论据。

---

① 沈顺福：《孟子与"疑经"时代》，《学术月刊》2012年第4期。
② 刘鄂培：《孟子大传》，清华大学出版社1997年版，第290—291页。
③ 黄朴民通过分析儒家对上古战争的解读，也认为儒家总是为了"尚善"而牺牲"求真"，对历史真实进行重构与曲解。详看黄朴民《历史的真实与历史的重构——兼论儒家有关上古战争现象的虚拟化解读》，《文史哲》2012年第3期。

第四章　孟子与战国中期儒家的历史观

二　求善非求真：孟子解读历史的目的

由于求善而非求真的态度，在对待史料上，孟子就经常以自己的观念为标准来衡量史料的真假与价值。对于不利于自己观点的史料，就不"尽信"，认为是"好事者为之也"（《孟子·万章上》），甚至斥之为"非君子之言，齐东野人之语"（《孟子·万章上》）。

就武王伐纣而言，事实上，血流漂杵的情况很可能更接近于历史的真实。记述武王伐纣的文献，还有《逸周书》中的《克殷》《世俘》等篇，而这些篇章相对更加可信。① 梁启超即指出孟子的理想之师，"本为历史上不能发生之事实，而《逸周书》叙周武王残暴之状，或反为真相"②。

《逸周书》的这些篇章中，虽然并没有"血流漂杵"的字眼，但是从中仍能看出武王讨伐商及其附属之国的惨烈，以及武王的残暴。顾颉刚曾根据《逸周书·世俘》篇的记载，统计了与武王伐纣相关的杀人、征伐、狩猎、祭祀以及所获得的俘虏、器物等情况，并认为这些记载表明武王伐殷时，曾大量杀戮殷商的人民，掠夺他们的财富。③ 刘掞藜也曾指出《世俘》所记武王伐纣的情形应为事实，"武王与纣之大战，其必多杀戮无疑。孟子虽尝勉强辩护，他的话岂可相信？"④

实际上，王充在《论衡·语增篇》中早已指出，血流漂杵虽不可能，但兵不血刃亦非其实，"察《武成》之编，牧野之战，血流漂杵，赤地千里。由此言之，周之取殷，与汉、秦一实也，而云取殷易，兵不血刃，美武王之德，增益其实也"⑤。

---

①　顾颉刚认为《世俘》即《武成》，为一书之二名，且著作时代甚早，在史料中具有较高价值。参看顾颉刚《〈逸周书·世俘篇〉校注、写定与评论》，《文史》第二辑。
②　梁启超：《中国历史研究法》（外二种），河北教育出版社2000年版，第112页。
③　顾颉刚：《〈逸周书·世俘篇〉校注、写定与评论》，《文史》第二辑。有人更将武王伐纣称之为一次纯粹的掠夺性战争。参看孙醒《试论武王伐纣的目的与性质》，《史学月刊》1987年第2期。
④　刘掞藜：《讨论古史再质顾先生》，顾颉刚编：《古史辨》（第一册），上海古籍出版社1982年版，第163—164页。
⑤　黄晖：《论衡校释》，中华书局1990年版，第344页。

其实孟子自己在《孟子·滕文公下》中的一段话也透露出，武王伐纣并非易事。他说："周公相武王，诛纣伐奄，三年讨其君，驱飞廉于海隅而戮之。灭国者五十，驱虎、豹、犀、象而远之。"诛讨三年，灭国五十，可见时间之长、过程之艰难、结果之惨烈，即使不是"血流漂杵"，也绝不可能"兵不血刃"。然而，为了维护自己的学说，孟子似乎有意忽视了文献记载中武王伐纣的真实情况，质疑与其义理不同的材料，所以在面对《武成》中记载武王伐纣而血流漂杵的情况时，孟子就强调"尽信《书》则不如无《书》"。

为了论证自己的观点，孟子还会有意地误读史料。一个非常典型的例子就是在《孟子·梁惠王下》中，孟子所举的公刘好货、太王好色的例子。在论证公刘好货时，他举了《诗经·大雅·公刘》中的几句话："乃积乃仓，乃裹糇粮，于橐于囊。思戢用光。弓矢斯张，干戈戚扬，爰方启行。"这段话是说公刘率族人迁豳前的准备，与好货完全无关。在论证太王好色时，他又举《诗经·大雅·緜》中"古公亶父，来朝走马，率西水浒，至于岐下。爰及姜女，聿来胥宇"为例，但是这段话也与好色没有任何关系。然而孟子为了向齐宣王证明，即使是好货、好色，只要与民同之，就能"行王政"，便曲解诗句的原意，解释为公刘好货、太王好色，这足以证明孟子对于历史并非是求真的态度。

不仅如此，为了更好地阐述自己的观点，孟子甚至会臆造史料，编造历史。如《孟子·梁惠王下》中他说："文王之囿方七十里，刍荛者往焉，雉兔者往焉，与民同之。"同时，他又经常强调"文王犹百里起"。百里之国而七十里为文王之囿，这是不可能的，孟子举这个例子，不过是用来向齐宣王说明，只要与民同之，七十里也不大的道理。①

再如《孟子·万章上》中讲述汤三聘伊尹，伊尹以尧舜之道要汤的事情。孔子时已经感叹夏商之"文献不足"（《论语·八佾》），而孟

---

① 关于文王之囿七十里的真伪及相关问题，可参看田野《〈孟子〉中所载孟轲所述史实真伪问题辨正》，硕士学位论文，辽宁师范大学，2007年。

第四章 孟子与战国中期儒家的历史观

子竟然详细叙述了汤聘伊尹的过程与对话,并让伊尹成为深谙尧舜之道,承担起"先知觉后知""先觉觉后觉"的任务,不能不让人怀疑。针对这一事情,蒙文通就曾通过与《韩非子》中有关史料的对比,指出:"孟子所称述者若可疑,而孟子所斥责者翻可信。"[1]

当然,我们也不能苛求孟子,毕竟"孟子不是历史家,而是政治思想家"[2],他更关注的是如何使自己的学说被人接受,付诸实施,所以孟子在对待古史的态度上才以求善为归宿,而不是以求真为目的。

由于对待古史求善而非求真的态度,我们再看《孟子》一书中所记录的古史,就会发现多是经过孟子理性化、逻辑化改造的产物,其古史已经丧失了原有的面貌,更多烙上了孟子思想的印记。

第二节 秩序化:孟子与儒家历史谱系的建构

春秋战国时期是政治混乱、社会失序的时期,这一时期的思想家,都将关注的重点转移到重构社会秩序、重建价值系统上来。系统化、秩序化成为这一时期思想的典型特征。孔子提出"文王既没,文不在兹乎"(《论语·述而》),将自己看作先王道统与斯文的继承者和弘扬者,并为历史的发展确立了一条主线。孟子也不例外,他将多元的古史整齐为一元,还将古史系谱化,以适应和论证自己的观点,并在古史的系统中给自己定位。

一 善恶谱系与治乱循环的历史叙事

孟子私淑孔子,一直以孔子思想的继承人自居,他在历史观上也继承孔子的思想,并有所扩展和发挥。他更加明确地提出了历史发展的主线,即道统自上古延续至孟子时的谱系。对这一谱系,孟子十分看重,

---

[1] 蒙文通:《古史甄微·自序》,上海书店1989年影印版,第6页。
[2] 王玉哲:《中华远古史》,上海人民出版社1999年版,第685页。

并将它安排在《孟子》一书的最后，颇有深意：

> 由尧舜至于汤，五百有余岁，若禹、皋陶，则见而知之；若汤，则闻而知之。由汤至于文王，五百有余岁，若伊尹、莱朱则见而知之；若文王，则闻而知之。由文王至于孔子，五百有余岁，若太公望、散宜生，则见而知之；若孔子，则闻而知之。由孔子而来至于今，百有余岁，去圣人之世，若此其未远也；近圣人之居，若此其甚也，然而无有乎尔，则亦无有乎尔。（《孟子·尽心下》）

在这一段话中，孟子历数了古代圣王由尧、舜、汤以至文王、孔子的发展系谱，认为他们是一脉相承的，"先圣后圣，其揆一也"（《孟子·离娄下》），并指出"五百年必有王者兴，其间必有名世者"（《孟子·公孙丑下》）[1]，也就是以五百年为一个周期，将之前的历史划分为三个阶段，并一直延伸到他所处的时代。

虽然孟子未明确将自己列入这个圣王谱系，但是"舍我其谁"的意味蕴含其中，不言自明。对此，古代注疏者早有认识，朱熹即指出："此言，虽若不敢自谓已得其传，而忧后世遂失其传，然乃所以自见其有不得辞者，而又以见夫天理民彝不可泯灭，百世之下，必将有神会而心得之者耳。故于篇终，历序群圣之统，而终之于此，所以明其传之有在，而又以俟后圣于无穷也，其指身哉！"[2] 顾颉刚也认为"他（孟子）说这番话，不过为自己占地位"[3]。

不过，与孔子不同，孟子除了细数历代圣王的道统系谱，将之作为历史发展的主线外，他还描述了与此道统相反的对立面。在《孟子》

---

[1] 有不少人借此认为孟子的历史观是历史循环论，其实，这是对孟子的误解，孟子并不认为历史是在循环发展，在此，他强调的是历史特别是道统在发展过程中的几个阶段，后面的阶段并非对前面的简单重复。他叙述这个历史发展的阶段，更多是为了叙述自己思想之源，并借此给自己定位。

[2] 朱熹：《四书章句集注》，中华书局2012年版，第385页。

[3] 顾颉刚：《〈古史辨〉第四册顾序》，《古史辨》（第四册），上海古籍出版社1982年版，第9页。

第四章　孟子与战国中期儒家的历史观

一书中，他将古史的发展归结为善与恶的对立与斗争，并将古史人物分成善、恶两个系统，与此相关的就是天下的"一治一乱"。我们将这段重要的材料列举于下：

> 予岂好辩哉？予不得已也。天下之生久矣，一治一乱。当尧之时，水逆行，泛滥于中国。蛇龙居之，民无所定。下者为巢，上者为营窟。《书》曰："洚水警余。"洚水者，洪水也。使禹治之，禹掘地而注之海，驱蛇龙而放之菹。水由地中行，江、淮、河、汉是也。险阻既远，鸟兽之害人者消，然后人得平土而居之。
>
> 尧舜既没，圣人之道衰。暴君代作，坏宫室以为污池，民无所安息；弃田以为园囿，使民不得衣食。邪说暴行又作，园囿、污池、沛泽多而禽兽至，及纣之身，天下又大乱。周公相武王，诛纣伐奄，三年讨其君，驱飞廉于海隅而戮之。灭国者五十，驱虎、豹、犀、象而远之。天下大悦。《书》曰："丕显哉，文王谟！丕承哉，武王烈！佑启我后人，咸以正无缺。"
>
> 世衰道微，邪说暴行有作，臣弑其君者有之，子弑其父者有之。孔子惧，作《春秋》。《春秋》，天子之事也。是故孔子曰："知我者其惟《春秋》乎！罪我者其惟《春秋》乎！"
>
> 圣王不作，诸侯放恣，处士横议，杨朱、墨翟之言盈天下，天下之言，不归杨，则归墨。杨氏为我，是无君也；墨氏兼爱，是无父也。无父无君是禽兽也。公明仪曰："庖有肥肉，厩有肥马，民有饥色，野有饿莩，此率兽而食人也。"杨墨之道不息，孔子之道不著，是邪说诬民，充塞仁义也。仁义充塞，则率兽食人，人将相食。吾为此惧，闲先圣之道，距杨墨，放淫辞，邪说者不得作。作于其心，害于其事；作于其事，害于其政。圣人复起，不易吾言矣。
>
> 昔者禹抑洪水而天下平，周公兼夷狄驱猛兽而百姓宁，孔子成《春秋》而乱臣贼子惧。《诗》云："戎狄是膺，荆舒是惩，则莫我敢承。"无父无君，是周公所膺也。我亦欲正人心，息邪说，距诐

149

行，放淫辞，以承三圣者。岂好辩哉？予不得已也。能言距杨墨者，圣人之徒也。(《孟子·滕文公下》)

这段话，是孟子对于历史及其发展过程的一次完整论述。他认为历史的发展，其表象呈现为"一治一乱"，治乱更替，其背后则是善恶系统的相互交胜，是圣人与危害人类的各种恶进行斗争的过程。孟子认为，在历史上，每有恶的势力占据上风，危及人类之时，便有圣人出现，惩恶扬善，平定天下。因此他依据治乱更替的过程，将历史简化为善、恶两个系统，分为四个历史阶段，即有自然灾害，便有尧、舜、禹的治理；有桀、纣之为虐，便有汤、武之诛讨；有"邪说暴行"，便有孔子作《春秋》；有"诸侯放恣，处士横议"，便有孟子的"距杨墨，放淫辞"。而孟子论述这四个历史阶段的一个重要目的，就是要在构建善恶谱系的过程中，给自己定位，赋予自己诛恶致善的神圣使命。

概括来看，孟子所描述的善与恶的对立，主要是三种情况，即圣人（善的代表）分别与自然灾害、暴政、邪说（恶的表现）的斗争。

其一，尧、舜、禹对自然灾害的治理。关于尧、舜、禹时期的洪水传说，先秦时期不少书籍都有描述。[①]《孟子》中也有详细记载，除了上面我们所引之外，在《孟子·滕文公上》中，孟子有更为详细的描述：

当尧之时，天下犹未平，洪水横流，泛滥于天下。草木畅茂，禽兽繁殖，五谷不登，禽兽逼人。兽蹄鸟迹之道，交于中国。尧独忧之，举舜而敷治焉。舜使益掌火，益烈山泽而焚之，禽兽逃匿。禹疏九河，瀹济漯，而注诸海；决汝汉，排淮泗，而注之江，然后中国可得而食也。

需要注意的是，孟子记述上古洪水的故事，并非要还原当时的社会

[①] 《豳公盨》铭文也记载了大禹治水的事迹，证明这一传说有更久远的渊源。

第四章　孟子与战国中期儒家的历史观

情形，而是为了凸显圣人对灾害的治理。孟子强调上古社会并不适合人类生存，灾害频发，"禽兽逼人"，实际上是一个"恶"的社会，是尧、舜、禹、益等圣人，通过自己的努力，治理了自然灾害，整理了大地秩序，使之更适合人类的居住，"然后中国可得而食也"①。正因此，孟子才极为推崇尧舜，"言必称尧舜"（《孟子·滕文公上》）。

其二，圣王对暴君的征讨。《孟子》一书叙述了夏殷之际汤与葛、桀以及殷周之际文武与纣的善恶对立，并着重于描述善对恶的诛讨。

有葛与桀的不善，便有汤的讨伐。孟子在论述这段历史时，总是将汤与葛、桀作为对立的善恶两方，使双方的善恶属性更加明确。在《孟子》一书中，他把汤塑造为仁德的古代圣王形象。一方面，汤非"以力服人者"，而是"以德服人者"，故而能够使人"中心悦而诚服也"（《孟子·公孙丑上》），从而以七十里而王天下。另一方面，汤尊贤使能，有贤臣辅佐。孟子认为"汤执中，立贤无方"（《孟子·离娄下》），特别是在对待伊尹的态度上，"汤三使往聘之"（《孟子·万章上》），且"汤之于伊尹，学焉而后臣之，故不劳而王"（《孟子·公孙丑下》），可谓敬其人而听其言。② 另外，在对待外邦时，孟子认为汤也是一位仁者，特别是在对待葛的态度上：

> 惟仁者为能以大事小，是故汤事葛，文王事昆夷；惟智者为能以小事大，故大王事獯鬻，句践事吴。以大事小者，乐天者也；以小事大者，畏天者也。乐天者保天下，畏天者保其国。（《孟子·梁惠王下》）

为了更有说服力地论证这个观点，孟子还举了更为详细的例子来

---

① 唐晓峰将这种思想称为"圣人创世思想"，即圣人开创了人文世界和人居环境。参看唐晓峰《从混沌到秩序——中国上古地理思想史述论》，中华书局 2010 年版，第 46—51 页。
② 孟子十分在意君主对待士人的态度，意图提升士人在君主面前的地位，所以他经常强调君主要礼贤下士，且认为"故将大有为之君，必有所不召之臣"（《孟子·公孙丑下》），而他认为汤在对待伊尹的态度上就实现了这一点，所以以此例来论证其观点。孟子的这种理想，实际上也代表了古代士人的美好愿望。

思想史视野下先秦儒家历史观研究

说明：

> 汤居亳，与葛为邻，葛伯放而不祀。汤使人问之曰："何为不祀？"曰："无以供牺牲也。"汤使遗之牛羊。葛伯食之，又不以祀。汤又使人问之曰："何为不祀？"曰："无以供粢盛也。"汤使亳众往为之耕，老弱馈食。葛伯率其民，要其有酒食黍稻者夺之，不授者杀之。有童子以黍肉饷，杀而夺之。《书》曰："葛伯仇饷。"此之谓也。（《孟子·滕文公下》）

葛伯不祀，汤却使人馈赠牛羊，使人为之耕种。一方面显示了汤敬重祭祀、协助邻邦的仁德形象，另一方面又通过葛伯不祭祀，反夺汤馈赠之物，树立了葛伯不仁的形象，从而划分出善恶双方，并为汤征伐葛提供了依据，赋予汤征伐葛以扬善罚恶的意义。① 由此，孟子将汤与葛之间的战争，描绘成善与恶的对立与斗争：

> "汤始征，自葛载"，十一征而无敌于天下。东面而征，西夷怨；南面而征，北狄怨，曰："奚为后我？"民之望之，若大旱之望雨也。归市者弗止，芸者不变，诛其君，吊其民，如时雨降，民大悦。《书》曰："徯我后，后来其无罚。""有攸不惟臣，东征，绥厥士女，匪厥玄黄，绍我周王见休，惟臣附于大邑周。"其君子实玄黄于匪以迎其君子，其小人箪食壶浆以迎其小人，救民于水火之中，取其残而已矣。《太誓》曰："我武惟扬，侵于之疆，则取于残，杀伐用张，于汤有光。"不行王政云尔，苟行王政，四海之内皆举首而望之，欲以为君。（《孟子·滕文公下》）

孟子认为，由于汤与葛伯是善与恶的对立，因此汤征葛是很容易的

---

① 关于汤伐葛的事情，龚自珍已指出孟子之说法不可取，葛伯仇饷是汤的阴谋。在龚说的基础上，近来更有人指出："以汤伐葛为仁义之师的典范，纯是儒家之造作。"参看陈立柱《夏末葛国考》，《殷都学刊》2003 年第 3 期。

第四章 孟子与战国中期儒家的历史观

事情。因为处于恶势力统治下的人民,像大旱之时盼望时雨一样,期盼汤"救民于水火之中",所以汤的征伐必"无敌于天下"。

那么,这样的征伐过程是否是历史事实呢?我们已难以知晓,但是孟子如此详细地叙述汤与葛的关系,并将双方塑造为善与恶的对立,其落脚点则是孟子所推崇的"仁政",也就是说,孟子论说这段故事,主要是为了向万章说明宋虽小国,"苟行王政,四海之内皆举首而望之,欲以为君"(《孟子·滕文公下》)这样一个道理。

同样,在对待汤放桀这件事情上,孟子也是如此处理的。他将汤与桀看作善恶的双方,赋予汤放桀以扬善惩恶的意义。所以当齐宣王问孟子,汤放桀是否可以理解为臣弑君的时候,他予以否认,并为汤进行辩解:"贼仁者谓之贼,贼义者谓之残,残贼之人谓之一夫。闻诛一夫纣矣,未闻弑君也"(《孟子·梁惠王下》)。换言之,孟子通过将桀塑造为恶的代表,从而赋予汤放桀以正当性。

有殷纣的为恶,便有武王的诛讨。纣与桀一样,成为古代暴君的代名词,所以人们在提到暴君时,常常将他们放到一起,以"桀纣"合称,并常与古代圣王的代表"尧舜"对称,构成古代政治文化的一个"母题",成为全社会普遍的政治意识。[①]

殷周之际"武—纣"的善恶对立,也被孟子认为是当时历史的主要线索。他指出纣已失去民心,贼仁、贼义,只是"由汤至于武丁,贤圣之君六七作。天下归殷久矣,久则难变也",同时"纣之去武丁未久也,其故家遗俗,流风善政,犹有存者;又有微子、微仲、王子比干、箕子、胶鬲皆贤人也,相与辅相之,故久而后失之也"(《孟子·公孙丑上》)

由于纣之为恶,贤人皆去之而归文王,"伯夷辟纣,居北海之滨,闻文王作兴,曰:'盍归乎来!吾闻西伯善养老者。'太公辟纣,居东海之滨,闻文王作兴,曰:'盍归乎来!吾闻西伯善养老者。'"(《孟

[①] 详看张分田《"尧舜—桀纣"母题与全社会的普遍政治意识》,《中国社会历史评论》,第四卷。

子·尽心上》）

与纣之为恶相对应的是文、武、周公的仁政："文王视民如伤，望道而未之见。武王不泄迩，不忘远。周公思兼三王，以施四事；其有不合者，仰而思之，夜以继日；幸而得之，坐以待旦。"（《孟子·离娄下》）

由于将周、商双方分别树立为善与恶的代表，那么武王伐纣，也就成为惩恶扬善的正义行为，所以孟子认为，其本质不是臣弑君，而是"诛一夫纣矣"。因此，孟子认为武王伐纣是轻而易举的事情，"武王之伐殷也，革车三百辆，虎贲三千人。王曰：'无畏！宁尔也，非敌百姓也。'若崩厥角稽首"（《孟子·尽心下》）。

其三，孔、孟对邪说暴行的批判。如果说尧、舜、禹主要面对的是自然灾害，汤、文、武、周公主要面对的是昏庸君主的暴政，那么到了孔、孟之时，在孟子看来，主要面对的是"邪说暴行"。也就是说，更多体现在思想领域的争论和话语权的争夺。

孟子私淑孔子，并且极为推崇孔子，对孔子进行圣化。他认为"自有生民以来，未有孔子也"（《孟子·公孙丑上》），"孔子之谓集大成"（《孟子·万章下》），并借用宰我"以予观于夫子，贤于尧舜远矣"（《孟子·公孙丑上》）、有若"圣人之于民，亦类也。出于其类，拔乎其萃，自生民以来，未有盛于孔子也"（《孟子·公孙丑上》）等孔子弟子的言论来证明。孔子如此贤圣，所以孟子说"乃所愿，则学孔子也"（《孟子·公孙丑上》）。

那么，孟子为何如此推崇孔子呢？原因有很多，但其中有一点，那就是在孟子看来，孔子在"邪说暴行"充斥社会的时候，承担起先圣的道统，揭露了当时臣弑君、子弑父的暴行，并对当时不合礼、不仁义的言论进行了批判。孟子认为，孔子主要通过作《春秋》以达到其目的，所以他说"孔子成《春秋》而乱臣贼子惧"（《孟子·滕文公下》）。

至孟子时，诸子继起，百家争鸣，诸种学说流行，孟子却深以此为虑，他认为当时"圣王不作，诸侯放恣，处士横议，杨朱、墨翟之言盈天下"，杨墨的无君无父言论，使"仁义充塞，则率兽食人，人将相食"。孟子认为此时恶的系统再次占据上风，而他则以善的系统的继承人自居，欲维护孔子之道，"距杨墨，放淫辞"，"以承三圣"（《孟子·滕文公下》）。

二　王朝更替与制度模式的历史建构

在对历史进行了善恶的划分，使之形成一定的谱系之后，孟子还对历史上的政权更替和制度设计进行了秩序化建构，使之形成一定的模式。

《孟子》书中讲述了两种政权更替的方式：一种是禅让，可以理解为善的系统内部的主动转让；另一种则是武力，可以理解为善的系统对恶的系统的征讨。孟子所描述的两种方式不仅透出理想化的色彩，而且几乎都有固定的程序。

先看孟子谈论的禅让。孟子推崇尧舜，强调要"法尧舜"（《孟子·离娄上》），对于当时流行的尧舜禅让的传说就不能置之不理，但是为了与自己的学说相匹配，他对禅让的传说和行为进行了再诠释。[1] 孟子认为禅让行为不是尧舜之间的私相授受，而是"天与之，人与之"，具体的程序就是"使之主祭而百神享之，是天受之；使之主事而事治，百姓安之，是民受之也"（《孟子·万章上》）。在这个原则下，尧、舜、禹之间的禅让程序也就非常相似了[2]：

> 舜相尧二十有八载，非人之所能为也，天也。尧崩，三年之丧毕，舜避尧之子于南河之南，天下诸侯朝觐者，不之尧之子而之舜；讼狱者，不之尧之子而之舜；讴歌者，不讴歌尧之子而讴歌舜，故曰天也。夫然后之中国，践天子位焉。（《孟子·万章上》）
> 昔者舜荐禹于天，十有七年，舜崩。三年之丧毕，禹避舜之子

---

[1] 郭店简《唐虞之道》与上博简《子羔》《容成氏》等篇章说明，在当时，儒家是建构禅让传说的重要力量。只是到了战国中后期，随着世袭君主权力的进一步稳固，很多思想家开始质疑禅让。孟子没有直接否定禅让，只是进行了新的诠释，而荀子则直接否定了。

[2] 实际上，尧、舜、禹的禅让，作为一种政权更替的传说，已经形成了固定的文本结构，艾兰曾详细论述，参看［美］艾兰《世袭与禅让——古代中国的王朝更替传说》，孙心菲、周言译，北京大学出版社2000年版。

于阳城。天下之民从之，若尧崩之后，不从尧之子而从舜也。（《孟子·万章上》）

不仅是禅让，以武力的方式实现的朝代更替也非常近似。汤放桀与武王伐纣不论在性质上，还是过程上都类似，他们都是驱除邪恶的正义战争，同时，在孟子看来，这种战争都是兵不血刃，轻而易举地就取得了胜利。

孟子对古代制度的描述也体现了秩序化的特点。如关于井田制的表述。《孟子·滕文公上》中提到："方里而井，井九百亩，其中为公田。八家皆私百亩，同养公田。公事毕，然后敢治私事，所以别野人也。"这是关于井田制较早的，也是比较详细的论述，孟子将它作为西周土地制度的历史形态。然而井田制是否存在，西周是否实行过井田制等问题则成为之后争论的一个焦点，由于井田在孟子之前的文献中记载较少，之后关于井田的记载也多有矛盾，人们始终得不到统一的结论。有人试图从金文中寻找井田的踪迹，但是金文中是否有井田的记载，有的话又是什么样的形态，也仍有很大的分歧。我们不欲在这个问题上纠缠，我们以为西周即使存在井田制，也不会如孟子描述得这般整齐。孟子描述的井田，公私分明、井然有序，是对土地进行网格化处理的典型代表，体现了他对土地制度的秩序化想象和理想化规划。也就是说，孟子描述的井田与其说是西周的井田制，不如说是经过孟子改造，成为孟子所向往的理想社会的土地制度。

再如孟子对五等爵制的描述。在《孟子·万章下》中，有人问孟子周代的爵禄情况，孟子虽然说"其详不可得闻也"，但却非常系统地讲述了五等爵制的情况：

天子一位，公一位，侯一位，伯一位，子、男同一位，凡五等也。君一位，卿一位，大夫一位，上士一位，中士一位，下士一位，凡六等。天子之制，地方千里，公侯皆百里，伯七十里，子男五十里，凡四等。不能五十里，不达于天子，附于诸侯，曰附庸。

第四章 孟子与战国中期儒家的历史观

由于孟子的这段论述，后人往往以此比附周代的官制。其实很多人已经指出，孟子以前的材料虽然都有相应爵制的记载，但绝不像他所讲的这么整齐。如傅斯年在《论所谓五等爵》中即认为，五等爵与《诗》《书》、金文等皆不合，"本由后人拼凑而成，古无此整齐之制"①。实际上，五等爵制很可能就是孟子根据古代爵制的情况，整理而成，也就是将西周春秋的爵制进行系统化、秩序化的产物，因此它并不完全是西周春秋爵制的真实写照。

总之，通过对古史的描述，孟子对历史进行了新的阐释，形成了一个更符合其观念的新的历史叙事。他在孔子历史观的基础上，对历史的线索进行秩序化的建构，将历史发展简化为善与恶的对立与斗争，形成善、恶两个谱系，并在其中赋予自己继承先圣、延续道统、惩恶扬善的历史使命，使自己进入历史，成为历史中善的谱系中的一环，实现自我在历史中的不朽。

第三节 时势与人为：历史运转的主客观条件

前面我们已经分析，孟子认为历史之中有善恶两个谱系，在发展过程中也总有善恶的对立与斗争，由此，历史的发展便呈现出一治一乱的情形。在此基础上，孟子进一步探讨了历史发展背后的影响因素，他认为历史运转受诸多因素影响，其客观条件主要是受天命、时势的制约，其主观条件则在人自身的品格与行为。

一 时势：制约历史的客观条件

战国以前，人们探讨历史发展背后的影响因素时，一般都会谈及天命鬼神的作用。殷商时期自不待言，西周春秋时期虽不断淡化鬼神在历史中的主导作用，提升人在历史中的地位，但是天命鬼神在人们的观念

---

① 傅斯年：《论所谓五等爵》，《民族与古代中国史》，河北教育出版社2002年版，第115页。

中仍然是不可或缺的。即使到了孔子之时，他虽确立了人在历史中的主体地位，但是他仍然敬畏鬼神，强调天命的重要性。

到了战国时期，鬼神信仰被搁置，鬼神在思想家们的理论结构中渐渐失去位置，其功能也逐渐被替代，呈现出功能性的衰落。这一时期的思想家几乎完全将关注的重点放到了现实社会秩序的建构上，无论是从形而上的角度，还是从具体的政策，思想家们都已经无需借助鬼神来阐述自己的理论。特别是到了战国中后期，知识精英几乎已经不再谈论鬼神，他们关心的是如何迅速使国家富强起来，如何实现天下的统一，他们不认为通过祭祀和敬事鬼神可以实现这些目标。

孟子也不例外，有人统计指出："在《孟子》一书中，'鬼'字不再出现，'神'字共出现四次，……其中，真正宗教意义上的'神'字仅一次，即《万章上》中的'百神享之'，而显然，这次也非专门论神，而是捎带提到。"[1]

不过，对于天、命等，孟子如孔子一样，常会提到，并用于论证有关问题。他经常引用《诗》《书》等古籍中有关"天"的论述，如在《孟子·梁惠王下》篇中引《诗》云："畏天之威，于时保之。"引《书》曰："天降下民，作之君，作之师。惟曰其助上帝，宠之四方。"在《孟子·离娄上》中引《诗》云："永言配命，自求多福。"引《太甲》曰："天作孽，犹可违；自作孽，不可活。"[2] 同时，孟子还对一些人或事物，冠以"天"字，以示推崇。如"无敌于天下者，天吏也"（《孟子·公孙丑上》），"仁义忠信，乐善不倦，此天爵也"（《孟子·告子上》），"以大事小者，乐天者也；以小事大者，畏天者也。乐天者保天下，畏天者保其国"（《孟子·梁惠王下》）。由此可知，天、命等概念，在孟子的理论中，仍然有存在的必要，是支撑其理论的重要支点之一，也被孟子认为是影响历史发展的重要因素。

综合《孟子》一书来看，孟子所说的"天"，与传统对于"天"的

---

[1] 吴怀祺、林晓平：《中国史学思想通史·总论先秦卷》，黄山书社2005年版，第301—302页。

[2] 此句孟子在《公孙丑上》篇中亦有引用。

第四章　孟子与战国中期儒家的历史观

认知，仍然有相同的一面，带有一些自然神的属性。比如他说"天油然作云，沛然下雨，则苗浡然兴之矣"（《孟子·梁惠王上》），"天之生物也，使之一本"（《孟子·滕文公上》），"天将降大任于斯人也"（《孟子·告子下》）。

不过，在孟子的思想语境里，"天"与"命"更多代表着一种必然性：

> 行或使之，止或尼之。行止，非人所能也。吾之不遇鲁侯，天也。臧氏之子焉能使予不遇哉？（《孟子·梁惠王下》）
> 莫之为而为者，天也；莫之致而至者，命也。（《孟子·万章上》）
> 顺天者存，逆天者亡。（《孟子·离娄上》）
> 求之有道，得之有命。（《孟子·尽心上》）

由此可见，孟子所说的"天"与"命"，与孔子是一脉相承的。它不由人掌握，不以人的意志为转移，又超出了人的范围，却能决定人和历史的命运，所以他曾说"舜相尧二十有八载，非人之所能为也，天也"（《孟子·万章上》）。

在解释社会历史的时候，孟子也常以此作为理由。如他针对滕文公惧怕齐国筑薛之事时，援引"大王居邠，狄人侵之，去之岐山之下居焉"一事，指出君子要为善，但成功与否则有赖于天："苟为善，后世子孙必有王者矣。君子创业垂统，为可继也。若夫成功，则天也。君如彼何哉？强为善而已矣。"（《孟子·梁惠王下》）

更为典型的例子，则是在《万章上》中，孟子谈论尧、舜、禹禅让之时，反复强调"天"在其中发挥的重要作用。与一般人的认知不同，孟子不认为尧曾禅让给舜，他说"天子能荐人于天，不能使天与之天下"，因此他认为舜有天下是"天与之"。但是孟子不认为天能言，所以他所说的"天与之"，主要是"以行与事示之"，具体而言，就是"使之主祭而百神享之，是天受之"。而在讨论禹不传贤而传子的行为时，孟子也从"天与之"的角度去解释："天与贤，则与贤；天与子，

159

则与子。"在此基础上，他进一步分析了禹传子与尧、舜传贤不同的原因，并最终将其归结于天、命：

> 丹朱之不肖，舜之子亦不肖。舜之相尧，禹之相舜也，历年多，施泽于民久。启贤，能敬承继禹之道。益之相禹也，历年少，施泽于民未久。舜、禹、益相去久远，其子之贤不肖，皆天也，非人之所能为也。莫之为而为者，天也；莫之致而至者，命也。

除了天命，孟子还十分强调时势对历史发展的制约。有人认为"孟子的'势'、'时'范畴是其社会趋势之天命的具体展开和表现，亦是对天命的进一步规定"①。细看《孟子》一书，确实经常提到"时"与"势"，只是这两个词汇在不同的语境中，却有不同的含义。比如《梁惠王上》篇中，孟子在论述要给予人们基本的生活保障时，就说："不违农时，谷不可胜食也；数罟不入洿池，鱼鳖不可胜食也；斧斤以时入山林，材木不可胜用也。""鸡豚狗彘之畜，无失其时，七十者可以食肉矣；百亩之田，勿夺其时，数口之家可以无饥矣"，这里的"时"主要应指自然的时节与动植物生长的规律。在《尽心上》篇中孟子提出"古之贤王好善而忘势，古之贤士何独不然？乐其道而忘人之势。故王公不致敬尽礼，则不得亟见之。见且由不得亟，而况得而臣之乎？"这里说的"势"主要应指权势或权力。

不过，在大部分的语境中，孟子运用这两个概念，主要是指历史发展背后的一些不以人的意志为转移的客观条件，也就是外在的时机与形势。②特别是在论述一些古人虽然圣贤却没能王天下的时候，孟子经常用这两个概念进行解释。最典型的例子就是，其弟子公孙丑的疑问："且以文王之德，百年而后崩，犹未洽于天下；武王、周公继之，然后大行。今言王若易然，则文王不足法与？"(《孟子·公孙丑上》）这话

---

① 王其俊：《试论孟子的天命范畴》，《东岳论丛》1985 年第 4 期。
② 孟子关于时势对人与历史影响的认识，与孔孟之间儒学的认知是一致的，只是更加详细和缜密。

第四章　孟子与战国中期儒家的历史观

看起来是在质疑文王,但其实是对孟子仁人无敌于天下的思想的怀疑。孟子此时就用"时势"的概念给予解答:

> 文王何可当也?由汤至于武丁,贤圣之君六七作。天下归殷久矣,久则难变也。武丁朝诸侯有天下,犹运之掌也。纣之去武丁未久也,其故家遗俗,流风善政,犹有存者;又有微子、微仲、王子比干、箕子、胶鬲皆贤人也,相与辅相之,故久而后失之也。尺地莫非其有也,一民莫非其臣也,然而文王犹方百里起,是以难也。齐人有言曰:"虽有智慧,不如乘势;虽有镃基,不如待时。"今时则易然也。夏后、殷、周之盛,地未有过千里者也,而齐有其地矣;鸡鸣狗吠相闻,而达乎四境,而齐有其民矣。地不改辟矣,民不改聚矣,行仁政而王,莫之能御也。且王者之不作,未有疏于此时者也;民之憔悴于虐政,未有甚于此时者也。饥者易为食,渴者易为饮。孔子曰:"德之流行,速于置邮而传命。"当今之时,万乘之国行仁政,民之悦之,犹解倒悬也。故事半古之人,功必倍之,惟此时为然。(《孟子·公孙丑上》)

孟子认为,殷人享国日久,国祚绵长,且时有圣君,兼有贤臣,文王虽有贤德,但无地无人,"是以难也"。而齐国民多地广,且其时民众处于水火之中,思归能行仁政之王,所以能事半功倍。概括起来,其实就是孟子所说的"彼一时,此一时也"(《孟子·公孙丑下》)。故而他引齐人所言"虽有智慧,不如乘势;虽有镃基,不如待时",正是强调时势的重要性,也就是强调客观条件对人们的制约,即"势不行也"(《孟子·离娄上》)。

其实,不只文王,孟子认为很多古代的贤圣,都由于时势等外在条件限制而不得王天下:

> 匹夫而有天下者,德必若舜禹,而又有天子荐之者,故仲尼不有天下。继世以有天下,天之所废,必若桀纣者也,故益、伊尹、

周公不有天下。伊尹相汤以王于天下，汤崩，太丁未立，外丙二年，仲壬四年。太甲颠覆汤之典刑，伊尹放之于桐。三年，太甲悔过，自怨自艾，于桐处仁迁义；三年，以听伊尹之训己也，复归于亳。周公之不有天下，犹益之于夏，伊尹之于殷也。(《孟子·万章上》)

值得注意的是，虽然这些贤圣没能王天下，但是仍被孟子所看重，特别是其中的周公、孔子，尤为孟子所推崇，所以他将自己所行之道称之为"周公、仲尼之道"(《孟子·滕文公上》)，又称赞孔子为"圣之时者也"(《孟子·万章下》)。这说明，孟子虽然很看重有天下的圣王，但也推崇如周公、孔子这样的圣人，他虽然强调天命时势对历史的制约作用，但更注重的是人在面对历史传统时的作为。孟子认为人应该在尊重天命时势的前提下，进一步发挥人的主动性，有所作为，完成自己的历史使命。

二　人为：推动历史发展的主要动力

孟子对人的重视，应该说是承自孔子，即突出人在天命面前的主动性，强调人可以通过自己的努力去印证天命。所以他说："尽其心者，知其性也。知其性，则知天矣。存其心，养其性，所以事天也。殀寿不贰，修身以俟之，所以立命也。"(《孟子·尽心上》)这段话的落脚点是"知天""事天""立命"，但是孟子强调的重点却不是"天"与"命"，而是人如何做才能"知天""立命"。在他看来，人不需要通过祭祀天命鬼神以事天，而主要是尽心养性以知天，修身以俟命。也就是说，在天与人的关系中，孟子将人放到了更主动的地位，使人在面对天命之时拥有更多的主动权，而不是被动地受命运摆布。

孔子曾说"不怨天，不尤人"，将责任赋予人自身。孟子也是如此，在历史运转的主客观条件中，他注重的是人的作为，强调的是人对历史的承担，特别是圣人在历史发展中的重要作用，所以他说："天时不如地利，地利不如人和。"(《孟子·公孙丑下》)

第四章　孟子与战国中期儒家的历史观

圣人一直是中国传统文化中的一种特殊存在,[①] 他具有神秘的色彩,却又闪烁着人文的光芒。他是"理性、理想、智能和真、善、美的人格化,它不仅是社会和历史的主宰者,而且在整个宇宙体系中居于核心地位,成为经天纬地、扭转乾坤、'赞天地之化育'的超人"[②]。

孟子也将"圣"作为一种至高境界的代表:"可欲之谓善,有诸己之谓信,充实之谓美,充实而有光辉之谓大,大而化之之谓圣,圣而不可知之之谓神。"(《孟子·尽心下》)他认为圣人"出于其类,拔乎其萃"(《孟子·公孙丑上》),故而成为"百世之师也"(《孟子·尽心下》),成为人类社会的规矩准则:

> 规矩,方员之至也;圣人,人伦之至也。欲为君尽君道,欲为臣尽臣道,二者皆法尧舜而已矣。不以舜之所以事尧事君,不敬其君者也;不以尧之所以治民治民,贼其民者也。(《孟子·离娄上》)

正因此,在战国理性发展、文化转型的时期,圣人被赋予了更多的角色,承担了更重的责任。[③]

首先,圣人治理灾害,解决了自然状态的诸多不便。在战国思想家看来,人类社会的每次进步,都与圣人息息相关,正是"有圣人作",才有了文明。孟子也作如是观,在《孟子·滕文公上》篇中,他就指出:"后稷教民稼穑。树艺五谷,五谷熟而民人育。"同时,在孟子看来,圣人还通过对自然灾害的治理,给人类整理出秩序井然,更适于生活的大地,提供了更适宜人类的生存空间,前面我们已有论述,此不赘言。

其次,圣人创制社会规范,终结了社会混乱无序的状态,使人(自

[①] 刘泽华认为圣人是中国传统文化的本体,参看刘泽华《圣人——中国传统文化的本体》,《洗耳斋文稿》,中华书局2003年版,第236—242页。
[②] 刘泽华:《中国传统政治思维》,吉林教育出版社1991年版,第1—2页。
[③] 与此相对的是鬼神在战国思想家理论结构中的地位在下降,鬼神的很多功能被圣人取代,这反映了战国时期人文化的潮流与趋势。

然人）成为人（社会人）。在孟子看来，人如果只是处于温饱的状态，还算不上是"人"，所以他说："人之有道也，饱食、暖衣、逸居而无教，则近于禽兽。"（《孟子·滕文公上》）他认为"人之所以异于禽兽者几希，庶民去之，君子存之"（《孟子·离娄下》），其不同之处，主要就是指有无社会规范与人伦秩序，而孟子认为这两者皆由圣人创制："圣人有忧之，使契为司徒，教以人伦：父子有亲，君臣有义，夫妇有别，长幼有序，朋友有信。"（《孟子·滕文公上》）

实际上，在孟子看来，圣人殚精竭虑，发明创造，才为人类构建了一个良好的有秩序的社会：

圣人既竭目力焉，继之以规矩准绳，以为方员平直，不可胜用也；既竭耳力焉，继之以六律，正五音，不可胜用也；既竭心思焉，继之以不忍人之政，而仁覆天下矣。（《孟子·离娄上》）

需要注意的是，虽然战国思想家所叙述的"圣人"都出神入化，神通广大："圣人之事，广之则极宇宙、穷日月，约之则无出乎其身者也"（《吕氏春秋·执一》），但是他们所说的"圣人"与人们所说的"鬼神"是有本质区别的，即"圣人"仍然是"人"而非"神"。这与战国时期由崇神到崇圣的转变是有关系的，[①] 而孟子就是圣化古史人物的典型。

顾颉刚已经指出，以前作为上帝的"帝"，"到了《孟子》里就不作上帝解而作人王解了"[②]。以尧和禹为例，《尧典》中的帝尧，神性十足，故而有"乃命羲和，钦若昊天，历象日月星辰，敬授人时"等语，而到了《孟子》，尧就不具神性了，而只管人事，所以他说"尧舜与人同耳"（《孟子·离娄下》）。

禹的形象也一样，在《诗经》中，禹还是拥有神性的人物，所以

[①] 参看刘泽华《圣人——中国传统文化的本体》，《洗耳斋文稿》，中华书局2003年版，第236—242页。
[②] 顾颉刚：《中国上古史研究讲义》，中华书局1988年版，第6页。

有"洪水芒芒，禹敷下土方""奄有下土，缵禹之绪"等语，这里用"下土"，充分说明禹的非人性。顾颉刚在《讨论古史答刘胡二先生》等文中，论述了禹的天神性，指出禹是"主领名山川的社神"①。裘锡圭也认为："从《诗经》和《尚书》的《立政》、《吕刑》篇里讲到的禹来看，他显然是带有神性的。关于禹平治洪水，《山海经》、《楚辞》、《淮南子》等书所反映的比较原始的传说，完全是神话性的。"②而我们再看《孟子》里的禹，其主要事迹虽然仍是治水，但已经成为"三过家门而不入"的人间圣王，是人而非神了。

总之，在孟子看来，历史始终是在人与天命时势的互动中运转，历史发展既是人主观努力的结果，又受到外在天命时势的制约。忽视了外在条件，事倍功半，难以成功；消解了个人努力，完全听任时势安排，亦非君子所为。因此，孟子强调一个人要想进入历史、承续道统、完成历史使命，就应该在尊重天命时势等客观条件的前提下，努力发挥自己的主动性，推动历史向善的方向发展。

第四节 修身与得道：承接历史使命的根本

与孔子一脉相承，孟子也确立了人在历史中的主体地位，注重人在历史发展中的主动性。只是，孟子认为，芸芸众生懵懂无知，其自身条件和内在品格，都难以承接历史使命。因此他强调人要不断修身养性，向圣人君子看齐，得道行道，唯此方能实现人与天命的对接，在完成历史使命的过程中，进入历史，并在历史中不朽。

孟子指出"天下之本在国，国之本在家，家之本在身"（《孟子·离娄上》），所以他极为重视修身，强调"守身为大。不失其身而能事其亲者，吾闻之矣；失其身而能事其亲者，吾未之闻也"，即"守身，

---

① 顾颉刚：《讨论古史答刘胡二先生》，《古史辨》（第一册），上海古籍出版社1982年版，第105—150页。
② 裘锡圭、曹峰：《"古史辨"派、"二重证据法"及其相关问题——裘锡圭先生访谈录》，《文史哲》2007年第4期。

守之本也"(《孟子·离娄上》)。

　　修身包含外在仪表的修饰与内在心性的修养,孟子重视的是后者,他所强调的修身可以说就是修心,即对心性的修养。孟子"道性善"(《孟子·滕文公上》),强调"人皆有不忍人之心"(《孟子·公孙丑上》),具体又包括"恻隐之心""羞恶之心""恭敬之心""是非之心"(《孟子·公孙丑上》),而这四心又分别代表仁、义、礼、智四端。孟子认为人人都有善端,"犹其有四体也"(《孟子·公孙丑上》),并强调"凡有四端于我者,知皆扩而充之矣,若火之始然,泉之始达。苟能充之,足以保四海;苟不充之,不足以事父母"(《孟子·公孙丑上》)。因此,孟子强调"万物皆备于我矣。反身而诚,乐莫大焉。强恕而行,求仁莫近焉","求则得之,舍则失之,是求有益于得也,求在我者也"(《孟子·尽心上》),也就是说,孟子认为心已经具备所有的善端,修身不是向外探求,而是向内探索,即"反求诸己"(《孟子·离娄上》)。

　　既然修身主要是修心,那么修心的程度也就决定着人的层次,也就成为君子小人之间的区别。所以孟子说:"大人者,不失其赤子之心者也"(《孟子·离娄下》),并强调"君子所以异于人者,以其存心也。君子以仁存心,以礼存心"(《孟子·离娄下》)。

　　那么,一个人如何修心养性?从消极方面来说,就是要寡欲。孟子指出:"养心莫善于寡欲。其为人也寡欲,虽有不存焉者,寡矣;其为人也多欲,虽有存焉者,寡矣。"(《孟子·尽心下》)从积极层面来讲,则要养浩然之气。孟子认为很难定义浩然之气,但对这种气的状态进行了描述:"其为气也,至大至刚,以直养而无害,则塞于天地之间。其为气也,配义与道;无是,馁也。是集义所生者,非义袭而取之也。行有不慊于心,则馁矣。"(《孟子·公孙丑上》)细究这句话,我们就会发现,孟子所说的"浩然之气",实际上主要还是指他所倡导的仁义、道义。在他看来,一个仁义之人,自然就拥有了浩然正气,而拥有了浩然正气之人,方能"居天下之广居,立天下之正位,行天下之大道",做到"富贵不能淫,贫贱不能移,威武不能屈",才可以称得上是"大

第四章 孟子与战国中期儒家的历史观

丈夫"(《孟子·滕文公下》)。

由此,我们可以看出,孟子强调修身,注重的是一个人内在的道德品格,所以他会以伦理道德作为主要标准,对古史进行伦理化的阐释,对古代人物进行道德化改造,故而傅斯年说:"《孟子》的古史都是些伦理化的话。"[1]

典型的例子就是舜在《孟子》一书中的形象。舜是孟子非常推崇的古代圣王,因此他经常提及。据杨伯峻统计,《孟子》一书中提到舜达 97 次之多,远多于尧(58 次)、汤(35 次)、禹(30 次)、文王(35 次)、武王(10 次)等古代圣王,甚至比孔子(81 次)还多。[2] 这一方面说明孟子对舜的推崇,另一方面也是因为舜更符合孟子心中有德圣王的形象。

概括来看,孟子尤其推崇舜孝悌的一面,使舜成为以孝治国的道德化楷模和大孝的典型[3]:"不得乎亲,不可以为人;不顺乎亲,不可以为子。舜尽事亲之道而瞽瞍厎豫,瞽瞍厎豫而天下化,瞽瞍厎豫而天下之为父子者定,此之谓大孝。"(《孟子·离娄上》)

在《孟子·万章上》中,他还将舜描绘为富有天下、贵为天子都不足以解忧,"惟顺于父母可以解忧"的形象。对于舜不告而娶的行为,孟子也以"不孝有三,无后为大"的理论,来说明这一行为正是大孝的表现。

在《孟子》一书中,舜还是友爱兄弟的表率。孟子指出,在对待一直想要杀掉自己的兄弟象的问题上,舜不仅没有诛之,还封之于有庳,这就符合了孟子强调的"仁人之于弟也,不藏怒焉,不宿怨焉,亲爱之而已矣。亲之欲其贵也,爱之欲其富也"(《孟子·万章上》)的标准。

那么,人可以通过修身达到像尧舜这样的圣人境界吗?孟子认为是

---

[1] 傅斯年:《夷夏东西说》,《民族与古代中国史》,河北教育出版社 2002 年版,第 38 页。
[2] 杨伯峻:《孟子译注》,中华书局 1960 年版。
[3] 舜的这种孝与善的形象,某种程度上也是通过他为恶的父亲和兄弟衬托出来的,由此亦可见通过善恶系谱的构建,特别是恶的对立面的设立,能够更有效地突出善的系谱。

可以的。他曾引有若之言指出:"麒麟之于走兽,凤凰之于飞鸟,太山之于丘垤,河海之于行潦,类也。圣人之于民,亦类也。"(《孟子·公孙丑上》)也就是说,圣人与一般人没有本质的区别,[①] 即孟子所言"圣人与我同类者"(《孟子·告子上》)。正因此,孟子虽然赋予圣人以重任,但是并没有消解一般人努力的必要性,他指出:

> 君子有终身之忧,无一朝之患也。乃若所忧则有之。舜,人也,我亦人也;舜为法于天下可传于后世,我由未免为乡人也,是则可忧也。忧之如何?如舜而已矣!(《孟子·离娄下》)

由于将圣人也放到人的位置,所以孟子认为"人皆可以为尧舜"(《孟子·告子下》),一个君子应该担忧和考虑的是如何成为尧舜,并进入历史,传于后世。而且,孟子认为"尧舜之道,孝悌而已矣"(《孟子·告子下》),很容易达到,"子服尧之服,诵尧之言,行尧之行,是尧而已矣;子服桀之服,诵桀之言,行桀之行,是桀而已矣"(《孟子·告子下》),只是"人病不求耳"(《孟子·告子下》)。

也就是说,在孟子看来,我们只要向尧舜学习,不断修身养性,就能够成圣得道,从而具备承接历史使命的条件,推动历史向善的方向发展,并在这一过程中实现自我的价值,即在历史中不朽。

然而,我们知道,孟子理论中的"圣人"并不像他说得那么容易达到,连孔子都说"若圣与仁,则吾岂敢?"(《论语·述而》)而且,孟子也并没有将普通人与圣人放到一起,让他们都成为历史的主体,"孟子式的主体只是一种道德主体",而"道德主体是一种类主体"[②]。孟子认为人与尧舜等圣人是一类,强调的主要是"圣人对于众人的代

[①] 孟子甚至认为圣人君子也会犯错,只是他们能够做到"过则改之"(《孟子·公孙丑下》),从不遮掩找借口。

[②] 李宪堂、侯林莉:《代表论与规制论——从人性论看儒家思想的专制主义实质》,《王权与社会——中国传统政治文化研究》,崇文书局2005年版,第186页。

第四章　孟子与战国中期儒家的历史观

表权资格","论证的是'小人'被统摄的合理性"①。也就是说,正因为圣人与众人属于一类,具有相同的本性,皆有善端,因此圣人才可以作为这一类中的杰出代表,代表众人取得合法的统治与教化的权力,从而真正成为历史发展的决定力量。而众人不过是被圣人代表的不自觉的芸芸众生,他们"行之而不著焉,习矣而不察焉,终身由之而不知其道者","待文王而后兴"(《孟子·尽心上》),在历史面前显得无足轻重。

其实,修身不只是得道的前提、承接历史使命的根本,它还是向外探求、治国平天下的基点。换言之,一个处在历史与现实交接处的人,只有做到修身得道,才能承续先圣,承担历史赋予他的使命,并在现实中践行他的学说,实现他的历史理想。因此,孟子常说"得志与民由之,不得志独行其道"(《孟子·滕文公下》),"故士穷不失义,达不离道。穷不失义,故士得己焉;达不离道,故民不失望焉。古之人,得志,泽加于民;不得志,修身见于世。穷则独善其身,达则兼善天下"(《孟子·尽心上》)。这样的逻辑,实际上为士人提供了穷则修身、达则从政的一种生活模式,使士人可以在穷达之间进退自如,而不失其精神。

如果说修身是承接历史使命的根本,那么从政则是实现其历史理想的途径。可以说,在孟子的思想逻辑中,从政是修身之后自然而然的结果,所以孟子指出君子士人要从政、仕君:

周霄问曰:"古之君子仕乎?"孟子曰:"仕。传曰:'孔子三月无君,则皇皇如也,出疆必载质。'公明仪曰:'古之人三月无君则吊。'"(《孟子·滕文公下》)

但是孟子强调,君子士人从政、仕君,是有原则的:

陈子曰:"古之君子何如则仕?"孟子曰:"所就三,所去三。

---

① 李宪堂、侯林莉:《代表论与规制论——从人性论看儒家思想的专制主义实质》,《王权与社会——中国传统政治文化研究》,崇文书局2005年版,第186页。

迎之致敬以有礼，言将行其言也，则就之；礼貌未衰，言弗行也，则去之。其次，虽未行其言也，迎之致敬以有礼，则就之；礼貌衰，则去之。其下，朝不食，夕不食，饥饿不能出门户。君闻之曰：'吾大者不能行其道，又不能从其言也，使饥饿于我土地，吾耻之。'周之，亦可受也，免死而已矣。"（《孟子·告子下》）

概括言之，孟子认为君子从政，需要君主待以礼、行其道，否则君子的历史理想与历史责任就很难在现实中实现，也为人不齿："不待父母之命、媒妁之言，钻穴隙相窥，逾墙相从，则父母国人皆贱之。古之人未尝不欲仕也，又恶不由其道。不由其道而往者，与钻穴隙之类也。"（《孟子·滕文公下》）

综上所述，孟子将修身作为承接历史使命的起点与根本，其中最重要的就是要修心养性，拥有一个内在的良好品德。孟子认为只有不断修身，才能达到圣人君子的境界，承担起历史的重任，在现实社会中行其道，实现其历史理想的同时，也让自己进入历史，在历史中不朽。

总而言之，孟子虽然提出"尽信《书》则不如无《书》"的观点，但其实他对待历史的基本态度始终是求善而非求真。在孟子看来，与历史的真实相比，历史所昭示的意义更为重要。因此，孟子依据自己的原则，对历史进行了秩序化和道德化的建构。他将历史划分为善恶两个谱系，指出历史的发展始终是在善与恶的斗争中进行的，由此就呈现出治乱更替的情形。与此同时，孟子将自己纳入善的谱系之中，赋予自己惩恶扬善的责任。另外，孟子对历史运转背后的主客观因素进行了分析，他认为历史运转是天与人共同作用的结果，天命时势会对历史发展起到客观的制约作用，但是人特别是圣人君子也能够发挥自己的主动性，促进历史的发展。因此，孟子不断强调人要修身，从而可以得道成圣，承接历史使命，并在完成使命的同时，在历史中不朽。

第五章　荀子与战国后期儒家的历史观

荀子是战国晚期的大儒，也是先秦儒家思想的集大成者。在战国晚期社会形势急剧变化的背景下，荀子对儒家思想进行了调整，提出了不同于孟子的理论学说，成为战国时期儒家思想的另一个代表人物。在历史观方面，荀子也提出了一系列极具特色的观点，特别是他的"天人之分"的观念与"法后王"的主张，对于天人在社会历史中的作用、历史发展中的变动等问题，提出了新的观点。在此基础上，荀子对社会历史以及相关的历史人物进行了新的诠释，形成了别具特色的儒家历史观的另一个面向。

第一节　把历史还给人：天人之分下的历史观

天人关系是儒家思想体系中的核心命题，在儒家理论结构中占有重要地位，它与儒家的人性论、社会历史观、天论等都有密切关系。荀子通过专门的著述，对天人关系及其在社会历史中的地位与影响，提出了更系统又有别于孔、孟的观点和论述，从而使其历史观呈现出鲜明的色彩。

关于荀子的天人关系理论，前人已经多有论述，概括而言，主要有三种观点。第一种观点认为荀子主张天人相分，强调人定胜天。此说持论众多，也是传统的主流观点。如冯友兰强调荀子所说的天就是指自然界,他"把'天'和'人'的界限严格地划分开来",并认为人定胜天,可以控制自然,改造自然。① 第二种观点认为荀子的"天虽然并没有绝对摒弃自然属性,但是这种自然属性却淹没在它的神的属性之中","'天人之分'指的是天与人各自的职分、名分,并不含有'天人相分'之义",其"制天命而用之"也引申不出人定胜天的思想。② 第三种观点则认为荀子虽然强调天人之分,但其天人观"与儒家天人观并无本质的差异,是'天人合一'论"③。

从《荀子·天论》这篇专门阐述天人关系的文章而言,荀子不仅强调天人各有职分和职责,同时也凸显了天与人的不同和区隔。其中,荀子尤其强调天与人有各自的活动领域,天并不干涉人类社会的兴衰,对人类的行为也没有道德判断和终极裁定。这种对天人的区分,实际上进一步凸显了人在社会历史中的地位,使本来由天人共同影响的历史,全部交给人本身,也就是把历史还给了人。

殷商时期,鬼神是社会政治的中心,影响着历史的发展。周初,随着人文化思潮的萌发,人的地位得以提升,人们在认知和分析历史的发展,特别是朝代的兴衰更替之时,始终从天人两方面来分析。这种基本的框架被后来的儒家所继承,无论是孔子还是孟子,在解释社会历史的发展时,都强调既要尊重外在的天命时势,又要发挥人自身的能动性。虽然在孔子和孟子那里,人的地位不断提升,人在天命时势面前,并非完全被动,而是可以主动探求,但是历史始终笼罩在天命之下,社会历史虽然由人构成,却并不完全由人决定。在此基础上,荀子进一步区分天人,划分它们的领域,提升了人在社会历史中的地位。

《荀子》一书中多次提到"天",且有多重含义,有人将之区分为三类,即自然之天、义理之天与神秘之天。④ 就《天论》而言,荀子所

---

① 冯友兰:《中国哲学史新编》(第二册),《三松堂全集》(第八卷),河南人民出版社2001年版,第586—593页。
② 晁福林:《论荀子的"天人之分"说》,《管子学刊》2001年第2期。
③ 陈业新:《是"天人相分",还是"天人合一"——〈荀子〉天人关系论再考察》,《上海交通大学学报》(哲学社会科学版)2006年第5期。
④ 周俊文:《荀子"天人相分论"研究》,硕士学位论文,海南大学,2012年。

第五章 荀子与战国后期儒家的历史观

说的"天"主要是指自然。荀子认为天与人有一定的关联,"人的各种感觉功能以及感觉器官产生的欲望均由天决定"[①]。所以在《天论》篇中,荀子说:

> 天职既立,天功既成,形具而神生,好恶、喜怒、哀乐臧焉,夫是之谓天情。耳目鼻口形能,各有接而不相能也,夫是之谓天官。心居中虚以治五官,夫是之谓天君。财非其类,以养其类,夫是之谓天养。顺其类者谓之福,逆其类者谓之祸,夫是之谓天政。暗其天君,乱其天官,弃其天养,逆其天政,背其天情,以丧天功,夫是之谓大凶。圣人清其天君,正其天官,备其天养,顺其天政,养其天情,以全其天功。

更准确地说,荀子认为这些均不由人为,而由天成,自然而然。与此相类似,在《荀子·性恶》篇中,他指出"凡性者,天之就也,不可学,不可事"。由此可知,这些天然产生的、并非后天生成的事物,都被荀子用"天"来称呼。

不过,强调"天人之分",才是荀子天人关系思想的主流。荀子认为天人各有职分,各有发挥作用的领域。在自然领域,天有自己的运行法则和规律,"天有常道矣,地有常数矣","列星随旋,日月递炤,四时代御,阴阳大化,风雨博施,万物各得其和以生,各得其养以成,不见其事而见其功,夫是之谓神。皆知其所以成,莫知其无形,夫是之谓天"(《荀子·天论》)。而且荀子认为天不会因为人的道德品行而改变,即"天行有常,不为尧存,不为桀亡"(《荀子·天论》),也不会因为人之好恶而调整,即"天不为人之恶寒也辍冬,地不为人之恶辽远也辍广"(《荀子·天论》)。因此,荀子认为人通过祭祀等宗教行为,也不可能改变天的行为:

[①] 强中华、曹嘉玲:《荀子天人观的四重内涵》,《大连理工大学学报》(社会科学版)2012年第4期。

173

> 雩而雨，何也？曰：无何也，犹不雩而雨也。日月食而救之，天旱而雩，卜筮然后决大事，非以为得求也，以文之也。故君子以为文，而百姓以为神。以为文则吉，以为神则凶也。（《荀子·天论》）

在发生日月食和天旱等自然现象的时候，古人一般认为是由于人的某些行为导致鬼神降灾，所以往往通过祭祀向鬼神祷告祈福。然而荀子认为二者没有关联，因为在他看来"高者不旱，下者不水，寒暑和节而五谷以时孰，是天之事也"（《荀子·富国》），也就是说，荀子认为这些都是天之职分，与人无关。①

在社会历史领域，人则发挥着主导作用，所以荀子说："天能生物，不能辨物也；地能载人，不能治人也；宇中万物生人之属，待圣人然后分也。"（《荀子·礼论》）即把人看作是社会历史的主体，社会历史的盛衰兴亡，均与人有关：

> 天行有常，不为尧存，不为桀亡。应之以治则吉，应之以乱则凶。强本而节用，则天不能贫，养备而动时，则天不能病；修道而不贰，则天不能祸。故水旱不能使之饥，寒暑不能使之疾，祆怪不能使之凶。本荒而用侈，则天不能使之富；养略而动罕，则天不能使之全；倍道而妄行，则天不能使之吉。故水旱未至而饥，寒暑未薄而疾，祆怪未至而凶。受时与治世同，而殃祸与治世异，不可以怨天，其道然也。故明于天人之分，则可谓至人矣。（《荀子·天论》）

也就是说，在荀子看来，社会历史的治乱吉凶，与天无关，只要人特别是君主能够采取周到的措施，那么即使天想要使之混乱也是不可能的，因此他强调出现灾祸，"不可以怨天"。换言之，在荀子看来，"天道归天道，人事归人事，天道非人力所能改变，人事非天道所安排"②。

---

① 不少学者因此认为荀子思想和历史观念中有很浓厚的唯物论因素。参看谭风雷《试论荀子社会历史观中的唯物论因素》，《齐鲁学刊》1986年第2期。
② 强中华、曹嘉玲：《荀子天人观的四重内涵》，《大连理工大学学报》（社会科学版）2012年第4期。

第五章　荀子与战国后期儒家的历史观

揆诸历史，荀子指出，古代圣王与暴君面对的是相同的自然条件，但是却出现不同的结果，说明治乱兴衰与此无关：

> 治乱天邪？曰：日月、星辰、瑞历，是禹、桀之所同也。禹以治，桀以乱，治乱非天也。时邪？曰：繁启蕃长于春夏，蓄积收藏于秋冬，是又禹、桀之所同也。禹以治，桀以乱，治乱非时也。地邪？曰：得地则生，失地则死，是又禹、桀之所同也。禹以治，桀以乱，治乱非地也。《诗》曰："天作高山，大王荒之，彼作矣，文王康之。"此之谓也。（《荀子·天论》）

孟子曾说"天时不如地利，地利不如人和"（《孟子·公孙丑下》），已经开始强调人在面对天、时、地的重要性了，而荀子则直接指明天、时、地均与治乱无关，重要的是人的作为。因此，将关注重点放到社会历史领域的荀子反复强调"唯圣人为不求知天"[①]，而君子与小人的一个重要的区别也在于此：

> 故君子敬其在己者，而不慕其在天者；小人错其在己者，而慕其在天者。君子敬其在己者而不慕其在天者，是以日进也；小人错其在己者而慕其在天者，是以日退也。故君子之所以日进与小人之所以日退，一也。君子小人之所以相县者在此耳。（《荀子·天论》）

在此认识上，荀子进一步指出，对于"星队木鸣"等自然现象，我们无需畏惧，因为它们"是天地之变，阴阳之化，物之罕至者也，怪之可也，而畏之非也"（《荀子·天论》）。他认为我们应该畏惧的不是自然现象，而是"人祅"，也就是人的行为所造成的一些不良后果，主要包括以下几种情况：

[①] 蔡仁厚认为："荀子的观点只是'自然只作自然看'，但却不把自然的天作为研究的对象。他所面对的不是'知识问题'，所以虽然把天作自然看，却并未采取积极的理解自然之态度。"参见蔡仁厚《孔孟荀哲学》，台北学生书局1984年版，第374页。

>　　楛耕伤稼，耘耨失秽，政险失民，田秽稼恶，籴贵民饥，道路有死人，夫是之谓人祅。政令不明，举错不时，本事不理，夫是之谓人祅。礼义不修，内外无别，男女淫乱，则父子相疑，上下乖离，寇难并至，夫是之谓人祅。祅是生于乱，三者错，无安国。其说甚尔，其灾甚惨。勉力不时，则牛马相生，六畜作祅，可怪也，而不可畏也。（《荀子·天论》）

由此可见，荀子强调统治者与其畏天，不如畏人祅，与其忧天，不如忧虑自己的政策措施。另外，他提出：''大天而思之，孰与物畜而制之？从天而颂之，孰与制天命而用之？望时而待之，孰与应时而使之？''（《荀子·天论》）指出人不需要颂天，而只需"制天命而用之"，为自己服务。① 而且，荀子将人看作天下至贵，指出"人有气、有生、有知，亦且有义，故最为天下贵也"（《荀子·王制》）。至此，荀子将社会政治的责任完全赋予人，从而把历史还给人，凸显了人在社会历史发展中的主体地位。

第二节　"法后王"：圣王对历史的占有

荀子通过天人之分，为天人划定了各自的领域，从而把历史还给人，使人成为社会历史的主体，提升了人的地位。不过，与孔子、孟子一样，荀子认为能够真正承担历史使命的人，并非一般的民众，而是圣贤君子。

一　确立圣人的历史主体地位

孟子认为人皆有善端，而荀子则对孟子此说予以批判，指出孟子"是不及知人之性，而不察乎人之性、伪之分者也"（《荀子·性恶》）。他认为人性恶②，并专门作《性恶》篇阐述其理论。荀子认为：

---

① 在《解蔽》篇中，荀子批评庄子"蔽于天而不知人"，也可见他对于人本身的重视。
② 也有学者认为《性恶》篇非荀子所作，荀子非性恶论者，而是性朴论。参见周炽成《荀子非性恶论者辩》，《广东社会科学》2009 年第 2 期。

第五章　荀子与战国后期儒家的历史观

> 人之性恶，其善者伪也。今人之性，生而有好利焉，顺是，故争夺生而辞让亡焉；生而有疾恶焉，顺是，故残贼生而忠信亡焉；生而有耳目之欲，有好声色焉，顺是，故淫乱生而礼义文理亡焉。然则从人之性，顺人之情，必出于争夺，合于犯分乱理而归于暴。故必将有师法之化，礼义之道，然后出于辞让，合于文理，而归于治。用此观之，然则人之性恶明矣，其善者伪也。（《荀子·性恶》）

在荀子看来，性恶之人，自然难以承担起社会历史的重担，而只有能够"化性起伪"的圣人，才是决定历史发展的主体，才是人类文明的创造者。他说："礼义法度者，是圣人之所生也。故圣人之所以同于众，其不异于众者，性也；所以异而过众者，伪也。"（《荀子·性恶》）[①] 在《礼论》篇中，荀子更是将圣人与天、地、无穷并称："故天者，高之极也；地者，下之极也；无穷者，广之极也；圣人者，道之极也。"

另外，与孔子一样，荀子也不断强调君子与小人的区别，在《不苟》篇中，他就指出：

> 君子能亦好，不能亦好；小人能亦丑，不能亦丑。君子能则宽容易直以开道人，不能则恭敬繜绌以畏事人；小人能则倨傲僻违以骄溢人，不能则妒嫉怨诽以倾覆人。故曰：君子能则人荣学焉，不能则人乐告之；小人能则人贱学焉，不能则人羞告之。是君子小人之分也。
>
> 君子，小人之反也。君子大心则天而道，小心则畏义而节；知则明通而类，愚则端悫而法；见由则恭而止，见闭则敬而齐；喜则和而理，忧则静而理；通则文而明，穷则约而详。小人则不然，大心则慢而暴，小心则淫而倾；知则攫盗而渐，愚则毒贼而乱；见由则兑而倨，见闭则怨而险；喜则轻而翾，忧则挫而慑；通则骄而偏，穷则弃而儑。传曰："君子两进，小人两废。"此之谓也。

[①] 这种对圣人与一般人关系的认识，与孟子认为圣人"出乎其类，拔乎其萃"（《孟子·公孙丑上》）的观点是一致的。

由于圣人君子与小人的这些区别，使得荀子将各种历史重任都赋予圣人君子，因为他认为：

> 天下者，至重也，非至强莫之能任；至大也，非至辨莫之能分；至众也，非至明莫之能和。此三至者，非圣人莫之能尽。故非圣人莫之能王。圣人备道全美者也，是县天下之权称也。（《荀子·正论》）

实际上，在荀子看来，圣人君子不仅在现实社会中是道德的楷模，治国理政的中流砥柱，在人类历史的发展中也发挥了巨大作用。他们终结了自然状态，[1]使人类社会从混沌进入秩序，从野蛮走向文明。

儒家很少关注自然界的开天辟地，而常常留意于圣人开创的人文世界。[2]在他们看来，不经圣人整理的世界，灾害频发，混乱无序，人也不成为人，是圣人治理灾害，创制社会规范，使人（自然人）成为人（社会人）。在荀子看来，自然状态和文明社会、自然人[3]与社会人的根本区别，就在于礼义。[4]他指出：

> 水火有气而无生，草木有生而无知，禽兽有知而无义，人有气、有生、有知，亦且有义，故最为天下贵也。力不若牛，走不若马，而牛马为用，何也？曰：人能群，彼不能群也。人何以能群？曰：分。分何以能行？曰：义。故义以分则和，和则一，一则多

---

[1] 我们所说的自然状态是指国家和文明产生以前人类社会的一种状态，它很大程度上是思想家对国家产生以前人类社会的某种想象与建构。对于当时的思想家而言，这种建构与想象，并非是为了还原当时的历史事实，而是为了阐述自然人向社会人转化的必要，论证国家与社会的合理性，确立圣人与君主在一个有序社会的建构与维系中的重要地位。

[2] 唐晓峰将这种思想称为"圣人创世思想"。参看唐晓峰《从混沌到秩序——中国上古地理思想史述论》，中华书局2010年版，第46—51页。

[3] 我们用自然人来描述这种状态下的人，其实在古人看来，这种状态下的人不能称之为人，而是禽兽。

[4] 在《非相》篇中，荀子提出："人之所以为人者，非特以二足而无毛也，以其有辨也。"但他同时说"辨莫大于分，分莫大于礼，礼莫大于圣王"，实际上还是将人与禽兽的区别归结为礼义。

第五章 荀子与战国后期儒家的历史观

力,多力则强,强则胜物,故官室可得而居也。故序四时,裁万物,兼利天下,无它故焉,得之分义也。(《荀子·王制》)

荀子指出,人与禽兽的区别就在于人有义,且能"明分使群",从而通过由礼义联结的人类社会实现"序四时,裁万物,兼利天下"。那么,礼义以及礼乐制度,是百姓众人创立的吗?荀子认为不是,他说:

> 君子以德,小人以力。力者,德之役也。百姓之力,待之而后功;百姓之群,待之而后和;百姓之财,待之而后聚;百姓之势,待之而后安;百姓之寿,待之而后长。(《荀子·富国》)

在荀子看来,百姓无法承担主动创建礼仪制度的重任,而只能等待圣人君子来完成。① 所以在《荀子》一书中,他反复强调礼仪制度为圣人君子所创:

> 有天有地而上下有差,明王始立而处国有制。夫两贵之不能相事,两贱之不能相使,是天数也。势位齐而欲恶同,物不能澹则必争,争则必乱,乱则穷矣。先王恶其乱也,故制礼义以分之,使有贫富贵贱之等,足以相兼临者,是养天下之本也。(《荀子·王制》)
>
> 天地者,生之始也;礼义者,治之始也;君子者,礼义之始也。为之,贯之,积重之,致好之者,君子之始也。故天地生君子,君子理天地。君子者,天地之参也,万物之总也,民之父母也。无君子则天地不理,礼义无统,上无君师,下无父子,夫是之谓至乱。(《荀子·王制》)
>
> 礼起于何也?曰:人生而有欲,欲而不得,则不能无求;求而无度量分界,则不能不争;争则乱,乱则穷。先王恶其乱也,故制

---

① 和孟子类似,荀子也认为圣人是人,与一般人属于一类,只是比一般人要优秀,是"人之所积也"(《荀子·儒效》)。

礼义以分之，以养人之欲，给人之求，使欲必不穷于物，物必不屈于欲，两者相持而长，是礼之所起也。(《荀子·礼论》)

故圣人化性而起伪，伪起而生礼义，礼义生而制法度。然则礼义法度者，是圣人之所生也。(《荀子·性恶》)

由此可知，荀子认为在礼义产生之前，社会争乱不休、混乱无序，不能做到"明分使群"，因此是"至乱"的状态。而圣人①深以此为患，遂制礼义法度，使社会由无序变为有序，也使人因为有礼义，而得以与禽兽区隔，真正成人。而这一切都得益于圣人的开创之功，也就是"天地生之，圣人成之"(《荀子·富国》)。

另外，在荀子看来，圣人不仅创制礼义，也创造了乐，以使人情能有所发而不乱，从而与礼义一起配合起到稳定社会秩序的作用：

夫乐者，乐也，人情之所必不免也，故人不能无乐。乐则必发于声音，形于动静，而人之道，声音、动静、性术之变尽是矣。故人不能不乐，乐则不能无形，形而不为道，则不能无乱。先王恶其乱也，故制《雅》、《颂》之声以道之，使其声足以乐而不流，使其文足以辨而不諰，使其曲直、繁省、廉肉、节奏足以感动人之善心，使夫邪污之气无由得接焉。是先王立乐之方也，而墨子非之，奈何！(《荀子·乐论》)

总之，荀子不认为普通的民众百姓可以承担起历史的重任，他认为民众只能等待圣人君子引领和统治自己，实际上将历史的主体地位赋予圣人。荀子认为在人类社会与文明的起源中，圣人发挥了关键作用，正是他们创制规范制度，造就礼乐文明，才使社会由混乱的自然状态，进入有序的文明社会，也才使人与禽兽区隔，成为人。②

---

① 这几段论述中所说的"先王""圣人""君子"等实际上是异名而同指，与此相类似的说法亦有圣王、圣君等。

② 这样的观点，是大多数战国思想家们的共识，只是他们对人与禽兽的区别以及圣人创制的规范是什么等方面有不同见解。

第五章 荀子与战国后期儒家的历史观

二 圣王对历史的占有

经过上面的分析，我们可以说荀子把历史还给人，但他将圣人看作影响历史发展的关键，使得还给人的历史最终被先王占有，圣人成为历史的创造者和推动者。在这一点上，荀子实际上和孟子是一致的。只是与一般的儒家强调"法先王"不同，荀子还提出了具有鲜明特色的"法后王"主张：

> 百王之道，后王是也。君子审后王之道而论百王之前，若端拜而议。推礼义之统，分是非之分，总天下之要，治海内之众，若使一人，故操弥约而事弥大。（《荀子·不苟》）

> 圣王有百，吾孰法焉？故曰：文久而息，节族久而绝，守法数之有司极礼而褫。故曰：欲观圣王之迹，则于其粲然者矣，后王是也。彼后王者，天下之君也，舍后王而道上古，譬之是犹舍己之君而事人之君也。（《荀子·非相》）

> 君子言有坛宇，行有防表，道有一隆。言道德之求，不下于安存；言志意之求，不下于上；言道德之求，不二后王。道过三代谓之荡，法二后王谓之不雅。高之下之，小之臣之，不外是矣，是君子之所以骋志意于坛宇宫廷也。故诸侯问政不及安存，则不告也；匹夫问学不及为士，则不教也；百家之说不及后王，则不听也。夫是之谓君子言有坛宇，行有防表也。（《荀子·儒效》）

> 王者之制：道不过三代，法不贰后王。道过三代谓之荡，法贰后王谓之不雅。（《荀子·王制》）

> 后王之成名：刑名从商，爵名从周，文名从《礼》，散名之加于万物者，则从诸夏之成俗曲期，远方异俗之乡则因之而为通。（《荀子·正名》）

> 凡成相，辨法方，至治之极复后王。（《荀子·成相》）

由这些材料，我们可以看出，荀子认为圣王虽然有很多，但是最应该被人们效法的则是"后王"。因为他们能够综合前面各代的文化，离现在又比较近，故而是圣王之迹中的"粲然者"。在荀子看来，只有效法后王，才算是抓住了关键，才能"以近知远，以一知万，以微知明"（《荀子·非相》），"舍后王而道上古"，则如同舍弃"己之君"，而侍奉"人之君"。所以他不仅要求"法不二后王"，还强调不能听从那些不法后王的"百家之说"。

那么，荀子所说的"后王"到底是指谁呢？对此，学界争论不休，聚讼不已，目前主要形成三种观点。第一种观点认为"后王"为"当世之王"或"近时之王"，童书业[1]、金德建[2]等人即持此说；第二种观点断言"后王"指的是周代文武诸王，郭沫若[3]、冯友兰[4]、侯外庐[5]等人倡导此说；第三种观点则认为"后王"指的是孔子，主要代表人物是章太炎。[6]

我们以为，将"后王"理解为"当世之王"更为切近荀子的原意。针对《史记·六国年表》中，"传曰'法后王'，何也？以其近己而俗变相类，议卑而易行也"。张守节《正义》注曰："后王，近代之王。"唐代杨倞在为《荀子》作注时，更明确指出"后王，当今之王。言后王之道与百王不殊，行尧、舜则是亦尧、舜也。"[7]

近来有学者研究指出，儒家思想本身有十分强烈的入世性格，但孔、孟思想限于时代，却在这方面有所缺失，故而处处碰壁。而荀子则因应时代需要，提出"法后王"，以强化儒学的现实性。因此他认为"'后王'毫无疑义地指'当今之王'或'近世之王'，亦即那些在急

---

[1] 童书业：《先秦七子思想研究》，齐鲁书社1982年版，第194页。不过，在此书中，他又认为荀子对当世之王也有不满，所以其"后王"应指理想中的未来的"王"。

[2] 金德建：《先秦诸子杂考》，中州书画社1982年版，第208页。

[3] 郭沫若认为荀子是复古的，推崇周道，并认为他的"法后王"与孟子的"法先王"毫无区别。参见郭沫若《荀子的批判》，《中国古代社会研究》（外二种），河北教育出版社2000年版，第654页。

[4] 冯友兰：《中国哲学史新编》（第二册），商务印书馆1964年版，第365页。

[5] 侯外庐、赵纪彬、杜国庠：《中国思想通史》（第一册），人民出版社1957年版，第577页。

[6] 章太炎：《章太炎全集》（第三卷），上海人民出版社1984年版，第7页。

[7] 王先谦：《荀子集解》，中华书局1988年版，第48页。

第五章　荀子与战国后期儒家的历史观

剧变化的时代中变法自强的帝王，'法后王'就是要取法当代之王那些在现实政治中产生了积极有效的作用的措施与方略"①。

我们以为这种说法是正确的。战国晚期思想家的理论，确实更切近现实社会政治。荀子也不例外，所以他在《儒效》篇中就提出"雅儒"能够"法后王，一制度，隆礼义而杀诗书"，这一观念与当时秦国的政策措施可以说已经很接近了，故而杨向奎曾说"雅儒近于法家"②。因此，有学者指出："正是荀子，在古今一贯的宇宙论背景下，发布了大一统专制王权的入世宣言，揭开了秦帝国暴政的序幕。"③事实确实如此，荀子的"法后王"，实际上使当今之王与曾经创造历史的先王一样，成为人们膜拜与效仿的对象。

另外，在《解蔽》篇中，荀子更宣称："圣也者，尽伦者也；王也者，尽制者也。两尽者，足以为天下极矣。故学者，以圣王为师，案以圣王之制为法，法其法，以求其统类，以务象效其人。"他将圣与王结合起来，使之成为天下之极的圣王，让圣王实现了对历史的占有，成为历史发展中的真正主体。

三　圣王的历史传承问题

关于历史上圣王之间的传承关系，特别是禅让问题，荀子也有自己的认识。关于禅让的问题，孔子很少提及，仅在颇有争议的《论语·尧曰》篇中提到尧命舜、舜命禹的事情。新出竹简材料中，被认为是早期儒家文献的郭店简《唐虞之道》以及上博简的《子羔》《容成氏》，较为详细地论述了有关禅让的问题。孟子之时，禅让思想已经成为一种思潮，燕国的君主甚至将禅让付诸实施，只是最后以失败告终。孟子认为禅让行为不是尧舜之间的私相授受，而是"天与之，人与之"（《孟子·万章上》），前面笔者已经有所论述。

---

① 张德苏：《荀子"法后王"及其儒学史意义》，《孔子研究》2007年第2期。
② 杨向奎：《大一统与儒家思想》，北京出版社2011年版，第44页。
③ 李宪堂：《论类分思维与战国精神——兼论五行八卦模式的专制主义本质》，《文史哲》2014年第1期。

183

荀子的认识，与之前不同，在《正论》等篇章中，针对禅让问题他对当时一些流行的观点进行了批判，① 并提出了自己的主张。

战国时期，尧舜禅让已经成为当时人的一般认知，禅让思想也成为一种影响很大的思潮。② 但是荀子却对当时的"常识"，提出了质疑和批判，明确否定"尧舜禅让"的存在：

> 世俗之为说者曰："尧舜擅让。"是不然。天子者，势位至尊，无敌于天下，夫有谁与让矣？道德纯备，智惠甚明，南面而听天下，生民之属莫不振动从服以化顺之，天下无隐士，无遗善，同焉者是也，异焉者非也，夫有恶擅天下矣？（《荀子·正论》）

荀子认为天子权势至尊，道德高尚，智慧也无人能及，"无敌于天下"，没有可以与之相匹配的人，也没有可以禅让的对象，所以不可能存在禅让的情况。由此，荀子就否定了尧舜生前禅让的可能。

不仅如此，对于尧舜死后禅让的问题，他也予以否定：

> 曰："死而擅之。"是又不然。圣王在上，图德而定次，量能而授官，皆使民载其事而各得其宜。不能以义制利，不能以伪饰性，则兼以为民。圣王已没，天下无圣，则固莫足以擅天下矣。天下有圣而在后子者，则天下不离，朝不易位，国不更制，天下厌然与乡无以异也，以尧继尧，夫又何变之有矣？圣不在后子而在三公，则天下如归，犹复而振之矣，天下厌然与乡无以异也，以尧继尧，夫又何变之有矣？唯其徙朝改制为难。故天子生则天下一隆，致顺而治，论德而定次；死则能任天下者必有之矣。夫礼义之分尽

---

① 只有《成相》篇似乎并未批评禅让，反而提出"尧舜尚贤身辞让""尧让贤，以为民，泛利兼爱德施均""舜授禹，以天下，尚得推贤不失序"等赞美尧舜禅让的观点，似乎与《正论》篇矛盾。不过有不少学者认为《成相》篇非荀子所作。可参看张小苹《〈成相篇〉非荀作考》，《浙江社会科学》2011 年第 5 期。

② 关于禅让思潮在战国时期兴起的原因，可参看李振宏《"禅让说"思潮何以在战国时代勃兴——兼及中国原始民主思想之盛衰》，《学术月刊》2009 年第 12 期。

第五章　荀子与战国后期儒家的历史观

矣，擅让恶用矣哉？（《荀子·正论》）

荀子将圣王死后的情况分为三种。第一种是死后无圣，即圣王死后，没有能够与之相匹配的圣人，那么也就没有可以禅让的对象，所以不存在禅让的问题。第二种是死后有圣，由同样是圣人的儿子继承，那么制度与圣王在位时无异，等于是"以尧继尧"，没有变化，所以也不算是禅让。第三种情况也是死后有圣，只是圣人不是圣王的儿子而是圣王之时的大臣，这种情况下，天下仍然能够振兴，如同是"以尧继尧"，也用不着禅让。由此，荀子认为死而禅让的情况也是不存在的。

在此基础上，他又进一步否定了圣王"老衰而擅"的情况：

曰："老衰而擅。"是又不然。血气筋力则有衰，若夫智虑取舍则无衰。

曰："老者不堪其劳而休也。"是又畏事者之议也。天子者，势至重而形至佚，心至愉而志无所诎，而形不为劳，尊无上矣。衣被则服五采，杂间色，重文绣，加饰之以珠玉；食饮则重大牢而备珍怪，期臭味，曼而馈，代睪而食，雍而彻乎五祀，执荐者百人侍西房；居则设张容，负依而坐，诸侯趋走乎堂下；出户而巫觋有事，出门而宗祝有事，乘大路、趋越席以养安，侧载睪芷以养鼻，前有错衡以养目，和鸾之声，步中武、象，趋中韶、护以养耳，三公奉軛持纳，诸侯持轮挟舆先马，大侯编后，大夫次之，小侯、元士次之，庶士介而夹道，庶人隐窜，莫敢视望。居如大神，动如天帝，持老养衰，犹有善于是者与不？老者，休也，休犹有安乐恬愉如是者乎？故曰：诸侯有老，天子无老，有擅国，无擅天下。古今一也。（《荀子·正论》）

荀子区分了身体和智虑，认为身体会衰老而智虑则不会，所以圣王不会出现因老衰而禅让的情况。同时，由于圣王至尊无比，吃穿用度和日常事务皆有人照料，可以说是养尊处优，不会劳累，也用不着休养，自然也就不用因为劳累而禅让。所以他认为只有那些需要费心劳力的诸侯才会老，才需要老而禅让，而作为天子的圣王则不会因老衰而禅让，故而不存在擅天下的情况。至此，荀子就将所有支持尧舜禅让的理由全部否定，并在此基础上，得出这样的结论："夫曰'尧、舜擅让'，是虚言也，是浅者之传，陋者之说也，不知逆顺之理，小大、至不至之变者也，未可与及天下之大理者也。"（《荀子·正论》）

荀子的解释有其内在的逻辑，他对禅让的阐释，与他天人之分下的历史观是一致的。前面我们已经分析了，荀子强调"天人之分"，使天退出了社会历史领域，因此他对禅让的解释，就不可能因循孟子所说的"天与之，人与之"的模式，而是采取了直接否定的方式。

不可否认的是，荀子的诠释也有不少漏洞，他实际上并没有否定传贤的存在，只是通过偷换概念，使之与禅让相区别。他对天子因为具备良好的衣食住行的条件，所以不老的解释，也让人觉得牵强。即使如此，荀子仍然极力否定当时流行的禅让思潮，有人认为"究其实质，仍只是在战国晚期君权观念强化后的一种变通说法"[①]。

第三节 "古今一也"：历史发展中的变与不变

通看《荀子》一书，他虽然提倡"法后王"，但并没有否定"先王"。据统计，《荀子》一书中，"后王"出现16次，而"先王"则多达46次，[②] 且大都是颂扬之辞，足见荀子对上古先王的赞赏。可以说，"先王"在荀子那里代表的是一个至高无上的标准，他说："不闻先王之遗言，不知学问之大也。"（《荀子·劝学》）并强调"凡言不合先王，不顺礼义，谓之奸言，虽辩，君子不听"（《荀子·非相》），"声则凡非雅声者举废，色则凡非旧文者举息，械用则凡非旧器者举毁。夫

[①] 彭邦本：《先秦儒家禅让传说新探——传世文献与出土资料的综合考察》，博士学位论文，四川大学，2006年。

[②] 阚琉声：《论荀子历史思想中的时变与不变》，硕士学位论文，吉林大学，2012年。

第五章　荀子与战国后期儒家的历史观

是之谓复古。是王者之制也"（《荀子·王制》）。

在论述自己的观点时，荀子也经常引述尧、舜、汤、武等先王的事例。比如在《成相》篇中，他就大赞尧、舜、禹、汤等先王：

> 请成相，道圣王，尧、舜尚贤身辞让。许由、善卷，重义轻利行显明。尧让贤，以为民，泛利兼爱德施均。辨治上下，贵贱有等明君臣。尧授能，舜遇时，尚贤推德天下治。虽有圣贤，适不遇世孰知之？尧不德，舜不辞，妻以二女任以事。大人哉舜！南面而立万物备。舜授禹，以天下，尚得推贤不失序。外不避仇，内不阿亲，贤者予。禹劳心力，尧有德，干戈不用三苗服。举舜甽亩，任之天下身休息。得后稷，五谷殖，夔为乐正鸟兽服。契为司徒，民知孝弟尊有德。禹有功，抑下鸿，辟除民害逐共工。北决九河，通十二渚疏三江。禹傅土，平天下，躬亲为民行劳苦。得益、皋陶、横革、直成为辅。契玄王，生昭明，居于砥石迁于商，十有四世，乃有天乙是成汤。天乙汤，论举当，身让卞随举牟光。道古贤圣基必张。

虽然崇敬先王，但是荀子认为先王之世，去今已远，难以效法。在《非相》篇中，他给出了解释：

> 五帝之外无传人，非无贤人也，久故也。五帝之中无传政，非无善政也，久故也。禹、汤有传政而不若周之察也，非无善政也，久故也。传者久则论略，近则论详，略则举大，详则举小。愚者闻其略而不知其详，闻其详而不知其大也，是以文久而灭，节族久而绝。

这话说得很明确，并非没有贤人去传承五帝之善政，皆因时间久远，或略或灭，难以传承。

在《正名》篇中，荀子又从名实关系的角度强调不能完全因循先王，而要有所创新："今圣王没，名守慢，奇辞起，名实乱，是非之形不明，则虽守法之吏，诵数之儒，亦皆乱也。若有王者起，必将有循于旧名，有作于新名。"因此，荀子强调要能随着"时""世"之不同，因时而变、因世而异，不能拘泥于旧有的制度。荀子将此称为"与时迁徙，与世偃仰"（《荀子·儒效》）。在《不苟》篇中，他则强调君子"与时屈伸，柔从若蒲苇"，也就是要像蒲苇一样柔顺，以适应社会时代。而在《仲尼》篇中，他更直言"君子时诎则诎，时伸则伸也"。

之所以强调"与时迁徙，与世偃仰"，是因为荀子认识到，当时的社会发生了极大的变化，时代已经与先王之时大不相同：

> 古者百王之一天下，臣诸侯也，未有过封内千里者也。今秦南乃有沙羡与俱，是乃江南也，北与胡、貉为邻，西有巴、戎，东在楚者乃界于齐，在韩者逾常山乃有临虑，在魏者乃据圉津，即去大梁百有二十里耳，其在赵者剡然有苓而据松柏之塞，负西海而固常山，是地遍天下也。（《荀子·强国》）

与之前相比，荀子认为社会地域的范围已经得到极大扩展，仅仅一个秦国已然如此广大。然而变化还不止如此，社会政治文化也急剧变化，与先王之时不同："诰誓不及五帝，盟诅不及三王，交质子不及五伯。"（《荀子·大略》）杨倞注曰："此言后世德义不足，虽要约转深，犹不能固也。"[1]

荀子强调，一个人只有能够与社会时代相适应，才能在历史中做出应有的贡献。他在《成相》篇中举舜的例子以为佐证："尧授能，舜遇时，尚贤推德天下治。虽有圣贤，适不遇世，孰知之？"即使如舜这般的圣人，若不遇时，也难以取得成功，故而他自己也感慨"嗟我何人，独不遇时当乱世！"在《宥作》篇中，他更借孔子之口明确提出"夫贤不肖者，材也；为不为者，人也；遇不遇者，时也；死生者，命也。今有其

---

[1] 王先谦：《荀子集解》，中华书局1988年版，第519页。

第五章　荀子与战国后期儒家的历史观

人不遇其时，虽贤，其能行乎？苟遇其时，何难之有？故君子博学、深谋、修身、端行以俟其时。"① 由此亦可见荀子对因时而变的重视。

那么，既然"时""世"不断在变化，我们要因时而变，荀子为何在提倡"法后王"的同时，还主张"法先王"呢？关于这个问题，学者们提出了很多解释。如廖名春通过具体分析《荀子》一书中有关后王说的篇章，认为它蕴含三个层次的认识：后王先王同理论；法后王易，法先王难；以法后王而法先王。也就是说，荀子的法后王说，主观上法古，客观上重今，"实质就是一种由法后王而法先王的'以近知远'论"②。张德苏则认为荀子所说的后王实际就是当世之王，法后王也是为了积极因应历史的变化。他指出荀子思想有两个层次：一个是"道""统"层次，这个层次是儒家学说的理想层面，在这个层次上荀子强调"法先王"；另一个是"制度"层次，这个层次讲"法后王"，将儒学与政治连接起来。③ 东方朔引入历史意识的概念，解释荀子既"法先王"又"法后王"的思想。他指出，相比于孟子"遵先王之法"的"例证式"的历史意识，荀子的"法后王"当属于"演化式"的历史意识。他还着重对"天地始者，今日是也"和"百王之法不同"等进行了分析，认为荀子是"道法先王、法法后王"，有关"法先王"与"法后王"之争的"真正的本质乃在于'如何保存先王之道'的问题"④。

我们认为廖名春所说的"后王先王同理论"，比较符合荀子的内在思想。荀子虽然强调因时而变，但是他认为圣人所创立的道是不变的，⑤ 也就是说，历史最本质性的东西前后一致，没有变化，⑥ 所以他

---

① 此语与郭店简《穷达以时》中"遇不遇，天也"的思想是一脉相承的，与孟子对于时势影响人与历史的认知也是一致的，这也反映了儒家思想在这个方面的延续性。
② 廖名春：《荀子"法后王"说考辨》，《管子学刊》1995 年第 4 期。
③ 张德苏：《荀子"法后王"及其儒学史意义》，《孔子研究》2007 年第 2 期。
④ 东方朔：《"先王之道"与"法后王"——荀子思想中的历史意识》，《复旦学报》（社会科学版）2011 年第 6 期。
⑤ 阚琉声从历史运行之道历时不变、治道历时不变、兼并和用兵之道历时不变、立世之道历时不变等几个方面详细论述了荀子的道历时不变的思想。参看阚琉声《论荀子历史思想中的时变与不变》，硕士学位论文，吉林大学，2012 年。
⑥ 这种认识实际上和孔子的损益变化观念是一致的。

说"百王之无变，足以为道贯"（《荀子·天论》）。

正因为有这种认识，所以荀子将持有"古今异情，其以治乱者异道"（《荀子·非相》）观点的人称为"妄人"，并对这种观点进行了批判，提出了自己的见解：

> 彼众人者，愚而无说，陋而无度者也。其所见焉，犹可欺也，而况于千世之传也！妄人者，门庭之间，犹可诬欺也，而况于千世之上乎！圣人何以不欺？曰：圣人者，以己度者也。故以人度人，以情度情，以类度类，以说度功，以道观尽，古今一度也。类不悖，虽久同理，故乡乎邪曲而不迷，观乎杂物而不惑，以此度之。（《荀子·非相》）

荀子认为人与人同类，今与古同理，所以圣人可以以己度人，"以道观尽"，而不被欺。因此，在《荀子》的许多篇章中，他都反复强调"古今一也"这个道理：

> 以德兼人者王，以力兼人者弱，以富兼人者贫。古今一也。（《议兵》）
> 杀人者死，伤人者刑，是百王之所同也，未有知其所由来者也。（《正论》）
> 诸侯有老，天子无老，有擅国，无擅天下。古今一也。（《正论》）
> 凡礼，事生，饰欢也；送死，饰哀也；祭祀，饰敬也；师旅，饰威也；是百王之所同，古今之所一也，未有知其所由来者也。（《礼论》）
> 故三年之丧，人道之至文者也。夫是之谓至隆，是百王之所同也，古今之所一也。（《礼论》）
> 故尊圣者王，贵贤者霸，敬贤者存，慢贤者亡，古今一也。（《君子》）

第五章　荀子与战国后期儒家的历史观

　　与道的历时不变相应的，就是荀子所说的历史的终始循环。① 在《赋》篇中，他说："千岁必反，古之常也。"而在《王制》篇中，他更明言："始则终，终则始，若环之无端也，舍是而天下以衰矣。"对此，杨倞注曰："言以此道为治，终始不穷，无休息，则天下得其次序，舍此则乱也。"② 也就是说，荀子认为由于存在历时不变的道，因此，社会历史的运转始终是围绕道进行的，它虽有变化，却不离其宗，故而呈现出循环往复的状态。

　　另外，在荀子看来，正是由于存在这种历时不变的道，人们才能以今度古，"以法后王而法先王"③，对于历史的认识也才是可能的。因为"千人万人之情，一人之情也。天地始者，今日是也。百王之道，后王是也"（《荀子·不苟》），我们才能做到"欲观千岁，则数今日；欲知亿万，则审一二；欲知上世，则审周道；欲审周道，则审其人所贵君子"（《荀子·非相》）。这种认识事物和历史的方法，荀子概括为"以近知远，以一知万，以微知明"（《荀子·非相》），或者是"以类行杂，以一行万"（《荀子·王制》）④。同时，这也可以说是荀子提倡"法后王"的一个重要理论依据。

　　总之，荀子认为历史发展既有因时而变的因素，又有历时不变的道理。一方面，历史会随着社会形势的变化而变化，因此要适应新的"时""世"，就需要因时而变，效法后王；另一方面，历史的变化始终是表面的变动，其最本质的东西——道，不曾也不会发生变化，在这一方面，历史又呈现出不变的一面。因此荀子认为，我们可以"以近知远"，通过认识现在而认识历史。如此一来，"法后王"就如同"法先王"，历史发展的变与不变在这里就实现了逻辑上的统一。

---

　　① 有人据此判定荀子是个复古主义者。参看刘周堂《荀况是个复古主义者》，《湖南师范大学社会科学学报》1986 年第 5 期。
　　② 王先谦：《荀子集解》，中华书局 1988 年版，第 163 页。
　　③ 廖名春：《荀子"法后王"说考辨》，《管子学刊》1995 年第 4 期。
　　④ 李宪堂将这种方法和思维方式称为类分—类推思维，并认为这种思维方式是专制王权的盟军。参看李宪堂《论类分思维与战国精神——兼论五行八卦模式的专制主义本质》，《文史哲》2014 年第 1 期。

第四节　思想谱系的历史建构

相比于宗教，儒家更注重历史，某种程度上我们可以说，儒家是"以历史为宗教"，所以他们追求的不是死后的永恒，而是在历史中不朽。因此儒家在认识历史的过程中，都试图勾勒出历史的道统，建构历史的谱系，并在历史中给自己定位，明确自己的责任。

荀子也不例外，《荀子》一书以《劝学》开篇，以《尧问》结尾，与《论语》以《学而》始，以《尧曰》终，颇为相似，似有承袭《论语》、继承孔子之意。[①] 而荀子树立自己的地位，捍卫其思想正统性的重要方式，就是对前人的思想进行总结与批评，借此凸显自己思想的合理性，所以他专门作《非十二子》《解蔽》等文以总结和批判前人的观点。

一方面，荀子对儒家以外诸子的思想进行了描述和批判：

> 纵情性，安恣睢，禽兽行，不足以合文通治；然而其持之有故，其言之成理，足以欺惑愚众，是它嚣、魏牟也。
>
> 忍情性，綦谿利跂，苟以分异人为高，不足以合大众，明大分；然而其持之有故，其言之成理，足以欺惑愚众，是陈仲、史鳅也。
>
> 不知壹天下、建国家之权称，上功用、大俭约而僈差等，曾不足以容辨异、县君臣；然而其持之有故，其言之成理，足以欺惑愚众，是墨翟、宋钘也。
>
> 尚法而无法，下修而好作，上则取听于上，下则取从于俗，终日言成文典，反紃察之，则倜然无所归宿，不可以经国定分；然而其持之有故，其言之成理，足以欺惑愚众，是慎到、田骈也。

---

① 关于《荀子·尧问》等篇章与荀子的关系，人们还有争论，不过这种谋篇布局，至少说明最后的编订者有此深意。

第五章　荀子与战国后期儒家的历史观

> 不法先王，不是礼义，而好治怪说，玩琦辞，甚察而不惠，辩而无用，多事而寡功，不可以为治纲纪；然而其持之有故，其言之成理，足以欺惑愚众，是惠施、邓析也。（《荀子·非十二子》）

荀子认为这些思想虽然持之有故，言之有理，但其实都是"欺惑愚众"的思想，是"邪说""奸言"，难以治国理政，而足以"枭乱天下"，因此是应该除去的"天下之害"。

在《天论》篇中，荀子则指出诸子思想偏颇的一面，他认为：

> 万物为道一偏，一物为万物一偏，愚者为一物一偏，而自以为知道，无知也。慎子有见于后，无见于先；老子有见于诎，无见于信；墨子有见于齐，无见于畸；宋子有见于少，无见于多。有后而无先，则群众无门；有诎而无信，则贵贱不分；有齐而无畸，则政令不施；有少而无多，则群众不化。

在《解蔽》篇中，他也指出："墨子蔽于用而不知文，宋子蔽于欲而不知得，慎子蔽于法而不知贤，申子蔽于势而不知知，惠子蔽于辞而不知实，庄子蔽于天而不知人。"荀子认为诸子的思想都只看到了一个方面，有很大的缺陷，因此"皆道之一隅也"（《荀子·解蔽》）。真正的大道"体常而尽变，一隅不足以举之"，所以荀子认为诸子思想实行的结果只能是"内以自乱，外以惑人，上以蔽下，下以蔽上"（《荀子·解蔽》）。

诸子之学不足以"经国定分"，那么就只有儒家的思想可以"举而用之"了，所以当秦昭王对荀子说"儒无益于人之国"时，他就反复强调儒者的好处，认为他们无论在朝在野，不管是穷是达，都能有益于国家：

> 儒者法先王，隆礼义，谨乎臣子而致贵其上者也。人主用之，

则势在本朝而宜；不用，则退编百姓而悫；必为顺下矣。虽穷困冻馁，必不以邪道为贪；无置锥之地而明于持社稷之大义。鸣呼而莫之能应，然而通乎财万物、养百姓之经纪。势在人上则王公之材也；在人下则社稷之臣，国君之宝也。虽隐于穷阎漏屋，人莫不贵之，道诚存也。（《荀子·儒效》）

不过，荀子认为儒家的思想虽好，但是在孔子之后，却出现了许多背离孔子之学的流派，比如他在《非十二子》篇中所说的"子张氏之贱儒""子夏氏之贱儒""子游氏之贱儒"，等等。另外，在《儒效》篇中，荀子将各种儒按照层次不同，分为俗儒、雅儒、大儒，并予以评论。他认为俗儒"略法先王而足乱世术，缪学杂举，不知法后王而一制度，不知隆礼义而杀《诗》、《书》"；雅儒"法后王，一制度，隆礼义而杀《诗》、《书》；其言行已有大法矣，然而明不能齐法教之所不及，闻见之所未至，则知不能类也"；大儒则能够"法先王，统礼义，一制度。以浅持博，以古持今，以一持万，苟仁义之类也，虽在鸟兽之中，若别白黑，倚物怪变，所未尝闻也，所未尝见也，卒然起一方，则举统类而应之，无所儗㤰；张法而度之，则晻然若合符节"。

在荀子看来，子思、孟子一派就是他所说的"俗儒"，荀子认为他们曲解了孔子的思想，因此这一派也是他批判的主要对象。在《非十二子》篇中，荀子批评他们：

略法先王而不知其统，犹然而材剧志大，闻见杂博。案往旧造说，谓之五行，甚僻违而无类，幽隐而无说，闭约而无解。案饰其辞而祗敬之曰：此真先君子之言也。子思唱之，孟轲和之，世俗之沟犹瞀儒，嚾嚾然不知其所非也，遂受而传之，以为仲尼、子弓[①]

[①] 原文作"子游"，郭嵩焘认为"荀子屡言仲尼、子弓，不及子游。本篇后云'子游氏之贱儒'，与子张、子夏同讥，则此'子游'必'子弓'之误"。参看王先谦《荀子集解》，中华书局1988年版，第95页。此处从郭氏之言改之。

第五章　荀子与战国后期儒家的历史观

为兹厚于后世，是则子思、孟轲之罪也。

与此同时，荀子对孔子、子弓则给予非常高的评价，认为他们是"天不能死，地不能埋"的大儒：

> 彼大儒者，虽隐于穷阎漏屋，无置锥之地，而王公不能与之争名；在一大夫之位，则一君不能独畜，一国不能独容，成名况乎诸侯，莫不愿得以为臣；用百里之地而千里之国莫能与之争胜，笞棰暴国，齐一天下，而莫能倾也。是大儒之征也。其言有类，其行有礼，其举事无悔，其持险应变曲当，与时迁徙，与世偃仰，千举万变，其道一也。是大儒之稽也。其穷也，俗儒笑之；其通也，英杰化之，嵬琐逃之，邪说畏之，众人愧之。通则一天下，穷则独立贵名，天不能死，地不能埋，桀、跖之世不能污，非大儒莫之能立，仲尼、子弓是也。（《荀子·儒效》）

至此，荀子在批判诸家学说之后，独独将孔子、子弓一派的思想看作是正统，而他自己就承继此一派而来，由此他就确立了自己的学说在当时的正统地位，从而使自己也进入了孔子、子弓一脉相传的历史的道统之中，实现在历史中的不朽。

总而言之，与孟子不同，荀子提出"天人之分"，将天主要限定在自然领域，而把历史还给人，使人成为社会历史的主体，完全承担起对历史的责任。不过荀子所认为的作为历史主体的人，并非一般的民众，而是圣人君子，所以他极为崇圣，强调圣人在历史中的重要作用。只是由于社会时代条件的变化，荀子强调在"法先王"的同时，更要"法后王"，让这些圣王发挥更大作用。由此，在荀子的思想中，圣王实现了对历史的占有，成为历史的主宰。另外，荀子"法后王"的观点，也与他对历史发展变化的认识是相关的。他认为历史始终是在发展变化的，因此要因时而变，而且与先王相比，后王的事迹更清晰，也更易效法。同时，他又强调历史虽然有变化，但最本质的东西，也就是道则历时不变，所以"先王""后王"其实是一致的，"法后王"即"法先王"。由于历史观的变化，荀子对于社会历史的诠释和论述，也与之前不同。而他正是在对历史的批判与解释中，赋予自己以思想的正统性，让自己纳入自孔子、子弓以来的儒家道统，从而进入历史，在历史中不朽。

结　　语

春秋战国时期是中国的"轴心时代"，这一时期涌现出一大批思想家和经典文本，为传统中国提供了基本的概念、范畴、思维方式与理论体系，奠定了传统文化的基础。其中，影响最为深远的非儒家莫属，而儒家思想体系的一个重要理论基础，就是他们对于历史的认知，也就是历史观。因此，欲了解儒家思想，需研究这一时期儒家历史观的基本内涵、历史生成和发展演变。

儒家的创立既端赖于孔子等人对儒者的改造，又与当时社会文化的氛围有极大的关系。儒家的思想并非凭空产生，而是始终植根于殷周春秋以来所形成的深厚的文化土壤之中。儒家历史观的形成也是如此。殷周春秋时期的社会变动与历史意识的萌发和觉醒，构成了儒家历史观的生成背景和思想来源。

历史意识并非在人类诞生之初就存在，而是经过长期的发展，在一定的历史记忆的基础上逐渐萌发。至殷商时期，人们通过祭祀的方式，不断追述祖先，并常引祖先为例证，论述自己的观点。这些说明此时人们已经有了历史意识的萌芽。只是由于殷商社会坚持"率民以事神，先鬼而后礼"（《礼记·表记》），鬼神在整个社会中处于中心位置，人们更为关注的是如何祭祀鬼神，而不是人本身。即使他们追述的祖先，也并不是作为逝去的人来纪念，而是作为鬼神被祭祀。因此，这一时期虽然有模糊的历史意识的萌芽，但是由于鬼神高于人，宗教意识压倒历史意识，因此并没有形成自觉的历史观念。

然而，崇尚鬼神的殷人却被鬼神抛弃，"大邑商"被"小邦周"代替。殷周之际的巨大社会变动和政治变革，促使人们的思想观念和思维方式也发生转变。周初以周公等人为代表的统治者，开始对殷周之际的变动进行反思，并将朝代的盛衰兴亡等历史问题纳入认识的范畴，从而使历史成为认识的对象，形成了以"殷鉴"为主的一系列的历史认识，标志着历史意识的自觉。

周人认为殷人之所以亡国，归根结底是因为殷人不敬德，因此失去了天命的眷顾，被天命抛弃。与殷人不同，周人认为"天命靡常"，朝代更替的背后，其实质就是天命的转移。而天命转移变化的依据则是统治者的德行，也就是看他们是否敬德。能够敬德，早晚被天命眷顾，而失德则早晚被天命抛弃。在周人看来，敬德的一个主要表现就是保民，只有做到保民才算是做到了敬德，也才能得天命。至此，周人建构了一整套的解释历史变动的理论，即从天人关系的方面阐释朝代更替和社会变革。这个解释体系重构了天人关系，它打破了过去鬼神控制人，人只能被动接受安排或者主动向鬼神献祭的关系，开始用更具人文化的"德"作为连接天人的纽带，而天只是依据人的德行来做出回应。由此，人在天人之间由被动变为主动，人的地位也得到极大的提升，历史也由于人的发现而真正成为人的历史。

西周春秋时期，周初觉醒的历史意识得到进一步的发展。一方面，人的地位继续提升。这一时期的开明人士，开始将民与神并列，强调民在社会历史中的作用，甚至提出"民，神之主也"这样振聋发聩的观点。另一方面，人们开始出现"怨天尤人"的思潮。对天以及统治者的怀疑等因素出现，标志着这一时期历史观念中理性因素的增长。除此之外，一部分人开始脱离传统的从鬼神等方面解释历史变动的思想，从自然角度分析朝代的兴亡盛衰，将一些自然界的变动作为社会变动的前兆，丰富了人们的历史观念。

处于春秋末期的孔子，在周人自觉的历史观的基础上，针对社会时代的变化，初步建构了儒家的历史观。孔子不仅对朝代更替等社会变动进行思考，更将目光关注到历史本身，特别是对天与人、历史与人的关系进行了深入思考。他在对历史的认知过程中，从繁芜无序的历史中，

结　语

梳理出一条主线，建构了自尧、舜、禹、汤、文、武、周公以至自己的历史发展的谱系。在这个谱系的背后就是道与斯文在先王、圣人之间的传承与延续，也就是后人所说的道统。孔子认为，历史虽然是在损益中不断演进的，但是这个最本质的东西——道，是不变的，而是陈陈相因、代代相传。在孔子看来，这个道统的承担者与弘扬者是人，更具体说是圣人君子，而传承道统、延续斯文也正是孔子为他们悬设的历史使命。人在面对天命和历史时，不再是被动等待，而是可以通过修身、学习与行道的方式，主动印证天命、衔接传统，从而进入历史，实现自己的历史使命的同时，成为伟大传统的一部分，在历史中不朽。

进入战国时期，社会变动更加剧烈，秩序与价值的重建成为这个时期的时代课题，针对这个课题，诸子纷纷交出自己的答卷，提出了不同的解决措施。他们在论述现实问题时，常常由古论今，由此在历史观念的领域也产生了一系列的争鸣。战国时期的儒家也在应对诸家批评的同时，因应时代的变化，进一步完善了孔子初步建构的历史观念，并出现了分化与演变。

新出土竹简，特别是郭店简与上博简中的儒家文献，反映了孔孟之间儒家历史观念的发展。他们在孔子的基础上，进一步深化和完善了儒家的历史观念体系。他们探究了历史观中的天人关系。在他们的理论中，天既是自然之天、道德之天，还特指与人的内在相对应的外在之天。天是人内在性情与社会历史伦理秩序的来源，同时又与时、命、势、遇等外在的客观条件一样，会影响人的命运与历史的发展。人虽然不能违背天命，但是却可以通过反求诸己、修身养性，而知天、知道，并在此基础上，合天道与人道，实现天人的贯通。同时，竹简的作者通过叙述上古以来圣王的历史谱系和伟大事迹，建构了儒家的历史叙事，使儒家的历史叙述更加完善、丰满。在叙述和建构历史的过程中，他们还对历史上的治乱更替进行了经验概括，特别是对圣王以身作则、以道治民、尊贤禅让的历史进行了总结，并将之看作是上古实现社会大治的主要原因。

孟子始终以求善的态度对待历史。对孟子而言，历史背后所昭示的意义比历史的事实更重要，因此他对历史进行了道德化和秩序化的建构，将古史的发展归结为善与恶的对立与斗争，并将古史人物分成善、恶两个系统，与此相关的就是天下的"一治一乱"。于是古史的人物与事迹，都被这个古史系统所统摄，被系谱化。有夏桀的不善，便有汤的讨伐；有殷纣的为恶，便有武王的诛讨；有邪说暴行，臣弑君，子弑父的行为，便有孔子的作《春秋》。而他自己也通过与杨墨之言的辩论和对抗，使自己也进入自尧、舜、汤、武以至孔子的善的谱系之中，为自己定位。在建构了历史的谱系后，孟子进一步探寻了历史运转背后的主客观条件。他认为历史的发展始终是在天命时势与人的互动中进行的。一方面，历史发展要受到外在时势的制约，所以很多圣人虽有天命而不能够最终成功。另一方面，人在天命时势面前并非无能为力。在他看来，人不需要通过祭祀天命鬼神以事天，而主要是尽心养性以知天，修身以俟命。也就是说，在天与人的关系中，孟子将人放到了更主动的地位，使人在面对天命之时拥有更多的主动权，而不是被动地受命运摆布。同时，孟子强调人要真正承接历史使命，还需要不断修身，达到圣人君子的境界，如此才能真正进入历史，在历史中不朽。

　　荀子则与孟子不同，他提出"天人之分"的观点，对天与人进行了区分。他认为天主要是在自然领域发挥其作用，而人在社会历史领域起主导作用，二者各有职分，互不干涉。由此荀子就把历史还给了人，使人成为负起完全责任的历史主体。不过与孔、孟一样，荀子也并不信任一般的民众，而是寄希望于圣人君子，所以他反复强调要向那些在历史上做出重大贡献的圣人学习。只是与孔、孟不同的是，他提出要"法后王"，也就是要效法当今之王的主张。因为荀子认为历史始终在变化发展，先王久远不易法，而后王则能因时而变，更适应时代的需要。另外，他指出历史虽在因时而变，但道则历时不变，所以后王与先王实际上是一致的，"法后王"就如同"法先王"。如此一来，包括当今之王在内的圣王就实现了对历史的占有，成为历史的真正主体。由于对历史的认知发生了变化，荀子对社会历史的诠释也与前人不同，他在禅让思潮流行的时期，却断然否定禅让的存在，并将之斥为妄人之言。

结　语

同时，他对战国时期的各派思想进行了评论和批评，在此基础上，确立了自孔子、子弓以至自己的正统地位，从而使自己也进入正统的行列，成为传统的一部分。

总之，与其他诸子相比，儒家更为重视历史，在历史观念体系的建构上也更为自觉。儒家的历史观涉及范围很广，他们"究天人之际，通古今之变，成一家之言"，始终关注"天人""古今"这两个范畴，意欲从这两个方面去解释历史的变动、寻求历史的动因和探究历史的意义。因此，天命观、人性论、礼乐思想、政治理论等都与其历史观有紧密的关系，甚至可以说历史观是儒家理论体系的基石。

同时，儒家对于历史的认知，不是为了探求历史的真相，寻证历史的细节，而是为了给人在历史中定位，给现在以合理的解释，给自己的理论以历史的依据，使自己所立之言，能够成为伟大传统的一部分。因此儒家的历史认识带有比较浓厚的宗教意蕴。特别是在鬼神隐退的时代，儒家为了更好适应现实政治社会，也为了论证自己的理论观点，开始积极主动地建构历史谱系，并在其中给自己定位，试图使自己成为历史道统中的一环，在衔接传统的同时，实现在历史中的不朽。

参考文献

一　基本史料

班固：《汉书》，中华书局 2008 年版。

程树德：《论语集释》，中华书局 1990 年版。

程水金：《尚书释读》，人民文学出版社 2020 年版。

崔述：《崔东壁遗书》，上海古籍出版社 1983 年版。

段玉裁：《说文解字注》，上海古籍出版社 1981 年版。

顾炎武著，黄汝成集释：《日知录集释》，上海古籍出版社 2006 年版。

郭沫若：《甲骨文合集》，中华书局 1982 年版。

何晏、皇侃：《论语集解义疏》，商务印书馆 1937 年版。

黄晖：《论衡校释》，中华书局 1990 年版。

黄克剑：《论语解读》，中国人民大学出版社 2008 年版。

黄叔琳：《增订文心雕龙校注》，中华书局 2000 年版。

蒋毓英撰，陈碧笙校注：《台湾府志校注》，厦门大学出版社 1985 年版。

焦循：《孟子正义》，中华书局 1987 年版。

荆门市博物馆：《郭店楚墓竹简》，文物出版社 1998 年版。

李零：《郭店楚简校读记》（增订本），北京大学出版社 2002 年版。

李民、王健：《尚书译注》，上海古籍出版社 2004 年版。

刘宝楠：《论语正义》，中华书局 1990 年版。

刘知几：《史通》，上海古籍出版社 2009 年版。

马承源：《上海博物馆藏战国楚竹书》（九册），上海古籍出版社 2001—2012 年版。

钱穆：《论语新解》，生活·读书·新知三联书店 2002 年版。

清华大学出土文献研究与保护中心编、李学勤主编：《清华大学藏战国竹简（贰）》，中西书局 2011 年版。

阮元校刻：《十三经注疏》，中华书局 1980 年版。

司马迁：《史记》，中华书局 2007 年版。

孙希旦：《礼记集解》，中华书局 1989 年版。

王先谦：《荀子集解》，中华书局 1988 年版。

徐元诰：《国语集解》（修订本），中华书局 2002 年版。

阎若璩：《尚书古文疏证》，上海古籍出版社 1987 年版。

杨伯峻：《春秋左传注》，中华书局 1981 年版。

杨伯峻：《孟子译注》，中华书局 1960 年版。

中国社会科学院考古研究所：《殷周金文集成》，中华书局 1984—1994 年版。

周振甫：《诗经译注》，中华书局 2011 年版。

朱熹：《四书章句集注》，中华书局 2012 年版。

二　学术著作

白寿彝：《中国史学史》（第一卷），上海人民出版社 2006 年版。

蔡仁厚：《孔孟荀哲学》，台北学生书局 1984 年版。

常玉芝：《商代周祭制度》，中国社会科学出版社 1987 年版。

晁福林：《春秋战国的社会变迁》，商务印书馆 2011 年版。

晁福林：《天命与彝伦：先秦社会思想探研》，北京师范大学出版社 2012 年版。

陈来：《古代思想文化的世界：春秋时代的宗教、伦理与社会思想》，生活·读书·新知三联书店 2002 年版。

陈来：《竹帛〈五行〉与简帛研究》，生活·读书·新知三联书店 2009 年版。

丁四新：《郭店楚墓竹简思想研究》，东方出版社 2000 年版。

董作宾：《甲骨文断代研究例》，"中央研究院"历史语言研究所专刊，商务印书馆1933年版。

方立天：《中国古代哲学》（上），中国人民大学出版社2011年版。

冯契：《中国古代哲学的逻辑发展》（上），东方出版中心2009年版。

冯友兰：《三松堂全集》，河南人民出版社2001年版。

冯友兰：《中国哲学史新编》（第一册），人民出版社1982年版。

傅斯年：《傅斯年"战国子家"与〈史记〉讲义》，天津古籍出版社2007年版。

傅斯年：《傅斯年全集》（第二卷），湖南教育出版社2000年版。

傅斯年：《民族与古代中国史》，河北教育出版社2002年版。

傅斯年：《性命古训辩证》，广西师范大学出版社2006年版。

顾颉刚：《古史辨》，上海古籍出版社1982年版。

顾颉刚：《古史辨自序》（上），河北教育出版社2000年版。

顾颉刚：《中国上古史研究讲义》，中华书局1988年版。

郭沫若：《中国古代社会研究》（外二种），河北教育出版社2000年版。

何怀宏：《世袭社会及其解体——中国历史上的春秋时代》，生活·读书·新知三联书店1996年版。

何兆武：《多面的历史：从希罗多德到赫尔德的历史探询》，生活·读书·新知三联书店2003年版。

侯外庐、赵纪彬、杜国庠：《中国思想通史》，人民出版社2011年版。

胡适：《胡适文集》，北京大学出版社1998年版。

胡适：《中国哲学史大纲》（外一种），河北教育出版社2001年版。

黄君良：《郭店儒简思想研究》，辽宁大学出版社2011年版。

江晓原：《星占学与传统文化》，上海古籍出版社1992年版。

金德建：《先秦诸子杂考》，中州书画社1982年版。

瞿林东：《中国古代历史理论》（上卷），安徽人民出版社2011年版。

康有为：《孔子改制考》，中华书局1958年版。

匡亚明：《孔子评传》，南京大学出版社1990年版。

李大钊：《李大钊全集》，人民出版社2006年版。

李零：《去圣乃得真孔子：〈论语〉纵横读》，生活·读书·新知三联书店 2008 年版。

李宪堂：《先秦儒家的专制主义精神——对话新儒家》，中国人民大学出版社 2003 年版。

梁启超：《中国历史研究法》（外二种），河北教育出版社 2000 年版。

凌纯声：《松花江下游的赫哲族》上册，《国立中央研究院历史语言研究所单刊甲种之十四》，1934 年。

刘鄂培：《孟子大传》，清华大学出版社 1997 年版。

刘家和：《古代中国与世界——一个古代研究者的思考》，武汉出版社 1995 年版。

刘源：《商周祭祖礼研究》，商务印书馆 2004 年版。

刘耘华：《诠释学与先秦儒家之意义生成——〈论语〉、〈孟子〉、〈荀子〉对古代传统的解释》，上海译文出版社 2002 年版。

刘泽华：《洗耳斋文稿》，中华书局 2003 年版。

刘泽华：《中国传统政治思维》，吉林教育出版社 1991 年版。

刘泽华：《中国政治思想史集》（三卷本），人民出版社 2008 年版。

罗根泽：《诸子考索》，人民出版社 1958 年版。

马克思、恩格斯：《马克思恩格斯全集》，人民出版社 1957 年版。

蒙文通：《古史甄微》，上海书店 1989 年影印版。

裘锡圭：《中国出土古文献十讲》，复旦大学出版社 2004 年版。

任继愈：《中国哲学发展史》（先秦），人民出版社 1983 年版。

宋兆麟：《巫与巫术》，四川民族出版社 1989 年版。

唐晓峰：《从混沌到秩序：中国上古地理思想史述论》，中华书局 2010 年版。

童书业：《先秦七子思想研究》，齐鲁书社 1982 年版。

汪荣祖：《康章合论》，新星出版社 2006 年版。

王博：《中国儒学史》（先秦卷），北京大学出版社 2011 年版。

王国维：《观堂集林》，河北教育出版社 2001 年版。

王玉哲：《中华远古史》，上海人民出版社 1999 年版。

吴怀祺、林晓平：《中国史学思想通史·总论先秦卷》，黄山书社 2005

年版。

徐复观：《中国人性论史》（先秦篇），上海三联书店 2001 年版。

杨向奎：《大一统与儒家思想》，北京出版社 2011 年版。

杨绪敏：《中国辨伪学史》（修订版），天津人民出版社 2007 年版。

尹达：《中国史学发展史》，中州古籍出版社 1985 年版。

章太炎：《章太炎全集》（第三卷），上海人民出版社 1984 年版。

章太炎：《章太炎学术史论集》，中国社会科学出版社 1997 年版。

赵馥洁：《价值的历程——中国传统价值观的历史演变》，中国社会科学出版社 2006 年版。

赵馥洁：《中国传统哲学价值论》，陕西人民出版社 1991 年版。

朱维铮：《中国史学史讲义稿》，复旦大学出版社 2015 年版。

［澳］陈慧、廖名春、李锐：《天、人、性：读郭店楚简与上博竹简》，上海古籍出版社 2014 年版。

［法］列维·布留尔：《原始思维》，丁由译，商务印书馆 1981 年版。

［美］艾兰：《龟之谜——商代神话、祭祀、艺术和宇宙观研究》，汪涛译，四川人民出版社 1992 年版。

［美］艾兰：《世袭与禅让——古代中国的王朝更替传说》，孙心菲、周言译，北京大学出版社 2000 年版。

［美］顾史考：《郭店楚简先秦儒书宏微观》，上海古籍出版社 2012 年版。

［美］许倬云：《求古编》，台北联经出版事业公司 1984 年版。

［美］余英时：《中国知识人之史的考察》，广西师范大学出版社 2004 年版。

三 研究论文

晁福林：《从上博简〈诗论〉看文王"受命"及孔子的天道观》，《北京师范大学学报》（社会科学版）2006 年第 2 期。

晁福林：《从上博简〈武王践阼〉看战国时期的古史编撰》，《史学理论研究》2011 年第 1 期。

参考文献

晁福林：《论荀子的"天人之分"说》，《管子学刊》2001年第2期。

陈典平：《孔子历史观新论》，《齐鲁学刊》2015年第4期。

陈典平：《孟子历史观新论》，《宝鸡文理学院学报》（社会科学版）2019年第4期。

陈典平：《荀子历史观新论》，《内蒙古师范大学学报》（哲学社会科学版）2020年第6期。

陈剑：《上博简〈容成氏〉的竹简拼合与编连问题小议》，载《上博馆藏战国楚竹书研究续编》，上海书店2004年版。

陈剑：《上博简〈子羔〉、〈从政〉篇的竹简拼合与编连问题小议》，《文物》2003年第5期。

陈立柱：《夏末葛国考》，《殷都学刊》2003年第3期。

陈梦家：《商代的神话与巫术》，《燕京学报》第20期。

陈少明：《儒家的历史形上学——以时、名、命为例》，《华东师范大学学报》（哲学社会科学版）2012年第5期。

陈桐生：《〈论语〉与〈孔子诗论〉的学术联系与区别》，《孔子研究》2004年第2期。

陈筱芳：《〈诗经〉怨天诗新解》，《西南民族大学学报》（人文社会科学版）2004年第5期。

陈业新：《是"天人相分"，还是"天人合一"——〈荀子〉天人关系论再考察》，《上海交通大学学报》（哲学社会科学版）2006年第5期。

池水涌、赵宗来：《孔子之前的"君子"内涵》，《延边大学学报》（社会科学版）1999年第1期。

丁松泉：《历史意识初探》，《内蒙古社会科学》1991年第6期。

东方朔：《"先王之道"与"法后王"——荀子思想中的历史意识》，《复旦学报》（社会科学版）2011年第6期。

董铁松：《孔子的历史思想和史学意识》，《古代文明》2008年第2期。

董文武、刘文英：《孟子历史观新探》，《廊坊师范学院学报》2007年第6期。

葛兆光:《道统、系谱与历史——关于中国思想史脉络的来源与确立》,《文史哲》2006年第3期。

耿天勤:《论孔子的历史教育》,《山东师范大学学报》(社会科学版)1994年第3期。

顾颉刚:《〈逸周书·世俘篇〉校注、写定与评论》,《文史》第二辑。

郭静云:《由商周文字论"道"的本义之⿰ 与⿰ 的部分》,《甲骨文与殷商史》(新一辑),线装书局2009年版。

胡宝华:《从内藤湖南到谷川道雄——日本中国学发展带来的启示》,《文史哲》2014年第5期。

湖北省荆门市博物馆:《荆门郭店一号楚墓》,《文物》1997年第7期。

黄朴民:《历史的真实与历史的重构——兼论儒家有关上古战争现象的虚拟化解读》,《文史哲》2012年第3期。

蒋重跃:《从变与常看先秦儒家历史理性的觉醒》,《史学史研究》2007年第1期。

康宇:《孔、孟、荀历史哲学思想比较》,《华侨大学学报》(哲学社会科学版)2010年第2期。

李纪祥:《从宗周到成周:孔子与司马迁的周史观》,《历史研究》2014年第2期。

李建:《西周初期人文意识与历史观念的转变及其意义》,《孔子研究》2004年第6期。

李建华:《论孔子的传统观》,《伦理学研究》2013年第5期。

李良玉:《孔子对历史的理解——读〈论语〉札记》,《史学史研究》2004年第2期。

李亮子:《荀子的礼学思想与社会历史观》,《史学史研究》1999年第2期。

李申:《儒教的鬼神观念和祭祀原则》,《复旦学报》2007年第4期。

李宪堂:《"天命"的寻证与"人道"的坚守:孔子天命观新解——兼论孔子思想体系的内在结构》,《文史哲》2017年第6期。

李宪堂:《"天下观"的逻辑起点与历史生成》,《学术月刊》2012年第

10 期。

李宪堂：《论类分思维与战国精神——兼论五行八卦模式的专制主义本质》，《文史哲》2014 年第 1 期。

李宪堂、侯林莉：《代表论与规制论——从人性论看儒家思想的专制主义实质》，《王权与社会——中国传统政治文化研究》，崇文书局 2005 年版。

李学勤：《楚简〈子羔〉研究》，载《上博馆藏战国楚竹书研究续编》，上海书店 2004 年版。

李学勤：《郭店楚简与儒家经籍》，《郭店楚简研究》（《中国哲学》第二十辑），辽宁教育出版社 1999 年版。

李振宏：《"禅让说"思潮何以在战国时代勃兴——兼及中国原始民主思想之盛衰》，《学术月刊》2009 年第 12 期。

廖名春：《荆门郭店楚简与先秦儒学》，载《郭店楚简研究》（《中国哲学》第二十辑），辽宁教育出版社 1999 年版。

廖名春：《荀子"法后王"说考辨》，《管子学刊》1995 年第 4 期。

刘宝才：《〈唐虞之道〉的历史与理念——兼论战国中期的禅让思潮》，《人文杂志》2000 年第 3 期。

刘丰：《制造"三代"——儒家"三代"历史观的形成及近代命运》，《现代哲学》2020 年第 3 期。

刘光胜：《"儒分为八"与早期儒家分化趋势的生成》，《清华大学学报》（哲学社会科学版）2015 年第 2 期。

刘家和：《论历史理性在古代中国的发生》，《史学理论研究》2003 年第 2 期。

刘毓庆：《〈商颂〉非宋人作考》，《山西大学学报》（哲学社会科学版）1980 年第 1 期。

刘泽华：《开展思想与社会互动和整体研究》，《历史教学》2001 年第 8 期。

刘周堂：《荀况是个复古主义者》，《湖南师范大学社会科学学报》1986 年第 5 期。

罗新慧:《〈容成氏〉、〈唐虞之道〉与战国时期禅让学说》,《齐鲁学刊》2003年第6期。

罗新慧:《孔子的历史观、入仕观及其他——从上博楚竹书〈仲弓〉篇谈起》,《史学史研究》2005年第3期。

罗新慧:《周代天命观念的发展与嬗变》,《历史研究》2012年第5期。

庞朴:《孔孟之间——郭店楚简的思想史地位》,《中国社会科学》1998年第5期。

裴传永:《人的价值和人的权利：孔子人学的两大发现》,《文史哲》2004年第4期。

彭耀光:《〈中庸〉天人观的理论特质及其当代意义》,《河北师范大学学报》（哲学社会科学版）2007年第3期。

彭裕商:《禅让说源流及学派兴衰——以竹书〈唐虞之道〉、〈子羔〉、〈容成氏〉为中心》,《历史研究》2009年第3期。

强中华、曹嘉玲:《荀子天人观的四重内涵》,《大连理工大学学报》（社会科学版）2012年第4期。

乔治忠:《论中国古代的政治历史观》,《天津社会科学》2011年第6期。

乔治忠:《中国史学起源问题新论》,《史学史研究》2011年第3期。

裘锡圭:《谈谈上博简〈子羔〉篇的简序》,载《上博馆藏战国楚竹书研究续编》,上海书店2004年版。

裘锡圭、曹峰:《"古史辨"派、"二重证据法"及其相关问题——裘锡圭先生访谈录》,《文史哲》2007年第4期。

沈顺福:《孟子与"疑经"时代》,《学术月刊》2012年第4期。

孙董霞:《论〈论语〉人物品评的主要方法》,《兰州文理学院学报》（社会科学版）2015年第3期。

孙董霞:《论〈左传〉所记三次重大的人物品评活动》,《宝鸡文理学院学报》（社会科学版）2015年第1期。

孙醒:《试论武王伐纣的目的与性质》,《史学月刊》1987年第2期。

谭凤雷:《试论荀子社会历史观中的唯物论因素》,《齐鲁学刊》1986

年第 2 期。

谭明冉：《殷周之际"以德配天"的提出及其对孔子天命观的影响》，《世界宗教文化》2014 年第 6 期。

唐子恒：《试论孔子弟子的从政观念与实践》，《兰州大学学报》（社会科学版）2000 年第 4 期。

汪连兴：《"原始群"、"正在形成中的人"和"劳动"三概念的涵义辨析》，《世界历史》1986 年第 1 期。

王春华：《从〈论语〉看孔子对弟子的历史教育》，《历史教学问题》2011 年第 5 期。

王棣棠：《试论孟子的历史观》，《兰州大学学报》（社会科学版）1981 年第 4 期。

王丁：《"新子学"视阈下战国诸子的共同政治命题研究》，《诸子学刊》第十六辑，上海古籍出版社 2018 年版。

王丁：《敬畏与致用：比较视野下孔墨鬼神观念的再研究》，《长江文明》2020 年第 3 期。

王丁：《孔子敬事鬼神原因新探》，《孔子研究》2014 年第 3 期。

王恩旭、丁崇明：《"死生有命，富贵在天"的语义解析》，《齐鲁学刊》2015 年第 1 期。

王晖：《殷商为神本时代说》，《殷都学刊》2000 年第 2 期。

王晖：《周文王受命称王考》，《陕西师范大学学报》（哲学社会科学版）2002 年第 4 期。

王其俊：《试论孟子的天命范畴》，《东岳论丛》1985 年第 4 期。

王荣：《〈荀子〉历史观新探》，《郑州大学学报》（哲学社会科学版）2016 年第 2 期。

王兴业：《论孟子历史观中的唯物主义因素》，《东岳论丛》1984 年第 3 期。

吴正南：《"君子"考源》，《武汉教育学院学报》1998 年第 5 期。

徐义华：《商代的天命思想》，《古文字研究》第 27 辑。

徐兆仁：《历史意识的内涵、价值与形成途径》，《中国人民大学学报》

2010年第1期。

杨伯峻:《试论孔子》,《东岳论丛》1980年第2期。

杨海文:《试析孟子解〈诗〉读〈书〉方法论》,《孔子研究》1997年第1期。

杨向奎:《再论老子》,《史学史研究》1990年第3期。

杨钊:《孟子的历史观》,《史学史研究》1983年第4期。

杨钊:《荀子的历史观》,《史学史研究》1987年第2期。

易宁:《中国古代历史认同观念的滥觞——〈尚书·周书〉的历史思维》,《史学史研究》2010年第4期。

翟廷瑨:《孟子历史观评析》,《齐鲁学刊》1990年第1期。

张德苏:《荀子"法后王"及其儒学史意义》,《孔子研究》2007年第2期。

张分田:《"尧舜—桀纣"母题与全社会的普遍政治意识》,《中国社会历史评论》(第四卷),商务印书馆2002年版。

张林杰:《〈论语〉问马派诸说证伪》,《孔子研究》2015年第2期。

张小苹:《〈成相篇〉非荀作考》,《浙江社会科学》2011年第5期。

赵伯雄:《先秦"敬"德研究》,《内蒙古大学学报》(哲学社会科学版)1985年第2期。

赵彦昌:《论"六经皆档案"(上)》,《档案学通讯》2008年第4期。

赵彦昌:《论"六经皆档案"(下)》,《档案学通讯》2008年第5期。

周炽成:《荀子非性恶论者辩》,《广东社会科学》2009年第2期。

周予同:《"六经"与孔子的关系问题》,《复旦学报》(社会科学版)1979年第1期。

朱本源:《孔子历史哲学发微(续)》,《史学理论研究》1996年第2期。

朱本源:《孔子历史哲学发微》,《史学理论研究》1996年第1期。

朱凤瀚:《商周时期的天神崇拜》,《中国社会科学》1993年第4期。

朱凤瀚:《师酉鼎与师酉簋》,《中国历史文物》2004年第1期。

朱彦民:《由甲骨文看"史"字本义及其早期流变》,《殷都学刊》2015

年第 4 期。

朱桢：《贞人非卜辞契刻者》，《殷都学刊》1986 年第 4 期。

［美］张光直：《商名试释》，见中国社会科学院考古研究所编《中国商文化国际学术讨论会论文集》，中国大百科全书出版社 1998 年版。

［日］宇都宫清吉：《东洋中世史的领域》，《日本学者研究中国史论著选译》（第一卷），中华书局 1992 年版。

四　学位论文

韩素荣：《孔子对西周贵族教育的改革》，硕士学位论文，陕西师范大学，2008 年。

呼东燕：《论孔子史学思想的几个问题》，硕士学位论文，陕西师范大学硕士，2002 年。

阚琉声：《论荀子历史思想中的时变与不变》，硕士学位论文，吉林大学，2012 年。

李玲玲：《先秦诸子书中的尧舜禹传说研究》，硕士学位论文，河北师范大学，2006 年。

苗磊：《孔子"学"思想的研究》，硕士学位论文，华东师范大学，2009 年。

彭邦本：《先秦儒家禅让传说新探——传世文献与出土资料的综合考察》，博士学位论文，四川大学，2006 年。

彭华：《阴阳五行研究（先秦篇）》，博士学位论文，华东师范大学，2004 年。

宋立林：《"儒家八派"的再"批判"——早期儒学多元嬗变的学术史考察》，博士学位论文，曲阜师范大学，2011 年。

田野：《〈孟子〉中所载孟轲所述史实真伪问题辨正》，硕士学位论文，辽宁师范大学，2007 年。

王云云：《先秦儒家学习思想研究》，硕士学位论文，西北大学，2008 年。

吴迪：《先秦文献中的"道"》，硕士学位论文，曲阜师范大学，2012 年。

夏世华：《先秦儒家禅让观念研究》，博士学位论文，武汉大学，2009 年。

徐文涛：《先秦儒家历史哲学研究——以孔、孟、荀思想为中心》，博士学位论文，山东大学，2006年。

云智：《孟子历史观念研究》，硕士学位论文，四川大学，2007年。

周俊文：《荀子"天人相分论"研究》，硕士学位论文，海南大学，2012年。

附　　录

附录一　孔子敬事鬼神原因新探

处于春秋晚期的孔子，虽然"不语怪力乱神"（《论语·述而》），但实际上他不仅相信鬼神，而且始终以敬畏的态度侍奉鬼神，其原因是多方面的，前人多从鬼神的性质以及鬼神与祭祀的关系等来分析。我们以为，孔子敬畏鬼神，与鬼神自身的模糊性、超验性、抽象性有一定的关系，但要弄懂孔子对鬼神所表现出来的敬畏，应主要从孔子所处的社会时代以及他的出身、文化背景入手。

一　春秋时期对鬼神的一般认知

殷周之际"小邦周"打败了"大邑商"，政权更替也带来了文化上的更新与转型。殷人"率民以事神，先鬼而后礼"（《礼记·表记》），鬼神占据了社会政治生活的中心，殷商社会可以说是鬼神支配下的世界。这个世界在周初开始出现裂缝，周人认识到"天命靡常，惟德是辅"（《尚书·多士》），在民神关系上，也注意到"天视自我民视，天听自我民听"（《尚书·泰誓》），理性化、人文化的萌芽已然出现。值得注意的是，这种理性并不是作为信仰的对立面出现,[①] 人们并没有否定鬼神信仰，只是强调在重视鬼神的同时，也要将人以及与人相关的

---

① 实际上，在古人那里，理性与信仰并非是对立的，对鬼神的信仰不是迷信的结果，某种程度上恰恰是理性的选择。理性与信仰并存，用理性的方式处理信仰问题，正是周初以来有识之士在鬼神问题上的基本态度与方法。

德、政等纳入人们的视野。

这种趋势到了春秋时期进一步发展，对鬼神观念进行理性化处理，成为当时开明人士的主动选择。《左传》中记载了不少这样的言论，如：

> 所谓道，忠于民而信于神也。（《左传·桓公六年》）
> 吾闻之，国将兴，听于民；将亡，听于神。神聪明正直而壹者也，依人而行。（《左传·庄公三十二年》）
> 鬼神非人实亲，惟德是依。故《周书》曰："皇天无亲，惟德是辅。"神所凭依，将在德矣。（《左传·僖公五年》）
> 祭祀以为人也。民，神之主也。（《左传·僖公十九年》）

从这些材料中，我们可以看到，民的地位提升，开始与神并列。但是需要注意的是，这一时期鬼神仍然被认为是不可或缺的，其思想结构是"忠于民而信于神"，或者如《国语·周语上》中所言是"媚于神而和于民"，也就是民神共举，而不是否定鬼神。

除了这些开明人士的认知外，春秋时期依然弥漫着浓厚的崇敬鬼神的气息，整个社会的风貌与战国时期不同，而与殷商、西周时期更为接近。所以傅斯年说："试看《左氏》《国语》，几为鬼神灾祥占梦所充满，读者恍如置身殷商之际。"[1]

正如傅斯年所说，我们只要检索《左传》《国语》，就能发现大量有关鬼神精怪的记录以及与此相关的各式各样的祭祀礼仪，甚至还有当时人们对此的认识、评价和形成的解释体系。

有人死后为厉鬼的记录，如《左传·昭公七年》记载，伯有死后为厉鬼，子产为之归，并且用魂魄理论解释伯有为鬼这件事情，代表了当时人们对于鬼神的一些理论认识；有精怪争斗的例子，如《左传·庄公十四年》记载"内蛇与外蛇斗于郑南门中"的事情，并由此引发

---

[1] 傅斯年：《傅斯年"战国子家"与〈史记〉讲义》，天津古籍出版社2007年版，第88页。

附 录

申缭关于人与妖关系的论述；有梦见神人的记载，如《国语·晋语二》载"虢公梦在庙，有神人，面白毛虎爪，执钺立于西阿"。

甚至还有神人交通，神降于某地的事情。如《左传·庄公三十二年》："秋七月，有神降于莘"，并有"神居莘六月，虢公使祝应、宗区、史嚚享焉。神赐之土田"的记录，类似的记载亦可见于《国语·周语上》。神当时是以什么样的形象降下来的，是附在巫祝的身上，还是以神兽的形象显现，我们已经不能知道了。但神降于人间，停留长达六个月，并且能与人交流沟通，满足人的要求，可见在当时人看来鬼神与人的距离并不是遥不可及的。《国语·楚语下》记载了观射父所讲颛顼时"绝地天通"的故事，我们以为"绝地天通"并非在某个时期或者某个人时就完成了，它的完成应该是经历了一段很长的时期，它有可能开始于颛顼的时代，故而人们以此记载。以此来理解春秋时期神人交通的事情，就说明即使到了春秋时期，"绝地天通"这一变革可能还没有完成，或者说这一时期仍有残留。①

关键的问题还不在于对这些鬼神精怪的记载与描述，而是当时多数人对这些现象的看法和态度。对于这些神秘而奇异的事情，甚至是神人交通的情况，当时的人们并不觉得惊奇，即使像子产、周内史过等开明的人，也没有否定鬼神的存在，而是用一套理论加以解释，赋予它某种存在的合理性。

子产对于伯有为厉鬼的情况，就用魂魄的理论予以解释："人生始化曰魄，既生魄，阳曰魂。用物精多，则魂魄强，是以有精爽至于神明。匹夫匹妇强死，其魂魄犹能凭依于人，以为淫厉，况良霄……所凭厚矣，而强死，能为鬼，不亦宜乎！"（《左传·昭公七年》）子产曾强调"天道远，人道迩"（《左传·昭公十八年》），是当时思想开明人士的代表，但他并未否定鬼神，而且用魂魄的理论解释鬼神的存在，这正说明，春秋时期多数人是相信鬼神、敬畏鬼神的。

---

① 对于绝地天通发生的时间、性质以及意义，学界的认识不一，考虑的角度也各异，我们以为绝地天通是一个很长的过程，它不仅是一个宗教改革，亦有很大的政治影响。

周内史过在解释"神降于莘"这一事情时说:"国之将兴,明神降之,监其德也;将亡,神又降之,观其恶也。故有得神以兴,亦有以亡。"(《左传·庄公三十二年》)虽然他的落脚点是强调神"依人而行",统治者不能"虐而听于神",但是他对于神会降临人间的事情,是认可的,不仅如此他还指出了祭祀神的方法,即"以其物享焉。其至之日,亦其物也"(《左传·庄公三十二年》)。

同时,春秋时期的占卜之风仍然盛行,卜筮的使用非常广泛,而且人们对卜筮十分敬畏,所以才有"不违卜筮"(《礼记·表记》)、"违卜不祥"(《晏子春秋·内篇杂下》)等思想。如《左传·僖公十五年》载:"壬戌,战于韩原。晋戎马还泞而止,公号庆郑。庆郑曰:'愎谏、违卜,固败是求,又何逃焉?'遂去之。"庆郑将"违卜"当作失败的一个原因,可见当时对卜筮的重视,[①] 而对卜筮的重视,其实是对卜问对象也就是鬼神的敬畏。

另外,当时的祭祀行为非常普遍,祭祀范围愈加广泛,与占卜祭祀和侍奉鬼神有关的职官如巫、祝、史,甚至还可能包括儒,大量存在,影响力虽然比之于殷周时期有所下降,但是他们仍然拥有相当高的社会政治地位,比如在"神居莘"期间,虢公就命"祝应、宗区、史嚚享焉"(《左传·庄公三十二年》)。

可以说,春秋时期的社会仍然弥漫着鬼神的气息,在人们的意识中鬼神这个存在依然很明显,并且支配着人们的宗教行为与政治行为,甚至渗透到人们的日常生活之中。正如《左传·成公十三年》中刘康公所说:"国之大事,在祀与戎。祀有执膰,戎有受脤,神之大节也。"杨伯峻注:"执膰与受脤均为与鬼神交际之大节。"[②] 而脤与膰均为祭祀时所用之肉,《谷梁传·定公十四年》云:"生曰脤,熟曰膰。"其中,脤为生肉,祭祀社稷神,膰为熟肉,祭祀祖先神。由此可见,在春秋时期,国家最重要的两件大事祭祀与战争,都与鬼神相关,也都关系着国

[①] 关于春秋时期的卜筮情况,可参见李良贺《春秋时期的卜筮研究》,硕士学位论文,吉林大学,2004年。

[②] 杨伯峻:《春秋左传注》(修订本),中华书局1990年版,第861页。

家的兴衰成败，故而才被如此重视。

春秋时期对鬼神的一般认知，以及整个社会崇敬鬼神的浓厚氛围，正是孔子面临的基本社会背景。在这一背景下，孔子也如子产等开明人士一样，提升了民在思想结构中的地位，甚至为了凸显民的重要性，而选择"不语怪力乱神"（《论语·述而》）。但是他依然相信鬼神、敬畏鬼神，而且春秋时期祭祀鬼神的一些原则仍然为孔子所认可。比如"神不歆非类，民不祀非族"（《左传·僖公十年》）是春秋时期许多人反复强调的祭祀鬼神的原则，孔子也仍然坚持，所以他说："非其鬼而祭之，谄也。"（《论语·为政》）

另外，对天地鬼神的信仰也为人们在残酷的现实之外提供了另一种可能性，所以连孔子在困厄和不被理解时，也要呼天，向天表明自己，所谓"天厌之"（《论语·雍也》）、"天生德于予"（《论语·述而》）、"知我者其天乎"（《论语·宪问》）之类的话，大概就是在这样一种情境下说的，它也从一个侧面说明，孔子内心和潜意识中对天地鬼神的信仰与敬畏。

总之，在总体上仍然敬畏鬼神的时代背景下，鬼神依然发挥着它的作用，比如统合族众、培养民德、为现实提供某种警戒等，这些功能的存在，使得鬼神不会在当时的思想结构中失去地位，而是始终被人们放到一个非常关键的位置，被祭祀，被崇敬。

二 孔子的殷遗民身份

研究孔子时，人们常常注意到周文化对他的影响，但是在探讨孔子的鬼神观念时，我们不能忽略孔子"殷遗民"的身份。

《史记·孔子世家》记载："孔子生鲁昌平乡陬邑。其先宋人也，曰孔防叔。防叔生伯夏，伯夏生叔梁纥。纥与颜氏女野合而生孔子，祷于尼丘得孔子。"据《左传》及相关注疏所记，孔子的先世曾是商代王室微子之后，后为宋国贵族，"其祖弗父何以有宋而授厉公。及正考父，佐戴、武、宣，三命兹益共"（《左传·昭公七年》），杜预注云："孔子六代祖孔父嘉为宋督所杀，其子（孔防叔）奔鲁。"所以孔子虽生于鲁，但始终不忘自己的出身，他自己也说"丘也，殷人也"（《礼记·檀弓》）。孔子临终前的这段话更说明了他对自己殷人身份的认同："夏人殡于东阶，周人于西阶，殷人两柱间。昨暮予梦坐奠两柱之间，予始殷人也。"（《史记·孔子世家》）

众所周知，殷人是非常崇信鬼神的，这从出土的甲骨卜辞即可看出来，他们几乎无日不祭祀，也几乎无事不占卜，所谓"殷人尊神，率民以事神，先鬼而后礼"（《礼记·表记》）。殷商时期，鬼神是整个社会观念认知的主体，对鬼神的祭祀几乎成为殷人生活的中心，所有的问题最终都要通过鬼神来解决（主要是通过占卜的形式），鬼神对人与社会的影响几乎遍及任何领域。某种程度上可以说殷人是在用神话思考，用祭祀来表现自我，或者用艾兰的话讲，"商代时人们的思想是'神话性'的"①。甚至连他们的国名"商"也可能与宗教祭祀有关系，如张光直指出："'商'字即是将祖先形象置于祭几之上。下面如有'口'字，当指祭祖之人口中念念有词，整个字是'祭祖'或'祖先崇拜'的会意。这样看来，'商'字源于祭祖，扩大之意为'商'王祭祖之邑，再扩大指称在'商'邑祭祖之统治王朝"，"简而言之，'商'就是祖。商城就是祖先之城，也是祭祖之城"②。故而有人径直称殷商为"神本时代"③。

宋国作为殷遗民之国，保留了不少殷商的文化基因。殷人对鬼神祖先的重视也基本上为宋人所继承，这使宋国显示出浓郁的"尚鬼神"的气氛。而宋人的愚拙质朴在当时是出了名的，所谓"宋人之愚"，这也与宋人极为重视宗教有关。④《史记·宋微子世家》记载："九年，宋水，鲁使臧文仲往吊水。滑公自罪曰：'寡人以不能事鬼神，政不脩，

---

① ［美］艾兰：《龟之谜——商代神话、祭祀、艺术和宇宙观研究》，汪涛译，四川人民出版社 1992 年版，第 190 页。
② 张光直：《商名试释》，见中国社会科学院考古研究所编《中国商文化国际学术讨论会论文集》，中国大百科全书出版社 1998 年版，第 110—111 页。
③ 王晖：《殷商为神本时代说》，《殷都学刊》2000 年第 2 期。
④ 傅斯年即指出宋人之愚，大约因为宋人富于宗教性，故而心术质直，民俗淳朴。参见傅斯年《傅斯年"战国子家"与〈史记〉讲义》，天津古籍出版社 2007 年版，第 34 页。

故水。'"宋国发生水灾,国君首先强调是由于"不能事鬼神",可见宋人对鬼神也是十分崇信的。

孔子所出生的鲁国也有大量殷遗民。据《左传·定公四年》记载,周王曾"因商奄之民,命以伯禽而封于少昊之墟",并分"殷民六族,条氏、徐氏、萧氏、索氏、长勺氏、尾勺氏"给伯禽,要求他"启以商政,疆以周索",杜预注曰:"居殷故地,因其风俗,开用其政。""因商奄之民"说明,鲁地的土著为殷族,同时,"殷民六族"又随伯禽迁往鲁地,则鲁地除了上层的一些统治者为周人外,多数应是殷遗民,① 并且这些殷遗民在鲁国的地位并不低,② 所以才需要"启以商政"。而且,鲁国等地的殷遗民,虽然被周人统治,但是仍然保留了不少自身的文化,特别是信仰,这在曲阜鲁国故城等殷遗民的墓葬中,也可看出。③

另外,伯禽受封的少昊之墟即曲阜,上古时称为空桑或穷桑,是当时东方的政治文化中心。④ 据《吕氏春秋》等书记载,商初名臣伊尹即生于空桑,古本《竹书纪年》还记载商王南庚迁都于奄,直到盘庚迁殷,这里一直是商的都城,而且甲骨卜辞中也有不少"王入于奄"的记载。这说明,孔子所出生的曲阜,正是古代东夷和殷商文化的一个中心。

不仅如此,在鲁国还有亳社存在,而亳社实即殷社,它对于殷人而言是非常重要的,也是殷人进行宗教祭祀的重要场所,因此基本上成为殷人族群的一个标志。《左传·定公六年》记载"阳虎又盟公及三桓于周社,盟国人于亳社",这也说明鲁国的国人中应有大量殷遗民,故而才需要在亳社聚国人为盟。

---

① 傅斯年曾指出"鲁人之大体为殷商遗民",参见傅斯年《性命古训辩证》,广西师范大学出版社2006年版,第112页。

② 参见杨朝明《试论西周时期鲁国"殷民六族"的社会地位》,《烟台大学学报》(哲学社会科学版)1996年第3期。

③ 参见印群《由墓葬制度看殷遗民文化特色嬗变之不平衡性》,《中国历史文物》2004年第4期。

④ 傅斯年:《夷夏东西说》,《民族与古代中国史》,河北教育出版社2002年版,第59页。

总之，孔子的"殷遗民"身份，以及他所处的鲁国存在大量殷遗民的情况，可以说使孔子受到不少殷商文化的影响。虽然孔子自己强调在文化上"从周"，但是殷商文化已经成为他身上的基因，深深烙印在他的身上和心里，成为他的潜意识，故而晚年他才会感慨"予始殷人也"。所以傅斯年指出"孔子之宗教以商为统"①，甚至认为，孔子所受殷商文化的影响要大于受周文化的影响。②

其实，周文化与殷商文化并非是完全对立的，而是在充分吸收殷商文化的基础上改造而成。二者在很多方面都是一脉相承的，比如对鬼神的崇敬，对祭祀鬼神之礼的重视，对占卜的广泛使用，等等。因此《尚书·洛诰》中有"王肇称殷礼"之言，孔子自己也说"周因于殷礼，所损益，可知也"（《论语·为政》）③，而且在礼崩乐坏的情况下，他还说"礼失而求诸野"（《汉书·艺文志》），而据傅斯年的研究，这里的野人，就是"先进于礼乐"的殷遗。④

三 作为儒的孔子

孔子是一个"儒"，而"儒"本身就与"殷遗民"以及祭祀分不开。

古代学者或用"柔"来解释"儒"，如《说文解字》："儒，柔也，术士之称。从人，需声。"《广雅·释诂》："儒，柔也。"或将"儒"解为"濡"，如段玉裁《说文》注："儒者，濡也，以先王之道能濡其身。"皇侃《论语集解义疏》："儒者，濡也。夫习学事久，则濡润身中，故谓久习者为儒也。"《汉书·艺文志》则认为儒源于司

---

① 傅斯年：《傅斯年"战国子家"与〈史记〉讲义》，天津古籍出版社2007年版，第91页。
② 参见傅斯年《周东封与殷遗民》，《民族与中国古代史》，河北教育出版社2002年版，第70—78页。
③ 《尚书·洪范》有武王咨询箕子治国之道的记载，而且殷遗民多分布在文化较为发达的鲁、卫、宋等国，且地位不低，所以他们也很可能参与了周礼的制定，使周礼在很多方面沿袭了殷礼。
④ 参见傅斯年《周东封与殷遗民》，《民族与中国古代史》，河北教育出版社2002年版，第75—76页。

附 录

徒之官。

近代以来，关于"儒"的起源，研究者曾有过争论。章太炎作《原儒》，认为"儒之名盖出于需。需者，云上于天，而儒亦知天文、识旱潦"，"古之儒知天文占候，谓其多技，故号遍施于九能，诸有术者悉昳之矣"①。胡适作《说儒》，在章太炎的基础上，进一步发挥《说文》"儒，柔也"的解释，并结合《周易·需卦》的有关材料，指出儒是殷民族的教士，他们的衣服是殷服，宗教是殷礼，人生观是亡国遗民的柔逊的人生观，职业是治丧相礼。②

冯友兰作《原儒墨》及《原儒墨补》，对胡适的观点提出了批评，他认为儒不必与殷民族有关，"所谓儒是一种有知识，有学问之专家"，因此是出于文士。③钱穆与郭沫若也不认同胡适的说法，分别作《驳胡适说儒》及《驳〈说儒〉》，对胡适的观点进行了驳斥，并认为儒仍是西周的缙绅之士，并非殷遗民。④

后来徐中舒在甲骨文中发现了"儒"字，并作《甲骨文中所见的儒》一文，指出甲骨文中的"需"字即"儒"字，并认为通过大量的甲骨卜辞可知，儒在殷商时代早已存在，并与历史上的儒家有一脉相承的渊源关系，甚至儒在殷代还有一个教阶、教区的宗教组织。⑤日本学者白川静也提出："需，系含有为需求降雨而断发髡形之巫的意思，如此的巫祝，乃儒之源流也。"⑥

除此之外，还有许多学者就儒的起源提出了自己的意见，如儒在商

---

① 章太炎：《国故论衡》，上海古籍出版社2003年版，第104—107页。
② 参见胡适《说儒》，《胡适文集》（第五册），北京大学出版社1998年版，第3—65页。
③ 参见冯友兰《原儒墨》，《清华学报》1935年第2期；《原儒墨补》，《清华学报》1935年第4期。
④ 参见钱穆《驳胡适说儒》，《中国学术思想史论丛》（第二册），台北东大图书有限公司1980年版，第374—382页；郭沫若《驳〈说儒〉》，《中国古代社会研究》（外二种），河北教育出版社2000年版，第335—356页。
⑤ 参见徐中舒《甲骨文中所见的儒》，《徐中舒历史论文选辑》，中华书局1998年版，第1216—1232页。
⑥ ［日］白川静：《中国古代文化》，加地伸行、范月娇合译，台北文津出版社1983年版，第121页。

代为礼官和祭师,① 儒的前身是保氏,② 儒为巫操作术时的礼冠,③ 儒起源于乐师,④ 儒秘同源于巫史传统⑤等观点。

  关于儒的起源的观点虽多,但大都将儒与古代的某种官职或者职业联系起来,其中又多与负责占卜、祭祀的巫史祝卜相关联,特别是徐中舒等人对甲骨文等古文字中儒的初文的解释,可以说较为准确地揭示了儒的起源。我们也基本认可这种观点,并认为儒很可能是起源于殷商,改造于周代,至孔子而发扬光大。

  就儒在殷商时期的最初形态而言,确如徐中舒等人的研究,"儒"字在甲骨文中本为"需"字,而"需"字在甲骨文中"象人沐浴濡身之形",古代的儒在为别人相礼、祭祖、事神时,需要先进行斋戒沐浴,所谓"儒有澡身而浴德"(《礼记·儒行》)。也就是说,儒从一开始就与祭祀有关,其职业就是祭祖、事神,与古代的巫史类似,所以在马王堆帛书《要》篇里,孔子就说"吾与史巫同涂而殊归也"。虽然孔子一再强调要做"君子儒",不为"小人儒"(《论语·雍也》),要与以前仅仅以相礼为职业的"儒"加以区别,并且确实在形象、气质以及所从事的事务上对"儒"进行了很大的改造,甚至可以说是本质性的改变,但是"儒"这个身份,以及它一开始所从事的活动仍然会制约孔子的思想与行为,这使他对于作为祭祀对象的鬼神,固然可以"不语",但绝不会"不敬"。

  事实上,《论语》中体现孔子敬事鬼神的史料颇多。如"祭如在,祭神如神在。子曰:'吾不与祭,如不祭'"(《论语·八佾》)。针对这句话董仲舒说,"故圣人于鬼神也,畏之而不敢欺也,信之而不独任,

---

① 参见何新《"儒"的由来与演变》,《诸神的起源——中国远古神话与历史》,生活·读书·新知三联书店1986年版,第292—298页。
② 参见刘忆江《说儒》,《中国社会科学辑刊》1993年第2卷。
③ 参见傅剑平《原儒新论》,《暨南学报》(哲学社会科学版)1990年第2期。
④ 参见阎步克《乐师与"儒"之文化起源》,《北京大学学报》(哲学社会科学版)1995年第5期。
⑤ 参见张先贵《儒秘同源论》,《孔子研究》2000年第5期。

附　录

事之而不专恃"①。朱熹引程子之言："祭，祭先祖也。祭神，祭外神也。祭先主于孝，祭神主于敬"，并强调这句话是"门人记孔子祭祀之诚意"②。再如"乡人傩，朝服而立于阼阶"（《论语·乡党》），对于乡人驱鬼的傩戏，孔子也谨慎而充满敬意，所以朱熹解释说："傩虽古礼而近于戏，亦必朝服而临之者，无所不用其诚敬也。"③再如"入太庙，每事问"（《论语·八佾》），也并非孔子对于祭祀之礼不懂，恰恰体现了孔子对待祭祀谨慎小心的态度。不仅是祭祀，即使是自然的变化，也会使孔子变容，所谓"迅雷风烈，必变"（《论语·乡党》），朱熹注疏云："迅，疾也。烈，猛也。必变者，所以敬天之怒。"④这些材料无不体现了孔子对于鬼神的敬重，所以注疏者一再说这些体现了孔子对天地鬼神的"畏""诚""敬"。

实际上，孔子侍奉鬼神"敬"的态度，是很明确的，并不因为这句话的后边有个"远之"而打折。所以刘宝楠指出，所谓"敬鬼神而远之"实际上就是要"以礼敬事鬼神"⑤。李申也认为，"远之"即"不欲数"，恰恰是侍奉鬼神的正确态度。⑥

我们以为，这种态度正与儒从事相礼、祭祖、敬神是一脉相承、密切相关的，故而作为儒的孔子，才对祭祀以及与此相关的礼仪非常熟悉，而礼本身就与祭祖、事神有密切关系。《说文》解释"礼"时即说"礼，履也，所以事神致福也"。王国维在考证甲骨文的基础上，对《说文》的解释加以辩证补充，指出"豊"字"象二玉在器之形"，盛玉以奉神人之器若豊，"推之而奉神人之酒醴亦谓之醴，又推之而奉神人之事通谓之礼"⑦。所以只要我们查阅古代的有关礼仪，就会发现它

---

① 苏舆：《春秋繁露义证》，中华书局1992年版，第442页。
② 朱熹：《四书章句集注》，中华书局1983年版，第64页。关于此句的解释，刘宝楠也基本同意朱熹的看法，参看刘宝楠《论语正义》，中华书局1990年版，第98页。
③ 朱熹：《四书章句集注》，中华书局1983年版，第121页。
④ 朱熹：《四书章句集注》，中华书局1983年版，第122页。
⑤ 刘宝楠：《论语正义》，中华书局1990年版，第236页。
⑥ 参见李申《儒教的鬼神观念和祭祀原则》，《复旦学报》（社会科学版）2007年第4期。
⑦ 王国维：《释礼》，《观堂集林》，河北教育出版社2001年版，第143—144页。

们大都是祭祀天地鬼神的，如果再加上与祭祀祖先相关的祭礼、丧礼与葬礼等，那么就更多了。

对于这些以祭祀鬼神为主的礼仪，孔子屡次提及，如他多次提到的"禘祭"，就是当时一种祭天之礼。再如"季氏旅于泰山"的"旅"也被认为是一种祭祀鬼神的礼仪，并且级别比较高，不是卿大夫可以举行的。更不用说祭祀已故祖先的礼仪，尤为孔子所重视。这种重视不仅仅是对礼仪的基本程序的维护，最根本的还是对其中所体现的敬爱之意的维护。所以"子贡欲去告朔之饩羊，子曰：'赐也，尔爱其羊，我爱其礼！'"（《论语·八佾》）

对于三年之丧，宰我曾经提出疑问，认为时间过长，可能会导致礼坏乐崩，而孔子则认为三年之丧是"天下之通丧"（《论语·阳货》），不实行，是对父母的不爱与不敬。子张向孔子请教"高宗谅阴，三年不言"之事时，孔子也指出"何必高宗，古之人皆然。君薨，百官总己以听于冢宰三年"（《论语·宪问》）。孔子反复强调"三年之丧"并非殷商的礼制，而是"天下之通丧"，要求天下所有人都坚持。但是据研究，三年之丧，其实正是殷人之礼，[①] 这也说明孔子所倡导的礼，有不少正来自殷礼，实际上这也是很正常的，毕竟连周礼都是损益殷礼而来。

事实上，孔子正是用礼将理性与对鬼神的信仰结合起来，因为信仰，所以要"敬鬼神"，因为要保持理性，更多关注现实社会秩序，所以要"远之"。而礼与对鬼神的祭祀相关，同时又是孔子所要构建的社会政治秩序的基础，它正体现了理性与信仰的统一。

综上所述，春秋时期，社会转型已然开始，鬼神观念也发生了一定的变动，但是"尚鬼神"依然是当时社会的一般认知。处于这个背景下的孔子，虽然"不语怪力乱神"，但是作为殷商后裔，他实际上受到了殷人敬事鬼神的影响。同时，孔子作为一个儒，而儒就起源于殷商，

---

① 参见傅斯年《周东封与殷遗民》，《民族与中国古代史》，河北教育出版社2002年版，第75页。

并以相礼、祭祖、事神等为其职业。这些因素导致孔子不仅相信鬼神，而且始终以敬畏的态度侍奉鬼神。

附录二　孔、墨鬼神观念的比较研究

春秋战国之际是社会变动、观念转型的重要时期，处于这一关键时期的孔子与墨子，承继殷周以来的文化，并针对社会的变动，积极调整自己的思想观念，既适应了社会时代的要求，也推动了社会观念的进一步革新。在鬼神观念上，孔子和墨子都有自己的创见，他们对于鬼神的态度不尽相同，鬼神在其理论结构中的地位也有较大差异。不过他们都没有与传统割裂，并且都针对当时的社会课题，对鬼神观进行了调整，推动了鬼神观念的理性化转型。

前人对孔子与墨子的鬼神观多有涉及，其中有不少人对孔、墨鬼神观进行了比较研究。王桐龄曾著《儒墨之异同》，其中专辟一章比较孔、墨的宗教观念，指出儒墨之相同处在于他们都尊天、敬鬼神，其相异之处则在儒家尊天多从消极方面着想，墨家尊天多从积极方面着想；儒家理想之鬼神为抽象的，墨家理想的鬼神为具体的。[1] 徐克谦则着重强调孔、墨鬼神观念的一致性，他认为从知识论的角度来说，孔、墨对天命鬼神都有所怀疑，都没有采取虔诚笃信的态度；而从价值论的角度来说，孔、墨都从自己的阶级立场和政治斗争的需要出发，利用天命鬼神在当时人们头脑中的传统地位，对之加以新的解释，拿来为自己的学说服务。[2] 陈泳超认为在鬼神观上，孔子尊礼崇祀，却避谈鬼神有无；墨家则明显坚持鬼神实有，赏善罚恶。[3] 高深认为孔子对当时流传的鬼神信仰持怀疑和否定的态度，自然包括对"天"的神性的怀疑，而墨子则认为"天"有超越一切人的思想感情和意志，孔、墨宗教观念的

---

[1] 王桐龄：《儒墨之异同》，载《十家论墨》，上海人民出版社2004年版，第50页。
[2] 徐克谦：《论孔墨的天命鬼神观》，《南京师范大学学报》（社会科学版）1986年第1期。
[3] 陈泳超：《论孔、墨鬼神天命观之异同》，《云南社会科学》1997年第3期。

差异使其治世理念也有不同，儒家重人治，而墨家重神治。① 陈颖聪则颇有创见地指出，孔子的鬼神观念，与墨子相比，有着鲜明的血缘宗族观念；孔子对鬼神的态度也比墨子恭敬、神明得多。孔子是心中有"鬼神"，鬼神是维系宗亲的纽带。墨子则是在说理时有"鬼神"，鬼神只是达到"兼爱""合欢聚众"的工具。②

我们拟在前人研究的基础上，采用思想与社会互动的分析方法，把孔子与墨子的鬼神观念放到春秋战国之际社会转型的背景下进行比较研究，力图展现其不同特点，并分析其产生的原因。

一 敬鬼神而远之：孔子对待鬼神的基本态度

存而不论、敬而不语是孔子对待鬼神的基本态度，它既与孔子的核心思想相符，又适应了社会时代的要求。

《论语》中关于鬼神的材料虽然有限，但是只要认真分析这些史料，就能发现，孔子并没有明确否认鬼神的存在。我们可以将部分材料列举如下：

> 子曰："非其鬼而祭之，谄也。"（《为政》）
>
> 季氏旅于泰山。子谓冉有曰："女弗能救与？"对曰："不能。"子曰："呜呼！曾谓泰山不如林放乎？"（《八佾》）
>
> 王孙贾问曰："与其媚于奥，宁媚于灶，何谓也？"子曰："不然，获罪于天，无所祷也。"（《八佾》）
>
> 子谓仲弓曰："犁牛之子骍且角，虽欲勿用，山川其舍诸？"（《雍也》）
>
> 子曰："禹，吾无间然矣。菲饮食而致孝乎鬼神，恶衣服而致美乎黻冕，卑宫室而尽力乎沟洫。禹，吾无间然矣。"（《泰伯》）

---

① 高深：《从孔子、墨子宗教信仰看儒墨学说的区别》，《齐鲁学刊》2011年第3期。
② 陈颖聪：《对墨子批评孔子儒家的几点看法》，《石河子大学学报》（哲学社会科学版）2011年第6期。

附　录

　　这些材料中的泰山、奥、灶、山川诸神，是当时人们普遍认可的鬼神。而且孔子还提到了作为"至上神"的"天"，虽然不少学者认为孔子所说的"天"仅仅是自然之天，或者只是一种自然规律，但我们列举的这条史料中的"天"，基本上是一个人格神的形象，解为自然之天或者自然规律均不恰当，故而《春秋繁露·郊语》引此文云："天者，百神之大君也。事天不备，虽百神犹无益也。"[①] 另外，孔子强调"非其鬼而祭之，谄也"，也并非反对祭祀鬼神，只是反对淫祀，也是对当时社会上普遍认同的"神不歆非类，民不祀非族"[②]（《左传·僖公十年》）原则的认可。

　　实际上正如有人所言"儒教的礼，其本义就是祀神"[③]。《说文》解释"礼"时即说"礼，履也，所以事神致福也"。王国维在考证甲骨文的基础上，对《说文》的解释加以辩证补充，指出"豊"字"象二玉在器之形"，盛玉以奉神人之器若豊，"推之而奉神人之酒醴亦谓之醴，又推之而奉神人之事通谓之礼"[④]。可见，礼本身就与天地鬼神的祭祀有关。

　　因此孔子不仅相信鬼神，还"把敬作为侍奉鬼神的首要原则"[⑤]。所以刘宝楠认为所谓"敬鬼神而远之"实际上就是要"以礼敬事鬼神"[⑥]。李申也指出，"远之"即"不欲数"，恰恰是侍奉鬼神的正确态度。[⑦]

　　实际上，《论语》中体现孔子敬事鬼神的史料并不少。如"祭如在，祭神如神在。子曰：'吾不与祭，如不祭'"（《八佾》）。针对这句话董仲舒说，"故圣人于鬼神也，畏之而不敢欺也，信之而不独任，事

[①] 郝大维、安乐哲也认为《论语》中"天"的形象，"显然是个有意识、有目的、拟人的神"。详见［美］郝大维、安乐哲《孔子哲学思微》，蒋弋为、李志林译，江苏人民出版社2011年版，第153页。
[②] 《左传》僖公三十一年亦有"鬼神非其族类，不歆其祀"。
[③] 李申：《儒教的鬼神观念和祭祀原则》，《复旦学报》2007年第4期。
[④] 王国维：《观堂集林》（卷六），河北教育出版社2001年版，第143—144页。
[⑤] 李申：《儒教的鬼神观念和祭祀原则》，《复旦学报》2007年第4期。
[⑥] 刘宝楠：《论语正义》，中华书局1990年版，第236页。
[⑦] 李申：《儒教的鬼神观念和祭祀原则》，《复旦学报》2007年第4期。

之而不专恃"①。朱熹引程子之言"祭，祭先祖也。祭神，祭外神也。祭先主于孝，祭神主于敬"，并强调这句话是"门人记孔子祭祀之诚意"②。再如"乡人傩，朝服而立于阼阶"（《乡党》），对于乡人驱鬼的傩戏，孔子也谨慎而充满敬意，所以朱熹解释说"傩虽古礼而近于戏，亦必朝服而临之者，无所不用其诚敬也"③。再如"入太庙，每事问"（《八佾》），也并非孔子对于祭祀之礼不懂，恰恰体现了孔子对待祭祀谨慎小心的态度。不仅是祭祀，即使是自然的变化，也会使孔子变容，所谓"迅雷风烈，必变"（《乡党》），朱熹注疏云："迅，疾也。烈，猛也。必变者，所以敬天之怒"④。这些材料无不体现孔子对于鬼神的敬重，所以注疏者一再说这些体现了孔子对天地鬼神的"畏""诚""敬"。

当然，如果孔子的鬼神观中只有"敬"，其理论上的突破意义也就没有那么大。孔子在"敬鬼神"的前提下，却选择了"不语"的态度，所以鲁迅说"孔丘先生确是伟大，生在巫鬼势力如此旺盛的时代，偏不肯随俗谈鬼神"⑤。

通观《论语》，孔子确实"罕言"鬼神，虽然他并不否认鬼神，甚至敬畏鬼神。孔子将言语的重点放到了与现世生活密切相关的政治、礼制、为学、做人，以及在此基础上生发出来的仁、义、智、孝等问题上。

这种不语鬼神的态度，固然与鬼神所体现的抽象性、超验性、模糊性有关系，但更主要的是孔子对当时频繁论及鬼神以及淫祀的一种间接批评与消极反对，而这恰恰体现了孔子作为一个智者理性清醒的态度和对时代主题的准确把握。

事实上，"不语"本身也是"敬"的一种表现，"多语"或者"乱

---

① 苏舆：《春秋繁露义证》，中华书局1992年版，第442页。
② 朱熹：《四书章句集注》，中华书局1983年版，第64页。
③ 朱熹：《四书章句集注》，中华书局1983年版，第121页。
④ 朱熹：《四书章句集注》，中华书局1983年版，第122页。
⑤ 鲁迅：《再论雷峰塔的倒掉》，转引自《十家论孔》，上海人民出版社2006年版，第64页。

语"才是不敬,所以有人指出"'不语怪力乱神'是对绝对者的'畏'"①。不过,对于强调"述而不作"(《述而》)的孔子而言,"不语"确实意味着他已经做出某种价值上的判断和选择,这种判断和选择并非是孔子的臆断,而是他根据社会时代的需求做出的。

总之,"敬而不语"看似矛盾,实则相辅相成。对鬼神一味的崇敬,以鬼神马首是瞻,不是孔子;同样,完全否定鬼神,忽视鬼神在现实生活中所能发挥的作用,也不是孔子。孔子是以中庸的方式来把握世界,以损益的方式来对待传统,因此对鬼神"敬而不语"的态度,正与孔子的风格相符。

二 悬设鬼神以致用:墨子鬼神观念的基本内涵

"鬼神"一词充斥于《墨子》书中,墨子及其弟子谈论鬼神的事例,散见于许多篇章,特别是《天志》《明鬼》等篇,集中论述了墨子的鬼神观念。

墨子认为,鬼神不仅是客观存在的,而且还可以被证明,而论证鬼神存在的方法,就是墨子反复使用的"三表法"。具体的论证主要载于《明鬼下》篇。

首先,证之于历史,墨子认为三代圣王都相信鬼神存在,率民以事鬼神,"其务鬼神厚矣",并因此得到鬼神的奖赏而成为圣王。相反,那些不相信鬼神的人即使是"贵为天子,富有天下"的桀纣也会受到鬼神惩罚。同时,墨子认为三代圣王,不仅自己"必以鬼神为有","又恐后世子孙不能知也,故书之竹帛,传遗后世子孙。咸恐其腐蠹绝灭,后世子孙不得而记,故琢之盘盂,镂之金石以重之"。

其次,证之于现实,墨子认为鬼神及其事,"见之闻之者众",还被广泛记载于各国的《春秋》之中,如杜伯无辜被杀,死后为鬼报仇杀死周宣王;郑穆公见句芒神;庄子仪死后为鬼杀死燕简公;在神社以

---

① 李宪堂:《先秦儒家的专制主义精神——对话新儒家》,中国人民大学出版社 2003 年版,第 154 页。

羊决讼等。而这些事例，墨子认为都是"近者莫不见，远者莫不闻"，是很可信的。

最后，他认为鬼神的存在将会对现实社会产生积极的效果，"施之国家，施之万民，实所以治国家、利万民之道也"。相信鬼神能惩罚，则官府不敢贪腐，民人不敢为恶，而对鬼神进行祭祀，"虽使鬼神请亡"，亦能达到"上以交鬼之福，下以合欢聚众，取亲乎乡里"的效果。①

不仅从正面论证鬼神的存在，墨子还对不信鬼神的观念进行了批评。他在《公孟》篇中指出"儒以天为不明，以鬼为不神，天鬼不说，此足以丧天下"，并且把此当作"儒之道足以丧天下者，四政焉"之首。他还针对儒家有些人提出的"无鬼神"而"必学祭祀"的行为进行了批评，他认为"执无鬼而学祭礼，是犹无客而学客礼也，是犹无鱼而为鱼罟也"②，也就是认为祭祀的对象就是鬼神，公孟祭祀而不信鬼神，是极其矛盾的。

不只是批评儒家，墨子还对墨家内部怀疑鬼神的思想予以指正。在《公孟》篇中，有从学者指出，墨子"以鬼神为明，能为祸福，为善者赏之，为不善者罚之"，但是他们跟随墨子久矣，"而福不至"，墨子自己也生病，因此他们提出"鬼神不明乎"的疑问。墨子则认为鬼神并非不明，祸福之关键在于自己的行为，为善却生病也与鬼神无关，"人之所得于病者多方：有得之寒暑，有得之劳苦"③。

在墨子的理论中，鬼神的地位很高。巫马子曾问他"鬼神孰与圣人

---

① 墨子以社会效果来论证鬼神存在，实际上是有问题的。能够产生积极的社会效果，并不能证明鬼神的存在，只能说明鬼神应该存在，证明的是鬼神的应然性，而非实然性。

② 有不少人引用《公孟》篇中的这几句话，试图证明孔子或者儒家是不相信鬼神的，我们以为是不可靠的。首先，强调"无鬼神"的是公孟，不能代表孔子，也不能代表当时儒家一般的看法，恰恰相反，后来的儒家相当多的认可和赞扬鬼神，《礼记》里的相关记述即可证明；其次，很多人已经指出墨子在批评孔子和儒家时有虚构，至少是有夸大的成分在里面；同时，"执无鬼而学祭礼"在当时普遍认同祭祀与鬼神有紧密联系的时代，确实是矛盾的，因此孔子也明白这个道理，他并没有否认鬼神的存在，只是要在"敬"的基础上尽量少语而已。

③ 墨子的这些言论是相当有见解的，他虽推崇鬼神，但并未否定个人的主动性，也并不将所有问题的原因都诉诸鬼神，由此亦可看出他对待鬼神理性化的态度。

明智"，墨子认为"鬼神之明智于圣人，犹聪耳明目之与聋瞽也"（《耕柱》）。更不用说作为至上神的"天"，由于它无所不在，因此得罪了"天"，则"无所避逃之"（《天志上》），这倒与孔子"获罪于天，无所祷也"（《论语·八佾》）的观点类似。

在墨子看来，鬼神不仅是万物的创造者，还是判断善恶的标准、进行赏罚的工具、监督人们行为的权威、维护正义的化身。具体而言，在墨子的理论中，鬼神主要有这几方面的作用：

首先是立天子。在《尚贤中》篇，墨子提到古代圣王"率天下之万民以尚尊天事鬼，爱利万民，是故天鬼赏之，立为天子，以为民父母，万民从而誉之曰'圣王'"，可见在墨子的理论中，立天子的主体正是鬼神。

其次是统一天下之义。墨子反复提及鬼神，一个原因就是希望用鬼神来达到统一天下之义的效果。墨子认为鬼神之所以立天子，就是为了解决天下"一人一义，十人十义，百人百义。其人数兹众，其所谓义者亦兹众。是以人是其义，而非人之义，故相交非也"（《尚同中》）的乱象，让天子"一同天下之义"（《尚同中》）。

再次是监督所有人的行为，赏善罚恶。墨子认为，鬼神几乎无所不在，无所不能，因此可以随时对人们的行为进行监督，并根据其标准（实际上就是"义"的标准）进行赏罚。同时，在墨子看来，鬼神不仅能对民众的善恶、官府的廉腐进行监督，还能对天子的行为进行奖惩，所谓"天子为善，天能赏之；天子为暴，天能罚之"（《天志中》）。

最后是通过鬼神的监督、警戒以及奖惩作用维护社会秩序，促进社会和谐。墨子反复提及鬼神，正是希望通过发挥鬼神的这些功能，结束当时社会上相非、相攻等"不义"行为，达到人与人"兼相爱，交相利"，政治上"尚贤""尚同"，经济上"节用""节葬"，军事上"非攻"的社会效果，说到底就是要建构一个符合"义"的"和谐"社会。

三　敬畏与致用：孔、墨鬼神观念的不同取向

孔子与墨子具有不同的文化背景，在基本理论和思维方式等方面有

233

比较大的差异，体现在鬼神观念上，孔、墨也体现出不同的理论色彩。

1. 孔、墨鬼神观念之差异

在对待鬼神的基本态度上，孔、墨有比较大的差异。孔子对待鬼神，是"敬而不语"，是在相信并敬畏鬼神的前提下，对鬼神进行悬置；墨子对待鬼神，则是在悬置鬼神的基础上，充分发挥鬼神的现世性作用。

这从孔、墨对祭祀的重视程度即可看出。孔子十分重视祭祀，对于祭祀的相关礼仪非常熟悉，并且强调礼仪程序的不可僭越与减省，所以子贡欲去告朔之饩羊，孔子就说"尔爱其羊，我爱其礼"（《论语·八佾》），并且对于当时不少人反对的三年之丧，孔子也主张要坚持（《论语·阳货》）。需要强调的是，孔子对鬼神祖先的祭祀，并不是要从鬼神那里获得什么，他重视的是对鬼神的祭祀所昭示的意义，也就是说鬼神不是孔子理论论证的工具、手段，反而可能是目的。

墨子虽然一再强调鬼神的重要作用，并将鬼神提升到一个非常高的地位，但是在《墨子》一书中，我们发现，墨子似乎并不重视对鬼神的祭祀。《论语》中记述了不少祭祀的礼仪，而《墨子》中提到对鬼神的祭祀，仅仅是"犠牛羊，豢犬彘，洁为粢盛酒醴，以祭祀上帝鬼神"（《墨子·天志上》），这相对于繁复的周礼而言，是相当简陋的。① 墨子虽然对鬼神进行了分类，但不同的鬼神是否该有不同的祭祀之礼，他并未提到，因为墨子重视的是鬼神的现世性作用，鬼神在墨子的理论中，仅仅是一个论证工具和手段。

在这个意义上，我们甚至可以说，孔子比墨子更加敬畏鬼神。孔子是心里有"鬼神"，因此"不语"；墨子则是口中有"鬼神"，故而屡次谈及。本杰明·史华兹也指出："在某些方面，出身于'平民'的墨子似乎比孔子更虔诚推崇知性力量的价值观。"② 这一点从后世儒墨的鬼神观中也可看出，孔子虽然不语鬼神，但是后来的不少儒

---

① 当然，这也与墨子强调节用、节葬有关。
② ［美］本杰明·史华兹：《古代中国的思想世界》，程钢译，江苏人民出版社2008年版，第194页。

附　录

者，开始借助孔子的名义，频繁谈论鬼神，并将鬼神放到一个非常重要的地位，如《礼记·祭义》"合鬼与神，教之至也"，《中庸》"鬼神之为德，其盛矣乎"。而墨子后学，则出现了不少怀疑鬼神的观点，如《墨子·公孟》篇中墨子弟子提出的"鬼神不明乎"的疑问，[1] 而且墨子也曾说出"虽使鬼神请亡"（《墨子·明鬼下》）这样的话，如果是坚定而绝对的鬼神信仰者，是不会说出类似的话语，因为鬼神存在是他们信仰的前提，这也从一个侧面证明了墨子对鬼神的信仰并不坚定。

在鬼神的内涵与性质上，孔、墨也不同。孔子虽然较少提到鬼神，但是从《论语》中的有关记述可以看出来，孔子并未对鬼神的内涵进行太多调整，他对鬼神的看法，与春秋时代大部分士人相差不大。在鬼神的性质上也是如此，孔子所谈的鬼神仍然具有比较明显的血缘性色彩，所以他说"非其鬼而祭之，谄也"（《论语·为政》），这与《左传·僖公十年》所说的"神不歆非类，民不祀非族"这一原则是基本一致的。到了墨子这里，鬼神的血缘性已经很淡，地缘性增强，墨子所谈的鬼神是针对所有国家而言的，是超越了宗族范围的。同样，对鬼神的祭祀也已经不是春秋时期的"神不歆非类，民不祀非族"，而是所有人都应该"犓牛羊，豢犬彘，洁为粢盛酒醴，以祭祀上帝鬼神，而求祈福于天"（《墨子·天志上》）。也就是说，在墨子那里，鬼神已经不是属于某个宗族，某个国家，而是属于整个天下。

在鬼神与天命的关系上，孔、墨也有很大的分歧。孔子十分推崇天命，他指出"不知命，无以为君子也"（《论语·尧曰》），并认为自己是知天命的，所谓"五十而知天命"（《论语·为政》）。不过他并未将鬼神与天命完全割裂，只是与以前不同，他强调天命可以由人直接感知。墨子则不然，他认为命为"暴王所作，穷人所术，非仁者之言也"，"夫安危治乱存乎上之为政也，则夫岂可谓有命哉！"（《墨子·非

---

[1] 关于墨家后学的鬼神观及其转变的研究，可参看丁四新《论〈墨子·墨语〉墨家后学之鬼神观》，《安徽大学学报》（哲学社会科学版）2011 年第 2 期；[韩] 李承律《上博楚简〈鬼神之明〉鬼神论与墨家世界观研究》，《文史哲》2011 年第 2 期。

命下》）墨子直接否定天命的存在，当然也就将鬼神与天命完全分开，因此鬼神不再掌握天命，其神秘性色彩更弱，甚至仅仅成为依据墨子的标准进行奖惩的工具。

另外，鬼神在孔、墨理论体系中的地位与功能也是不同的。孔子不语鬼神，说明在他的理论结构中，鬼神并不是最主要的组成部分，其功能也仅仅是作为祭祀的对象，成为统合宗族的象征。墨子则不同，鬼神是其理论结构中非常重要的组成部分，是论述其他主张的最终依据，所以墨子非常注重与鬼神有关的理论的阐释与论证，并专门用独立的篇章来论述鬼神观，其原因就在于鬼神在墨子的理论中承担了非常重要的功能，即立天子、统一天下之义、赏善罚恶、维护社会和谐等。

2. 孔、墨鬼神观念差异生成之背景

首先，孔、墨的文化背景不尽相同，甚至可以说有比较大的差异。孔子虽然是殷商后裔，但是他主要活动在鲁国，并深受鲁文化的影响。孔子自己也主动地选择了周文化，所谓"吾从周"（《论语·八佾》），并自觉地将自己看作是周文化的传承者，所以说到"文王既没，文不在兹乎"（《论语·子罕》）。

墨子则"背周道而用夏政"（《淮南子·要略》），以"致孝乎鬼神"的禹为偶像，并且墨子主要活动在宋国，也很可能是殷商后裔。殷商以及宋都以"尚鬼"而闻名，鬼神无论在日常生活还是政治生活中，都占有非常重要的地位，发挥着不可替代的作用。而在墨子这里，鬼的涵盖范围也很广，在很多地方可以说就是鬼神的总称，天神也可称为天鬼，山川之神也一样，这反映了鬼在墨子思想中的重要地位，也说明其思想与"尚鬼"的殷商文化是有很大渊源关系的。

其次，孔、墨的时代背景也有一些差异。墨子论证鬼神存在这一行为本身，就说明当时鬼神在人们观念中的某种衰落，因为在殷周春秋时期人们的观念中，鬼神的存在是自然而然的事情，无需论证。在这个意义上，孔子对待鬼神的"不语"与"不论"的态度，恰恰说明当时鬼神仍然很有地位。由此我们也可以看出，与春秋末期相比，战国初期在鬼神观念上已经显现出一些不同，墨子所谓的"执无鬼者"已经不少，

附　录

并且已经形成一定的影响与气候。

再次，孔、墨的身份与阶层的差别，制约着他们的鬼神观念。孔子的先祖一直是宋国的贵族，至孔子时虽然已经衰落，但他也曾执政于鲁国，因此孔子仍可说是带有贵族色彩的士。孔子的这种贵族色彩，使他十分重视鬼神祭祀过程中繁复的礼仪，以及由礼仪所引发出来的等级秩序问题，而不会利用鬼神本身去做宣传自己学说的工具。

墨子则不同，其出身虽然已经无法考证，但是从他精通科技以及所表现出来的风貌，我们可以说他是带有平民色彩的士。这种色彩也体现在墨子的理论中，他的理论相比于孔子，没有太多让人费解的话语，本杰明·史华兹也认为《墨子》一书"缺乏《论语》那种贵族式的优雅风格"[1]。在鬼神观上，墨子则充分注意到一般平民的鬼神认知，虽然他已经改变了鬼神的内涵，但却让他改造的鬼神以十分接近平民想法的面貌出现，如反复申说鬼神的赏善罚恶的功能等。

最后，孔、墨虽然都以"务为治"为目标，但各自的学说带有不同的理论色彩。孔子十分强调伦理道德在政治中的作用，其政治思想可以称为伦理政治学说；墨子则主张恢复鬼神在政治中的地位，其政治思想可以称之为宗教政治学说。

由于这种差异，孔、墨在鬼神观念上也呈现出不同。孔子谈鬼神仍是敬畏的态度，并看重鬼神在统合族众、培养民德等方面的象征意义，他祭祀鬼神不是出于实用功利的目的，故而不常语。墨子谈论鬼神，虽然一副宗教徒的虔诚模样，但其实他所谈论的鬼神已然经过他改造，与传统的鬼神有本质差异，他关注的始终是鬼神能够在政治社会中发挥的作用，其功利色彩十分浓厚，故而经常谈论。

另外，孔子更注重人内在的修养与提升，强调"反求诸己"（《孟子·离娄上》），天命鬼神虽然是外在于人的存在，但是人们可以通过内在的修养，实现与他们的沟通，因此对孔子而言，鬼神是在"心

---

[1] ［美］本杰明·史华兹：《古代中国的思想世界》，程刚译，江苏人民出版社2008年版，第184页。

中"。余英时指出中国古代的哲学突破具有内向超越的特征,[①] 我们以为用在儒家身上基本上是符合的,不过用在墨家身上就有问题。墨子并非不注重内在的修养,只是在新的政治社会秩序的构建上,他更注重的是外在的监督与约束,[②] 他是"以向外追求因果关系为思维方式,而不是返回到人自身"[③],而他选择的外在约束最主要的就是天志、鬼神,他们无所不在,并且时时刻刻监督着人们的行为,因此对墨子而言,鬼神是在"天下"。

四 "务为治":孔、墨鬼神观念的共同追求

1. 孔、墨鬼神观念的共同追求

在古人那里,理性与信仰并非是对立的,对鬼神的信仰不是迷信的结果,某种程度上恰恰是理性的选择。理性与信仰并存,用理性的方式处理信仰问题,正是周初以来有识之士在鬼神问题上的基本态度与方法。

孔、墨虽然都主张对鬼神进行祭祀,但是都不盲从鬼神,他们的鬼神观念都透出理性化、人文化的色彩。孔子不语鬼神,将关注重点放到现实社会,本身就是一种理性选择。墨子虽然反复提及鬼神,并赋予鬼神相当高的地位,但是无论是鬼神的内涵、性质,还是墨子认知和论证鬼神的方法都已经理性化了,鬼神的神秘性已经大大减弱。

具体到人与鬼神的关系上,孔、墨无一例外都更倾向于关注人本身,也更强调生人之利。孔子十分注重人自身,无论是道德修养,还是为政,人自身都是关键。在人与鬼神的关系上,他也强调事人的优先性,《论语·先进》篇中"季路问事鬼神。子曰:'未能事人,焉能事鬼?'曰:'敢问死?'曰:'未知生,焉知死?'"朱熹引程子言:"昼夜者,死生之道也。知生之道,则知死之道;尽事人之道,则尽事鬼之

[①] 详看余英时《中国知识人之史的考察》一文,广西师范大学出版社2004年版。
[②] 墨子所成立的墨者组织,据《吕氏春秋·去私》记载有墨者之法,而他也经常将天志比作法仪、标准,这些都与后来的法家颇为相似。
[③] 蒙培元:《谈儒墨两种思维方式》,《中国社会科学院研究生院学报》1987年第1期。

道。死生人鬼，一而二、二而一者也。"① 程朱认为事人即可事鬼神，二者是相通的，这是很有道理的。除此之外，这句话也暗含了孔子在处理人与鬼神关系上的一种选择，也就是说在人事与鬼神之事的对比中，人事是有价值优先性的，这凸显了人在现实社会中的地位。

墨子虽然一再强调人要祭祀鬼神，服从鬼神，但是他所说的鬼神是改造过的，其内涵是"兼相爱，交相利"，是生人之利。本杰明·史华兹即指出墨子与孔子一样，"基本上全神贯注人类世界，他的宗教纯粹与他对人类的关怀有关联"②。不仅如此，墨子谈论鬼神，让人们祭祀鬼神，看似是把鬼神作为目的，其实他重视的是鬼神能够在现世社会中发挥的作用，是希望通过对鬼神的祭祀达到"上以交鬼之福，下以合欢聚众，取亲乎乡里"（《墨子·明鬼下》）的效果。换言之，在墨子的理论中，表面上是人为鬼神服务，实际上是鬼神作为一种工具和手段为人服务，人才是墨子理论的目的。

同时，对人与现世社会的重视，使孔、墨都将理论的关注点放到了政治以及新的社会秩序的建构上。事实上不只是孔、墨，之后的各家也都是如此，所以司马谈《论六家要旨》指出"夫阴阳、儒、墨、名、法、道德，此务为治者也"。

具体到孔、墨，在鬼神观念上，他们的重心都在政治，其共同追求也都是"务为治"。孔子虽然罕言鬼神，但却极为重视与鬼神祭祀相关的礼仪，他对礼仪的重视，固然有对鬼神的敬畏之情，但更让他在意的却是礼仪本身所昭示的政治等级秩序及其意义。与罕言鬼神形成鲜明的对比，《论语》中大篇幅地记述了孔子论述为政的言论，可以说孔子已经基本上形成了比较完整的政治思想体系。而且孔子很在意自己的这些思想，所以总是想找机会实现他的政治理想，因此他率领弟子周游列国，向各国的君主兜售自己的主张，甚至乱臣的邀请，孔子也想要接受，如：

---

① 朱熹：《四书章句集注》，中华书局 1983 年版，第 125 页。
② ［美］本杰明·史华兹：《古代中国的思想世界》，程刚译，江苏人民出版社 2008 年版，第 190 页。

> 公山弗扰以费畔，召，子欲往。子路不说，曰："末之也已，何必公山氏之也？"子曰"夫召我者而岂徒哉？如有用我者，吾其为东周乎？"（《论语·阳货》）

墨子也类似，他也曾四处游说，与人辩论，宣传自己的主张。墨子的理论结构中，政治也是重中之重，所以墨子经常开篇第一句就说"今者王公大人为政于国家"，说到底是要谈"为政于国家"的问题。因此尚贤、尚同、非攻、节用、节葬、非乐等这些主张都是围绕着政治展开的，而这些政治主张的终极性依据，就是墨子所说的天志、明鬼。在这个意义上可以说，墨子的鬼神观不是宗教性的，而是政治性的。因此在谈及鬼神时，墨子并没有详细论述如何祭祀鬼神，而一再强调鬼神对于现实政治的作用，如立天子、统一天下之义、监督警戒政长、赏善罚恶等，其目的是通过悬设鬼神，使鬼神成为自己政治主张的终极性依据，从而可以更好、更快地实现其"兼相爱，交相利"的社会。所以在论证鬼神的存在能够产生的效果时，墨子说"施之国家，施之万民，实所以治国家、利万民之道也"（《墨子·明鬼下》），归根结底，墨子是要"治国家、利万民"，也就是要"务为治"。

2. 共同的时代课题：孔、墨鬼神观念相同点产生的原因

在鬼神观念上，孔子与墨子虽有诸多不同，但还是体现出一些共通点，我们前面已作分析，这里将主要从时代背景以及孔、墨所面对的社会课题来论述其原因。

孔子与墨子同处于春秋战国之际社会的转型期和过渡期，因此他们的社会时代背景虽有差异，但大体相同。一方面，这个时代，鬼神在社会上的影响力依旧很大，也仍然被很多人推崇信仰，所以无论孔子还是墨子，都没有否定鬼神。另一方面，这一时期，新的土地不断被开发，生产工具得以革新，人们的活动范围扩大，地缘性因素的影响在不断增大，随之而来的是人们流动性的增强与视野的扩大，这些因素冲击着原有的固化的社会等级秩序，进一步加剧了传统社会的崩溃。而在旧社会秩序的夹缝中生长起来的诸多新因素与新观念则得到发展，新的社会阶

附 录

层进一步壮大，特别是游士阶层的出现，成为改造旧社会，构建新社会秩序的中坚力量，这也进一步提升了人的地位。

具体到鬼神观念上，人以及现世社会成为人们关注和争论的焦点，鬼神则几乎只是这场争论的背景，所以孔、墨虽然一个罕言鬼神、一个多次论证鬼神，但是其理论论述的重点都不是鬼神。不仅如此，理性化、人文化的趋势在孔、墨那里都更为明显，他们在处理鬼神问题时，态度更理性，想法更自觉，甚至鬼神本身在他们的理论中都透出理性化的色彩，他们会根据"礼"或"义"的标准对人的行为进行判断。

社会时代的转型，必然会给现实社会的人提出新的课题，这就客观上要求人们主动调整观念，针对社会课题提出新的理论。因为思想家固然可以高瞻远瞩，注意到社会发展的一些趋势，提出超越当时时代的一些思想和概念，但是他却不能选择社会提供给他的课题，无论他从哪个角度看待和解答这个课题，他都必须就题作答，而不能答非所问。

春秋战国之际，旧的社会秩序已经瓦解，新的社会秩序尚待探索，如何结束社会失序、重建新的社会秩序成为这个时代的课题，也成为人们关注的重点。因此，孔、墨都将理论的关注焦点放到这一课题上，尽管他们关注的角度、思考问题的方式以及得出的结论并不相同，甚至许多地方相互抵牾。

孔子强调"述而不作"，因此言与不言就是他的选择。在与弟子的对话中，孔子反复言及的就是如何为政，如何治理一个国家，使其成为理想的周代社会。[①] 与此关系不大，或者谈论过多会模糊这一主题的，孔子就尽量"不语"或"罕言"，故而孔子对鬼神会"敬而不语"。

墨子多次提到鬼神，并非要鬼神对人以及社会形成绝对的支配，而只是通过鬼神，将自己的主张贯彻下去。在墨子的理论中，人是主体，社会秩序的建构也主要靠人之力，鬼神则只起监督和警戒作用，它不能决定人的行为结果，而只是依据"义"的标准对人的行为进行赏罚，

[①] 这里说的周代社会，并非是已经崩溃的旧社会，孔子所说的周代社会已经不同于原有的周代，而是孔子标榜的理想社会的代称。

为新的社会秩序的重构保驾护航。

总之，孔子与墨子都是殷周以来文化发展的自然产物，他们同处春秋战国之际的社会转型期，面临着相同的社会课题，这些使他们在鬼神观念上表现出理性化的色彩，共同推动了春秋战国之际鬼神观念的转型。

后　　记

　　这部书稿是在我的博士论文的基础上修订增补而成的，但论文中的很多想法和观点则早在攻读硕士研究生时就已经产生。2009年我考入南开大学历史学院专门史专业，跟随朱彦民老师学习先秦史，并经常向李宪堂老师请教思想史的有关问题。硕士毕业的时候，毕业论文就以《春秋战国之际鬼神观念的转型——以孔、墨为中心的考察》为题，以孔子和墨子为中心，论述了春秋战国之际的鬼神观念，其中就涉及鬼神在他们思想体系中的地位与功能以及鬼神与人的关系等问题。2012年我继续跟随朱彦民老师读博，期间撰写了一篇有关孟子古史观念的课堂作业，从孟子"尽信《书》则不如无《书》"一句的解读，分析其背后的历史观念。看到这篇作业后，朱彦民老师觉得有一些新意，鼓励我做进一步的探讨，李宪堂老师也认为历史观在儒家的思想体系中占有非常重要的地位，建议我对此进行深入系统的研究。在两位老师的鼓励下，我最终下决心以"先秦儒家历史观研究"为题，撰写自己的博士论文。

　　决定选题之后，我对前人有关的研究成果进行了广泛搜集，发现前人关于先秦儒家历史观的研究，虽然有不少专题论文，在很多史学史、思想史和哲学史的著作中，也或多或少都会涉及儒家的历史观，但是至今都没有出版一部对先秦儒家历史观做全面系统论述的专著。而且已有的研究，大多是对儒家历史观做唯物还是唯心、进化抑或倒退的定性判断，对于历史观的主要内涵、历史观在儒家思想体系中的地位与功能、历史观与儒家其他思想观念的内在关联，则关注相对较少。因此，我决心从思想史的视角，运用思想史的方法，把历史观视作儒家思想体系中的重要一环，论述先秦儒家历史观生成、演变的历程，分析历史观与一些重要的儒家思想观念的关联，探讨历史观在儒家思想体系中的地位与功能，从而更深入了解先秦儒家的思想体系。2016年，我从南开大学历史学院毕业后，来到南昌大学国学研究院工作，2017年我以"基于思想体系的先秦儒家历史观研究"为题申请到江西省社科规划青年博士基金项目的支持，并继续对博士论文进行修改，调整了章节内容，修改了部分错误，增加了两篇与书稿主题密切相关的论文作为附录，形成了现在书稿的规模。

回顾博士论文的写作和后续修改的历程，最应该感谢的就是我在南开大学历史学院读书时的两位恩师。在博士论文写作过程中，导师朱彦民教授始终给予我鼓励和支持，从选题到论文资料的搜集，从章节内容的安排到语言文字的调整，朱老师都提出了许多宝贵的建议。李宪堂老师以思想史研究见长，对于思想史有自己独特而深刻的理解，在写作过程中，他对论文的观点多有指导，并惠赐其未刊稿供我参考，助益良多。在修订论文并准备出版之际，两位老师又不辞辛苦，于百忙之中，作序以鼓励，对书稿的价值加以表彰，更对我以后的研究，提供了更多研究思路和方向，使我受益颇多。可以说，没有两位老师一直以来的鼓励和支持，就没有这部书稿的出版。

在博士论文开题和答辩的过程中，朱凤瀚教授、邵鸿教授、杜勇教授、张分田教授、张荣明教授等诸位老师，给予了一些批评与建议。师门的雷晓鹏、张建明、张海波、杨弃、邓国军、滕兴建、邓玉凯、张鑫、左勇，在论文写作的过程中，也提供了不少帮助。

书稿的出版，还要感谢中国社会科学出版社历史与考古出版中心的郭鹏老师，他为本书的出版提供了许多方便和帮助。此外，本书的出版还得到南昌大学人文学院一流学科经费的资助，一并致谢。

后　记

最后，要感谢我的家人。无论我读博还是工作，他们都在背后默默支持我，为我创造了一个良好的环境，让我可以静心读书，安心修改书稿。在书稿修改工作收尾之时，妻子又诞下可爱的女儿，于我而言，可谓双喜临门，必将成为我人生最宝贵的财富。

王丁

2021 年 6 月 3 日于南昌钝学斋